CÓMO DIBUJAR COSAS GENIALES

UNA GUÍA
DE DIBUJO PARA
PROFESORES
Y ESTUDIANTES

Catherine V. Holmes

Publicado por:
Library Tales Publishing
www.LibraryTalesPublishing.com
www.Facebook.com/LibraryTalesPublishing

Copyright © 2020 por Catherine V Holmes.
Publicado por Library Tales Publishing, Nueva York, Nueva York.

Esta publicación no puede ser reproducida, almacenada en un sistema de recuperación de datos o transmitida en cualquier forma o por cualquier medio, electrónico, mecánico, fotocopia, grabación, escaneo, de forma total o parcial, excepto por lo permitido en las Secciones 107 y 108 de la Ley de Derechos de Autor de los Estados Unidos de 1976, sin el permiso previo por escrito del editor.

Las solicitudes de permiso al editor deben dirigirse al Departamento Jurídico, Library Tales Publishing, 20407, Nueva York, NY, 10023. 1-800-754-5016.

Marcas registradas: Library Tales Publishing, Library Tales, el logo de Library Tales Publishing e imágenes comerciales relacionadas son marcas comerciales o marcas comerciales registradas de Library Tales Publishing, Inc. y/o sus filiales en los Estados Unidos y otros países, y no pueden utilizarse sin la debida autorización por escrito. Todas las demás marcas comerciales son propiedad de sus respectivos propietarios.

Para obtener información general sobre nuestros otros productos y servicios, póngase en contacto con nuestro Departamento de Atención al Cliente al 1-800-754-5016 o por fax al 917-463-0892. Para obtener asistencia técnica, visite www.librarytalespublishing.com

Library Tales Publishing también publica sus libros en una variedad de formatos electrónicos. Cada contenido impreso está disponible en libros electrónicos.
Número de control de la Biblioteca del Congreso: 2017944834

ISBN-13: 978-1-7328888-7-6

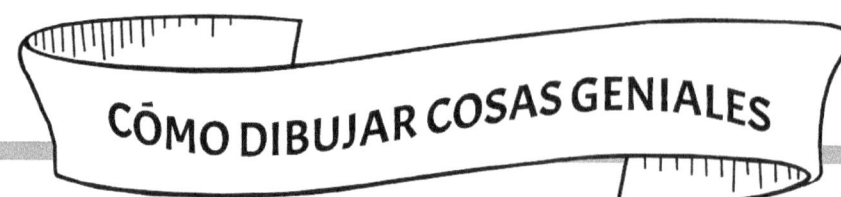

CÓMO DIBUJAR COSAS GENIALES

¡Esta es una guía única para crear obras de arte hermosas e interesantes!

En su interior encontrarás más de 100 dibujos paso a paso, fáciles de seguir y divertidos de hacer.

Para artistas: Organizado en capítulos que cubren los elementos del diseño, partes de la cara, perspectivas, vacaciones, animales, criaturas y más. Cómo dibujar cosas geniales presenta cientos de dibujos que demuestran las imágenes que se pueden crear combinando formas simples. Los artistas aprenderán a reconocer las formas básicas dentro de un objeto y las convertirán en detalladas obras de arte en sencillos pasos. Estos ejercicios prácticos te ayudarán a ejercitar y perfeccionar tus habilidades para que puedas dibujar cosas geniales por ti mismo.

Para maestros: Si cuentas con un presupuesto, tiempo o recursos limitados, o tiene estudiantes que les gusta dibujar, ¡este libro es para ti!
En su interior encontrarás cientos de lecciones que son fáciles de transmitir y se pueden utilizar para enseñar arte a estudiantes de todos los niveles. Cada lección incluye instrucciones fáciles de seguir, donde todo el proceso se presenta a través de una secuencia de ilustraciones y una cantidad mínima de texto. Además, cada proyecto viene con un gráfico que incluye las habilidades y conceptos básicos que tus estudiantes aprenderán, junto con las tareas de evaluación final para que tus estudiantes las completen. Lo mejor es que estas son cosas que los niños quieren dibujar.

Todo lo que necesitas es lápiz y papel y estarás listo para dibujar cosas geniales.

ÍNDICE

Introducción
Cómo usar este libro 11

Capítulo 1
Conceptos básicos

Elementos del dibujo - una breve mirada al color, el valor, la línea, la forma, la figura, la textura y el espacio 19
Sombreado de formas - ficha doble faz con nueve ejercicios para practicar el sombreado de formas 22
Preparándonos para dibujar - tipos de línea en un trabajo artístico 26
Cualidades de la línea - rayado, rayado cruzado y escala de valores 28
Escorzo - Ficha de 2 caras con 7 ejercicios de escorzo 32
Escorzo de una persona centrándonos en la perspectiva 36
Líneas de contorno y tubos - Dibujando cilindros 38
Formas a figuras - Ver la forma compleja dentro de una forma simple ... 40
Cilindros y discos de dibujo - Cilindros en la vida cotidiana 42
Pastel en capas - Usa cilindros para crear un pastel de capas apiladas ... 44
Porción de pastel - Usa tu conocimiento de "Sombreando formas" para hacer un prisma triangular 46
Cintas, Pergaminos, Estandartes y Banderas - Superposición 48
Bandera de Estados Unidos - Patrón y repetición 56

Capítulo 2
La Cara Humana

El Ojo - Dibuja un ojo humano realista basado en la esfera 60
Ojos - Dibuja un globo ocular humano realista usando una serie de círculos 62
La nariz - Dibuja una nariz humana realista con sombreado 64
La Boca - Dibuja una boca humana realista usando líneas de contorno y sombreado 68
La oreja - Dibuja una oreja humana realista con sombreado 70
La cabeza humana - Una guía detallada para crear un rostro humano promedio 72
El Cráneo Humano - Características del cráneo humano 74

Capítulo 3
Perspectiva

Perspectiva de un punto - Crea una escena de calle usando la línea del horizonte, un punto de fuga y líneas de retroceso 80
Perspectiva de dos puntos - Crea una escena de calle usando la línea del horizonte, dos puntos de fuga y líneas de retroceso 82
Punto de vista aéreo - Crea una escena de la ciudad desde una perspectiva de vista de pájaro 84
Nombre 3D - Utiliza letras de bloque y perspectiva para crear palabras 3D 86
Témpano - Crea formas 3D orgánicas 90
Tocadiscos - Otra forma de usar la perspectiva 92
Libro abierto - Uso de líneas de perspectiva y retroceso 94
Puertas abiertas - Uso de líneas de perspectiva y retroceso 96

Capítulo 4
Vacaciones y las estaciones del año

Candado de corazón con llave - Adición de profundidad a tu dibujo 100
Pimpollo de rosa - Crea una hermosa rosa comenzando con formas geométricas simples 102
Cisnes del amor - Uso de la simetría especular 104
Corazón en alambre de púas - "Envoltura" diseños para mostrar la profundidad 106

Rosa y pergamino - Combinando lecciones para crear un diseño único — 108
Olla de oro - Usando los principios de un cilindro — 110
Bonitas cosas de Pascua - Formas simples combinadas para hacer objetos complejos — 112
Huevos de Pascua - Convertir la forma en figura — 114
Tulipán primaveral - Sombreado superpuesto y de alto contraste — 116
Flor de cerezo - Creación de una forma orgánica con equilibrio — 118
Criaturas de Halloween - Haz una criatura de estilo caricatura simple y original — 120
Hoja de otoño - Forma orgánica, simetría y asimetría — 122
Acción de Gracias - Línea de contorno, superposición y perspectiva — 124
Lata de arándanos - Haz una lata basada en el cilindro — 126
Calabaza - Sombreado y superposición — 128
Jack O'Lantern - Equilibrio, forma y 3D — 130
Granero de Navidad - Crea una vista de 3/4 de una casa usando la perspectiva — 132
Adornos navideños - Forma geométrica, repetición y aspectos destacados — 134
Copo de nieve simple - Ángulos, repetición y simetría rotacional — 136

Capítulo 5
Animales y Criaturas

Animales en caricatura - Una fórmula genérica para crear personajes geniales — 140
Familia de patos - Superposición y perspectiva — 142
Conejo Conejo - Formas simples y textura — 144
Pinguino - Superposición y perspectiva — 146
Alas de ángel/demonio - Simetría y asimetría — 148
Aves en vuelo - Siluetas — 150
Pitbull - Formas simples combinadas para hacer objetos complejos — 152
Casa de perro - Crea una vista de 3/4 de una casa usando la perspectiva — 154
Cabeza de león - Usando una cuadrícula simple — 156
Cráneo de vaca - Combinando formas para crear una semejanza — 158
Cobra - Formas simples y líneas de contorno — 160
Tigre escalando - Superposición y patrón — 162
Dragón de Oriente - Superposición con un patrón estilizado — 164

Capítulo 6
Cosas Geniales

Manos orando - Simetría en formas orgánicas	168
Manos de esqueleto - Huesos de la mano, línea de contorno y observación	170
Tres Cráneos - Equilibrio y simetría especular	172
Posición de la mano - Dedo índice	174
Posición de la mano - Reloj derretido	176
Reloj de bolsillo - Ángulo y perspectiva	178
Eslabones de cadena - Superposición para crear patrones entrelazados	180
Rosa de los vientos - Equilibrio y simetría rotacional	182
Cupcake - Equilibrio, elipse, repetición de patrones	184
Cráneo alienígena - Crea un cráneo estilizado con una serie de formas geométricas	186
Micrófono - Un tutorial rápido sobre 2 tipos de micrófonos	188
Tumbas con paños - Paños y textura en el cementerio	190
Planeta Tierra - 2 vistas de nuestro planeta usando una esfera	192
Jaula de aves - Usando un cilindro "transparente"	194
Patas y garras - Uso de formas simples	196
Anime - Crea cualquier criatura siguiendo las reglas de "Anime"	198
Chico Anime - Crea tu versión de un chico anime	200
Chica Anime - Crea tu versión de una chica anime	202
Corsé con cordones - Una práctica en la superposición	204
Elegante taza de té - Usando los principios de un cilindro	206
Diseño de calzado - Equilibrio, diseño, función, línea, repetición	208
Cofre del Tesoro - Usando los principios de un cubo	210
Pirata esqueleto - Formas superpuestas para crear una semejanza	212
Cruz de madera - Textura y 3D	214
Charco de agua - Forma orgánica, reflexión, profundidad	216
Flotadores en charcos de agua - Capas y superposición para crear una escena	218
Huellas - Crea impresiones que se asemejan a huellas con pintura	220
Fuego - Resaltado y valores en formas orgánicas	222
Vela - Usando resaltado, valor y cilindro	224
Cráneo con llamas - Uso de características exageradas	226
Balones deportivos - Baloncesto, fútbol, béisbol y un disco de hockey	228
Aro de baloncesto - 2 versiones de cómo dibujar un aro de baloncesto	230
Dibuja un árbol desnudo - Usando el truco "Y", asimetría y sombreado	232

Dibuja una palmera - Asimetría y sombreado 234
Arte del grafiti - Expresión artística y textura 236
Estilos de letras geniales - Crea una fuente 238
Cráneo de Homeboy - Crea un cráneo estilizado usando distorsión y exageración 240
Revés de la mano - Crea una semejanza a partir de la observación 242
Palma de la mano - Crea una semejanza a partir de la observación 244
Máscaras de tragedia de comedia - Crea expresión 246
Pilas de dinero - Uso de patrones y sombreado 248
Tela de araña fácil - Uso del equilibrio radial 250

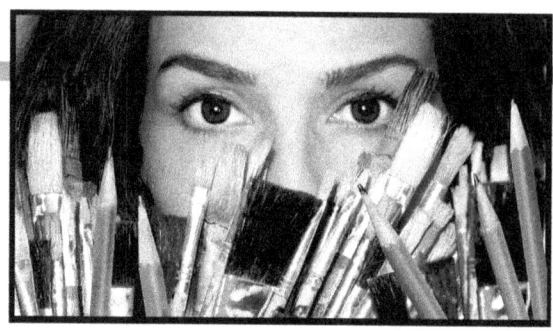

Acerca de la autora

Catherine V. Holmes es una maestra, artista, defensora de la juventud y autora/ilustradora de "Cómo dibujar cosas geniales".

"El arte es un lugar para que cada persona aprenda. Siempre les digo a mis estudiantes: 'Todo el mundo puede dibujar, pero nadie puede dibujar como tú'.

Cada individuo aporta su propio estilo,
creatividad y perspectiva de un trabajo.
Mira atentamente una obra de arte y puedes ver
historia, deseo, miedo o inspiración.
A través del arte, tenemos la oportunidad de
resolver problemas creativamente
autoexpresarnos
meditar artísticamente y comunicar
una mayor sensación de bienestar personal
empoderarnos
relajarnos
educarnos
y una plataforma para mostrar nuestras fortalezas personales de una manera significativa. Esto no solo nos ayuda a ser más perceptivos en el arte, sino también en la vida".

INTRODUCCIÓN

Este surgió por necesidad. Después de explorar catálogos de arte y bibliotecas y deambular a través de la sección "cómo dibujar" de las librerías, encontré algunos buenos recursos, pero ninguno que tuviera todas las cualidades que estaba buscando en un libro de dibujo. Algunas ideas eran demasiado básicas y a menudo insultantes para mis estudiantes mayores y más artísticos. Otros materiales parecían servir como escaparate para bellas obras de arte, pero carecía de cualquier instrucción concreta.

Como profesora de arte "viajera" con un presupuesto limitado y un tiempo de preparación limitado, necesito un solo recurso que sea fácil de transportar y que pueda usarse para enseñar a todos los niveles de estudiantes, desde la escuela primaria hasta la escuela secundaria y más. Este libro fue creado para satisfacer esa necesidad y quiero compartirlo con profesores y artistas en situaciones similares. Estos proyectos les permitirán ofrecer lecciones interesantes e informativas con objetivos claros y que fomentan el logro sin la necesidad de suministros caros/multidimensionales: un lápiz normal y una goma de borrar es todo lo que se necesita (a veces una regla o un bolígrafo fino). Los lápices de arte lujosos, el papel costoso o los borradores moldeables no son necesarios para el éxito. Todas las páginas han sido probadas y aprobadas por estudiantes.

Detalles del libro:

En su interior encontrarás ejercicios específicos que ofrecen pautas paso a paso para dibujar una variedad de temas. Cada lección comienza con una forma fácil de dibujar que se convertirá en la estructura básica del dibujo. A partir de ahí, cada paso añade elementos a esa estructura, permitiendo al artista construir sobre su creación y lograr una ilustración más detallada.

Cada proyecto artístico que incluye información que el artista debe ser capaz de **SABER** (hechos, habilidades básicas), **ENTENDER** (grandes ideas, conceptos, preguntas esenciales), y por lo tanto ser capaz de **DIBUJAR** (evaluación final, ejecución, mediciones de objetivos) al final de la lección.

Esta información adicional da a estas páginas más poder que el solo "arte por el bien del arte", no es que lo necesites, ¡porque el arte es lo suficientemente importante por sí mismo! Los artistas están aprendiendo sobre sí mismos como almas expresivas a través del proceso de creación de un trabajo hermoso e interesante.

Lo mejor es que estas son cosas que los artistas quieren dibujar.

Información para los profesores que utilizan este libro:

Al usar esta guía, los profesores pueden sentirse seguros de que están usando el tiempo de enseñanza de una manera que marcará la diferencia para sus alumnos. Cada lección incluye instrucciones fáciles de seguir donde todo el proceso se ve a través de una secuencia de ilustraciones detalladas que se pueden vincular a conexiones históricas, sus estándares de aprendizaje curricular o adaptarse a una lección de integración artística. Tú decides cuán intenso hacer cada proyecto.

Los proyectos se pueden diferenciar para responder a los diversos estilos de aprendizaje de los estudiantes a través de una mezcla de imágenes y texto.

Para obtener los mejores resultados, aquí hay algunos consejos:

- Las lecciones se brindan en hojas de una sola cara para facilitar las copias. Si es posible, cópialos en la configuración de fotos de la copiadora de tu escuela. Las áreas sombreadas conservarán mejor sus valores.

- Coloca la hoja "Saber, Entender, Dibujar" que se proporciona en la pizarra para que los alumnos vean claramente los objetivos de la lección.

- Anima a tus alumnos a no omitir ninguno de los pasos. Los maestros pueden encontrar que muchos estudiantes prefieren la gratificación instantánea y a menudo tratan de saltar al último paso sin seguir el proceso. Hay algunos estudiantes de arte que tienen un "talento" para dibujar o tienen experiencia previa con el dibujo de formas complejas y no necesitan los pasos, sin embargo, la mayoría necesita seguir la secuencia con el fin de lograr su mejor resultado. Para un mayor éxito, ¡deben seguir los pasos! Al hacerlo, los estudiantes están entrenando sus cerebros para ver formas dentro de un objeto en lugar del objeto como un todo. Esto simplificará el proceso de dibujo.

- Dile a los alumnos que dibujen de manera suave. Una vez que tengan un esquema básico y algunos detalles, los estudiantes pueden hacer sus líneas más oscuras y más permanentes. Conseguir que los artistas de mano dura dibujen suavemente puede ser una batalla constante, pero la lucha vale la pena una vez que ven los beneficios. Borrar se vuelve más fácil y se arrugan y tiran menos papeles.

- Con estas guías de dibujo, cada estudiante encontrará un nivel diferente de éxito. Anima a los alumnos a hacer su trabajo diferente de los ejercicios del libro agregando "extras" y más detalles. Esto hace que cada obra de arte sea única y personal.

- Estos sencillos pasos se pueden adaptar a cualquier nivel, el estudiante puede poner tanto esfuerzo en su trabajo como su nivel de confort lo permita. NOTA: Como gran profesor de arte, siempre anima a tus estudiantes a ir por más, ¡traspasando la zona de confort es cómo aprendemos!

- Las técnicas y procesos presentados en este libro están al alcance de lo que tu estudiante puede hacer. En ocasiones, algunos estudiantes pueden frustrarse y querer rendirse. A veces un estudiante declara la derrota antes incluso de intentar el trabajo. ¡Eso es inaceptable! Recuérdales que crear arte es un proceso. En casos como este, anima a tu estudiante a probar solo el primer paso. Verán que el primer paso es bastante fácil y se animarán a probar el siguiente paso, etc.

- Si los intentos de dibujar parecen estar impidiendo que tu estudiante logre el éxito, es posible que quieras permitirle que lo calque. Los dibujos en estas páginas se presentan en una escala más pequeña con el fin de desalentar el calcado, sin embargo, es mejor permitir que calque en lugar de que el estudiante no haga nada en absoluto. Las modificaciones para las tareas pueden incluir calcar si es necesario, solo alienta al estudiante a que agregue su propio giro único sombreando o agregando "extras" que no estén en los ejemplos proporcionados. Calcar sin siquiera intentarlo - ¡NO ESTÁ BIEN!

- Este libro es ideal para sustitutos. Haz un montón de copias de estas lecciones, ponlas en tu carpeta y toma tu licencia por enfermedad sin preocupaciones.

- Con suficiente práctica y tiempo, los estudiantes no necesitarán un libro de "cómo hacerlo". Se producirá un cambio en el cerebro y tus estudiantes podrán descomponer mentalmente la imagen más simple detrás de la compleja sin ayuda. ¡Ahí es cuando se convertirán en artistas superlistos!

Información para artistas que utilizan este libro:

Seguir estos ejercicios es una gran manera de practicar tu arte y empezar a ver las cosas en términos de formas simples dentro de un objeto complejo. Los lápices de dibujo profesionales y el papel pueden ofrecer una variedad de resultados, sin embargo, las técnicas discutidas en este libro pueden tener éxito mediante el uso de útiles comunes.

Este libro es intuitivo, pero es posible que te encuentres con algunos pasos desafiantes. Sigue los consejos a continuación para obtener los mejores resultados.

- Intenta bloquear la información que no necesitas. Cuando comiences a dibujar una de las obras de arte de este libro, cubre todos los pasos que aparecen con una hoja de papel en blanco, excepto el primero. Dibuja solo el primer paso. Una vez finalizado ese paso, descubre el siguiente paso y trabaja en él. Al bloquear los pasos en los que no estás trabajando, la ilustración se vuelve menos difícil de intentar. Continúa descubriendo cada paso uno por uno y añadiéndolo a tu obra de arte hasta que se complete. Es una táctica simple, pero funciona haciendo que te enfoques en una sola acción a la vez.

- La paciencia es necesaria. No te apresures, tómate tu tiempo y practica la paciencia. No arrugues la hoja con frustración cada vez que cometas un error. Mira tu obra de arte y averigua las líneas que funcionan y las líneas que no. Cámbialas según sea necesario.

Es más fácil cuando:

- Dibujas suavemente. Comienza con un contorno claro y esbozado y añade más detalle a medida que avanza el dibujo. Una vez que todas las líneas se vean bien para ti, entonces se pueden dibujar más oscuro y más permanente.

- No te preocupes demasiado por tratar de hacer que tu dibujo se vea igual que el del libro ni pases mucho tiempo tratando de conseguir que ambos lados de un supuesto objeto simétrico sean iguales. Incluso nuestras caras no son perfectamente simétricas. Tu enfoque único (y a veces imperfecto) es lo que hará que la obra de arte sea atractiva y hermosa. ¡Si tu dibujo no se ve "perfecto", está bien!

- ¿Quieres que tu obra de arte se vea aún más profesional? Dibuja el objeto en grande y, a continuación, redúcelo en la copiadora con la configuración de foto. Los detalles y las líneas aparecerán más finos y tu trabajo se verá más detallado. ¡Un gran truco para probar!

- Por último, no te preocupes por cómo se ve la obra de arte de tu vecino. Recuerda: todo el mundo puede dibujar, pero nadie puede dibujar igual que tú. Eso es lo que hace que el arte sea tan especial. Si todos dibujáramos exactamente igual, el arte sería aburrido y no tendría sentido. Mira la forma en que tu trabajo artístico sale después de terminar y compáralo con tu propio trabajo anterior. ¡Probablemente te impresionarás contigo mismo!

<u>Consejos para el sombreado:</u>

- El capítulo "Fundamentos" muestra varias técnicas de sombreado diferentes. El presionar fuertemente con el lápiz dejará líneas oscuras, presionar suavemente dejará marcas suaves. Una combinación de ambos con una transición gradual de uno a otro es un enfoque para el sombreado realista. Practica el uso de diferentes presiones de lápiz para crear una variedad de tonos.

- Ten cuidado si decides difuminar tu obra de arte para crear efectos de sombreado. La técnica de difuminado con un dedo para crear sombras puede desenfocar algunas líneas intrincadas y arruinar un hermoso dibujo. Sin embargo, cuando se hace correctamente, difuminar puede ser una forma rápida y eficaz de añadir profundidad a una ilustración. Esto puede ser una práctica válida, ¡solo ten cuidado de no embarrarla! Frotar demasiado hará que todas esas líneas finas y tonos contrastantes se conviertan en el mismo tono gris plano y confuso. Esto le quita profundidad a un dibujo y hace que el trabajo parezca menos detallado. Para obtener mejores resultados al sombrear con la técnica de frotar los dedos, simplemente difumina un poco.

- Verás algunos ejemplos en este libro donde se utilizan el rayado y el rayado cruzado. Esta es otra técnica de sombreado que puede ser una alternativa única al difuminado o presionar el lápiz para crear efectos de sombreado. Pruébalos todos y ve cuál funciona mejor para ti.

Por qué necesitamos arte

¡Dibujar te hace más inteligente! Lo creas o no, los artistas no solo están copiando sin pensar lo que ven al seguir las actividades de este libro. Al completar estos proyectos, los artistas mejoran su creatividad y confianza artística, al tiempo que obtienen poderosas herramientas para entender lo que conlleva la creación de obras visuales. Los estudiantes en realidad están reentrenando sus cerebros para ver de una manera diferente. Esto les permite expresarse y convertirse en competentes, inteligentes, alfabetizados, imaginativos, creativos y perceptivos en el arte y en la vida. ¡Deja que tus estudiantes, compañeros de trabajo y el mundo sepan que el ARTE ES IMPORTANTE!

Capítulo 1
Elementos del dibujo

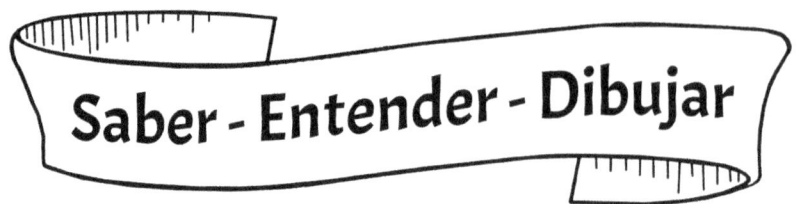

ELEMENTOS DEL DIBUJO

SABER:
Elementos del dibujo: color, valor, línea, figura, forma, textura y espacio

ENTENDER:
- Los componentes básicos utilizados por el artista al producir obras de arte
- Cómo se utilizan esos componentes
- La diferencia entre la forma (longitud y anchura) y la forma (añadir profundidad)

DIBUJAR:
Practica el sombreado, el puntillismo, la textura, la línea, la forma, la figura y el espacio usando una pluma negra fina en el espacio proporcionado junto a los ejemplos en la ficha. Copia lo que ves o crea tus propios diseños. Utiliza el área del cuadro número 7 para crear un diseño original utilizando al menos 4 de los Elementos del dibujo practicados en las casillas anteriores.

EXTRA:
Crea una ilustración original en una hoja separada utilizando al menos 6 de los 7 Elementos del dibujo. Llena el papel de borde a borde con tu dibujo.

VOCABULARIO:
Elementos del dibujo - Color, valor, línea, forma, figura, textura y espacio. Los componentes básicos utilizados por el artista a la hora de producir arte. Los elementos del arte son las partes utilizadas para crear la materia en una obra de arte.

Los elementos del diseño

Los componentes básicos utilizados por un artista al crear arte:

el color, el valor, la línea, la figura, la forma, la textura y el espacio

Crea ejemplos de cada uno en los espacios proporcionados

Usa un lápiz con punta o un bolígrafo negro para completar los siguientes ejercicios (omitiremos el color por ahora)

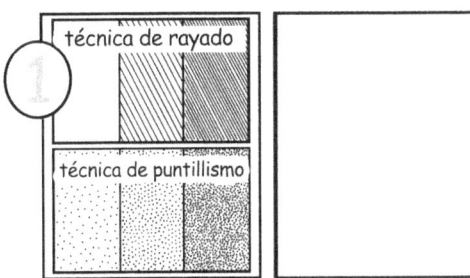

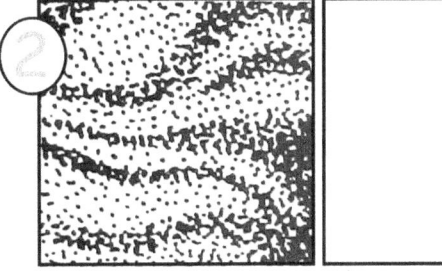

VALOR: la claridad u oscuridad de un color. En este cuadro representa el valor utilizando líneas o puntos.

TEXTURA: la forma en que un objeto se ve como se siente. En este cuadro, dibuja lo que ves o crea tu propia textura.

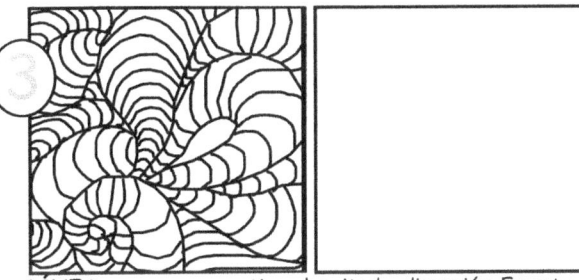

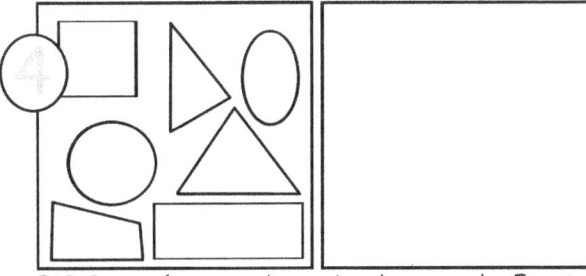

LÍNEA: una marca que tiene longitud y dirección. En este cuadro, dibuja lo que ves o crea tu propio arte de línea.

FIGURA: un área cerrada que tiene largo y ancho. En este cuadro, dibuja al menos cuatro figuras diferentes.

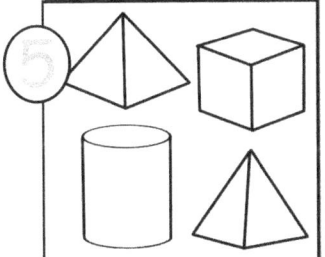

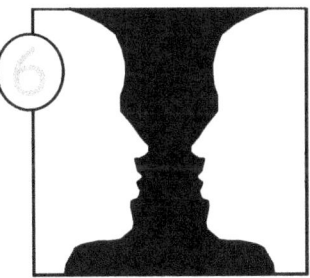

FORMA: un espacio cerrado con altura, ancho y profundidad. En este cuadro, dibuja las formas que se ven a la izquierda.

ESPACIO: distancia o área entre, alrededor o dentro de las cosas. En este cuadro, dibuja el espacio positivo y negativo que se ve a la izquierda.

USA ESTE ESPACIO para crear un dibujo usando al menos cuatro de los elementos del diseño practicados anteriormente.

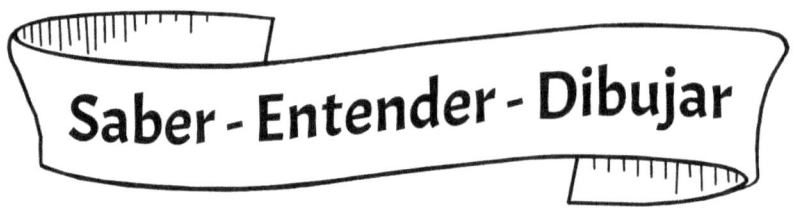

SOMBREANDO FIGURAS

SABER:
Sombreado, sombras y fusión de tonos

ENTENDER:
- Valor añadido a una forma (2D) que al dibujarla crea una figura (3D)
- La claridad u oscuridad de un valor indica una fuente de luz en un objeto

DIBUJAR:
- Vuelve a crear los 9 ejemplos de la ficha "Sombreando figuras", empezando por crear de una escala de valores
- Sombrea cada objeto de acuerdo con la escala de valores
- Funde los distintos valores

VOCABULARIO:
Mezcla - Fusionar los tonos aplicados a una superficie de modo que no haya una línea nítida que marque el principio o el final de un tono.
Sombreado - Mostrar cambio de claro a oscuro u oscuro a claro en un dibujo.
Sombra - Un área oscura proyectada por un objeto iluminado en el lado opuesto.
Matiz - Un color al que se le ha añadido negro o blanco para hacerlo más oscuro o más claro.
Valor - Un elemento de arte que se refiere a la claridad u oscuridad de un color.

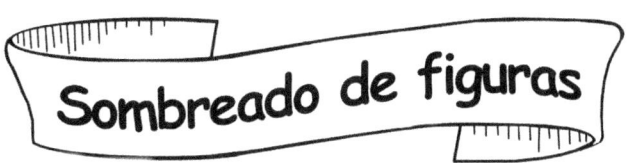

Sombreado de figuras

1. Escala de valores.

haz un rectángulo con 5 cuadrados

numéralos: 1 2 3 4 5

Sombrea los cuadrados

déjalo blanco — gris claro — gris medio — gris oscuro — negro

1 2 3 4 5

2. Sombreado plano: CUBO.

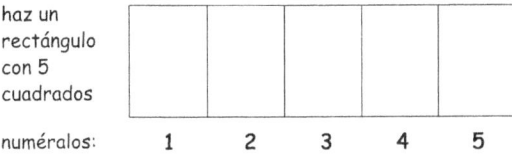

inclina la base

3. Sombreado circular: ESFERA.

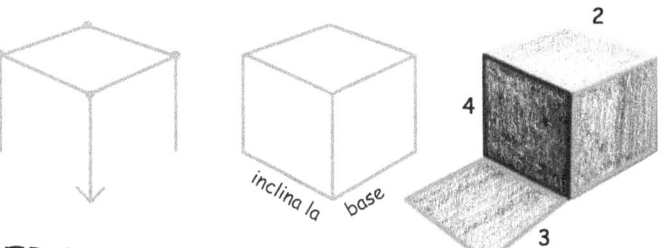

agrega 3 círculos más — iluminado, tono medio, sombra, luz reflejada

sombrea — funde

4. Sombreado de una cinta.

sombrea los pliegues internos más oscuros

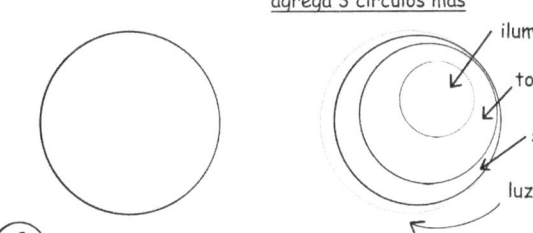
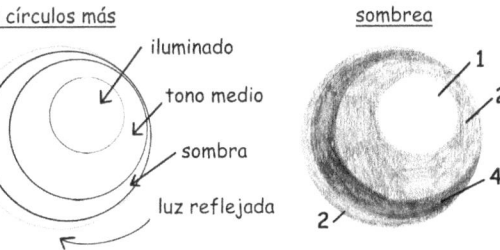
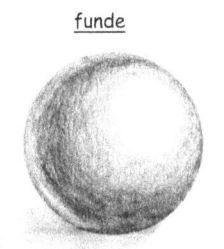

5. Sombreado de una pirámide.

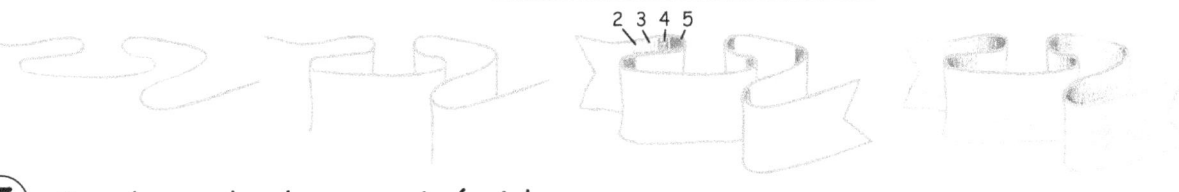
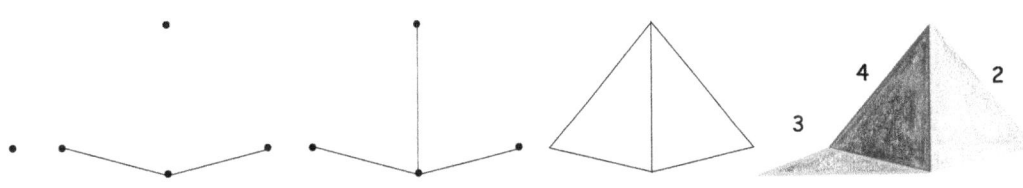

Sombreado de figuras 2

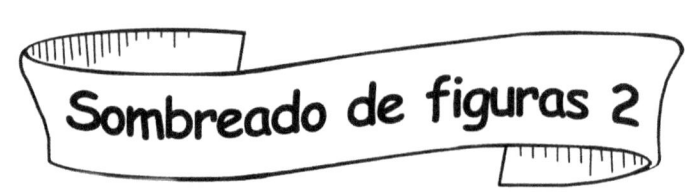

6. Moneda.

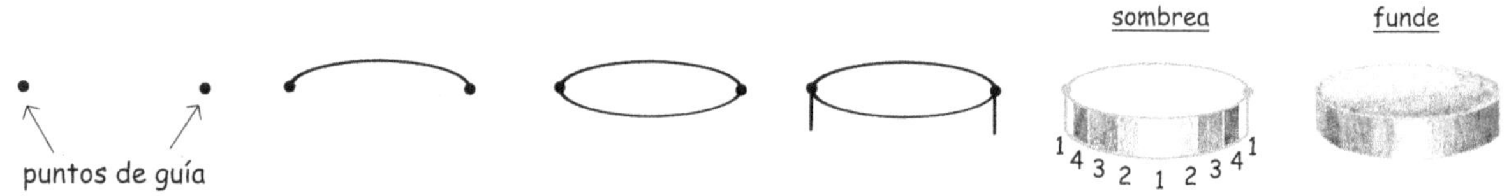

puntos de guía

sombrea   funde

7. Cono.

1. 2. 3. 4. 5. sombrea 6. funde

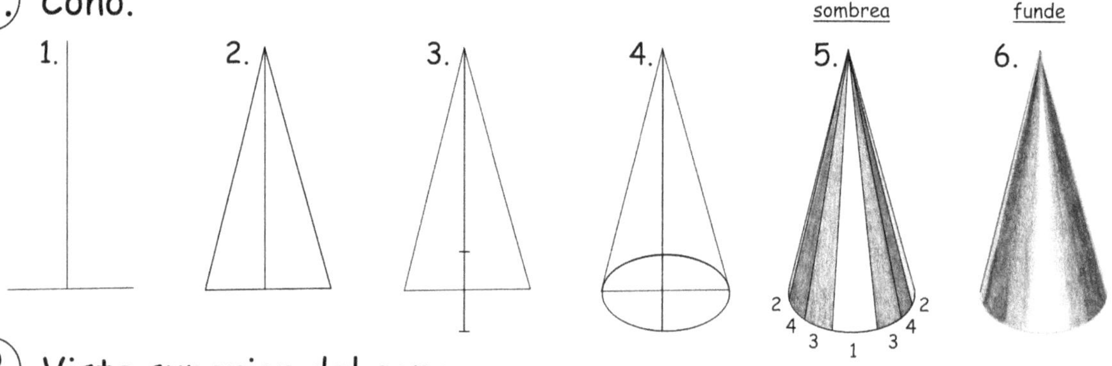

8. Vista superior del cono.

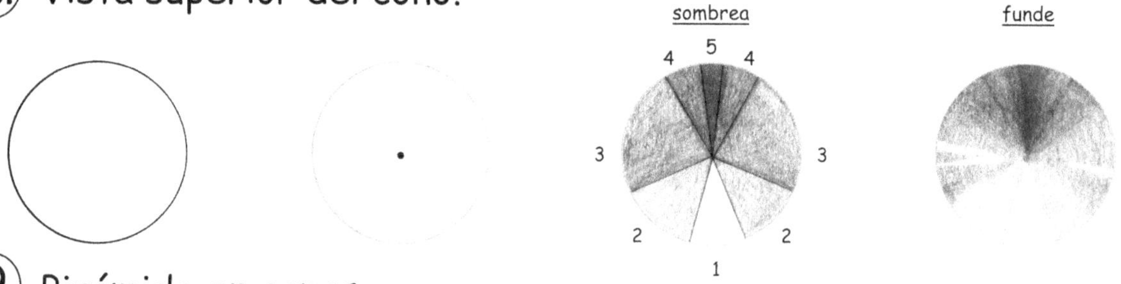

sombrea   funde

9. Pirámide en capas.

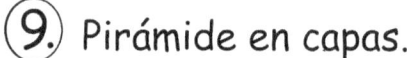

inclina los lados

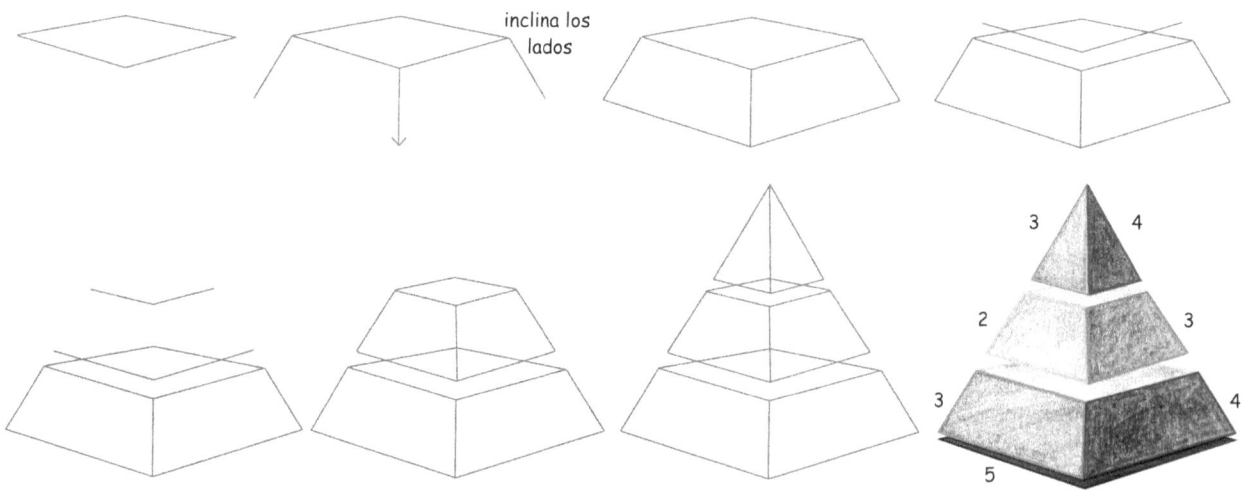

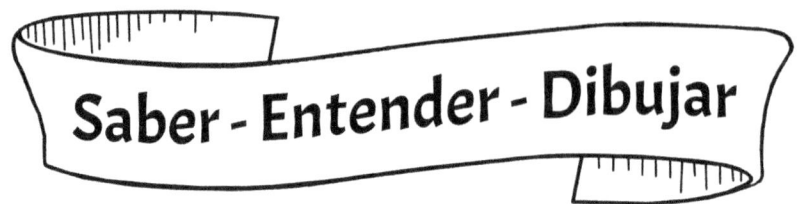

PREPARÁNDONOS PARA DIBUJAR

SABER:
Rayado cruzado, rayado, textura, escala de valor

ENTENDER:
- La textura es utilizada por los artistas para mostrar cómo algo podría sentirse o de lo que está hecho.
- Valor añadido a una forma (2D) al dibujar crea forma (3D).
- La claridad u oscuridad de un valor indica una fuente de luz en un objeto.

DIBUJAR:
Para practicar diferentes tipos de sombreado, completa la escala de valores, los ejercicios de sombreado y rayado en el área proporcionada en la ficha. En una hoja de papel separada, dibuja un árbol (u otro objeto) que incluya los tipos de sombreado practicados en la ficha.

VOCABULARIO:
Rayado - Crea efectos tonales o de sombreado con líneas paralelas estrechamente espaciadas. Cuando se dibujan más de estas líneas en ángulo sobre las primeras, se denomina rayado cruzado.
Sombreado - Muestra el cambio de la luz a la oscuridad u oscuridad a la luz en un dibujo al oscurecer las áreas que estarían sombreadas y dejando otras áreas claras.
Textura - La cualidad de la superficie o "cómo se siente" un objeto; su suavidad.
Valor - Un elemento de arte que se refiere a la claridad u oscuridad de un color.

Preparándonos para dibujar

Crea tu propia **escala de valores.**

- déjalo blanco
- gris claro
- gris oscuro
- negro

Ejemplo de un abedul con valores, rayado y rayado cruzado.

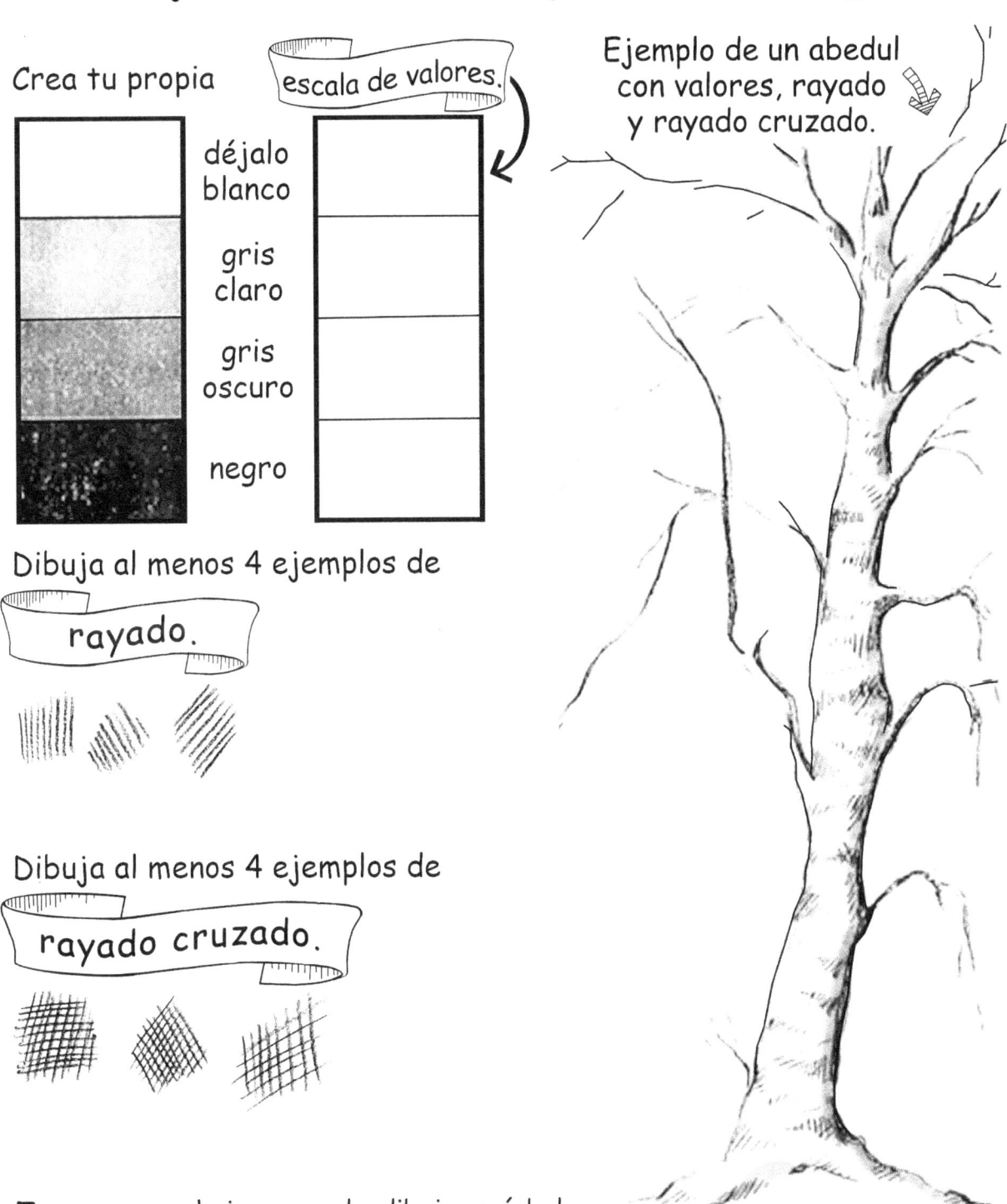

Dibuja al menos 4 ejemplos de **rayado.**

Dibuja al menos 4 ejemplos de **rayado cruzado.**

Tarea: en una hoja separada, dibuja un árbol (u otro objeto) que incluya el rayado, el rayado cruzado y la escala de valores.

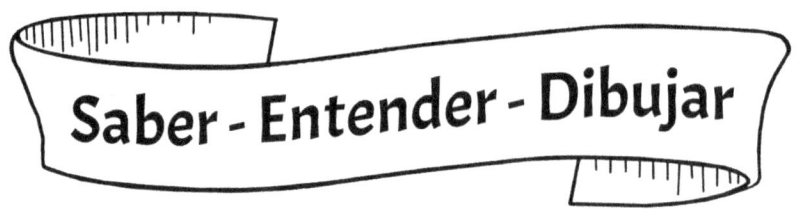

CALIDAD DE LA LÍNEA (PALOMA)

SABER:
Las líneas son herramientas de comunicación.

ENTENDER:
• Varios tipos de línea en una ilustración añaden profundidad e interés, implican espacio, movimiento, luz y/o espesor (borde 3D)
• La calidad de la línea aumenta el potencial descriptivo de una obra de arte (texturas, movimiento, luz, espacio, etc.)

DIBUJAR:
Crea una imagen original utilizando un arte de línea detallado que se enfoque en la calidad de la línea. Experimenta dibujando la paloma proporcionada y agrega grosor de línea en las áreas de contorno resaltadas en la ficha. A continuación, prueba esta técnica en un elemento de tu elección, asegurándote de que algunas líneas parezcan acercarse (más gruesas) y otras alejarse (más delgadas).

VOCABULARIO:
Calidad de línea (grosor) - El carácter único de una línea dibujada a medida que cambia la luminosidad/oscuridad, dirección, curvatura o anchura; las líneas delgadas y gruesas en una obra de arte que crean la ilusión de la forma y la sombra.

La calidad de la línea describe la apariencia de una línea, su aspecto, no su dirección (es decir, gruesa, delgada, clara, oscura, sólida, punteada, etc.)

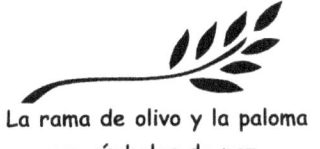

La rama de olivo y la paloma son símbolos de paz.

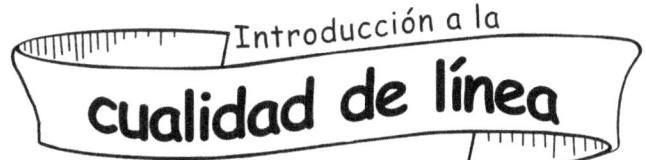

Introducción a la cualidad de línea

La cualidad de línea describe la apariencia de una línea (gruesa, delgada, clara, oscura, sólida, punteada, etc.).

1. Dibuja un círculo pequeño.
2. Agrega un óvalo. — pequeña superposición
3. Haz la curva del pecho. — Borra las líneas punteadas
4. Agrega una sonrisa y la cola. — forma de sonrisa — cola en abanico redondeado
5. Agrega un ojo y dos patas. — 3 dedos en cada pata
6. Agrega una línea curva larga. — hendidura — bulto — pico triangular
7. Dibuja un ala. — curva del ala
8. Agrega el detalle de las plumas. — Borra las líneas de referencia de las alas — Dibuja pequeños triángulos inclinados
9. Agrega líneas de contorno al pecho y el ala.
10. Agrega la otra ala.
11. Haz algunas líneas más gruesas para agregar interés y resaltar la cualidad de línea.

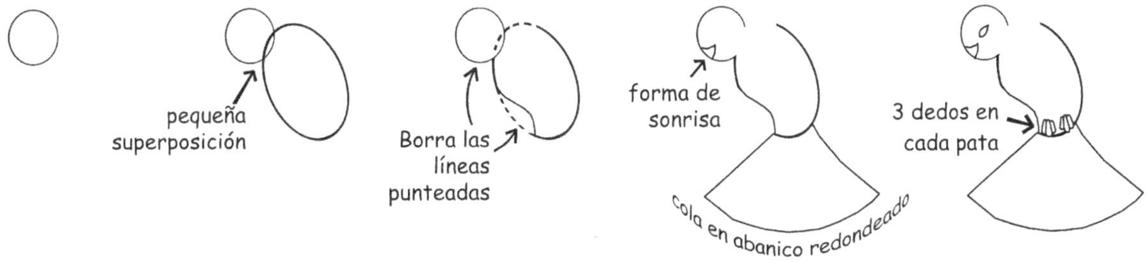

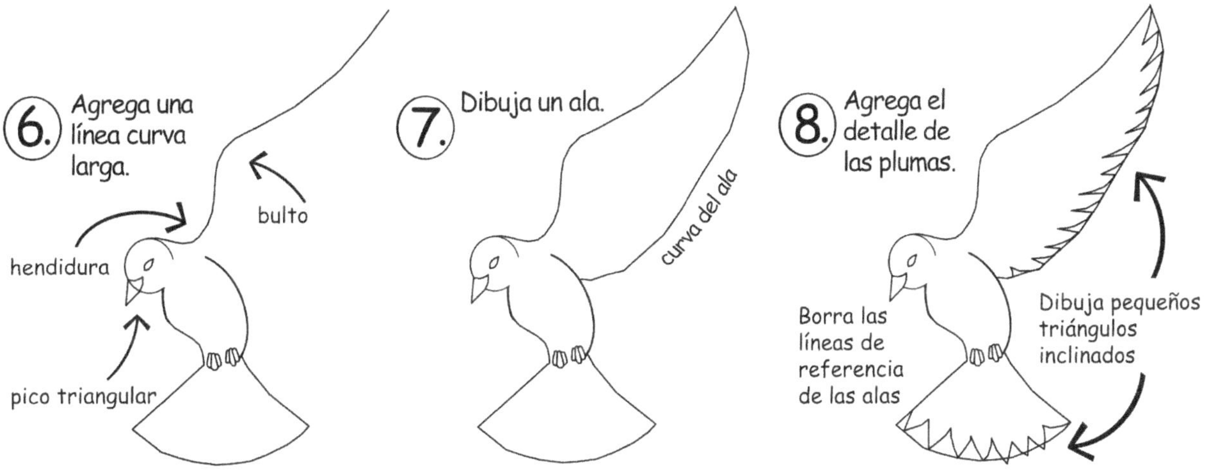

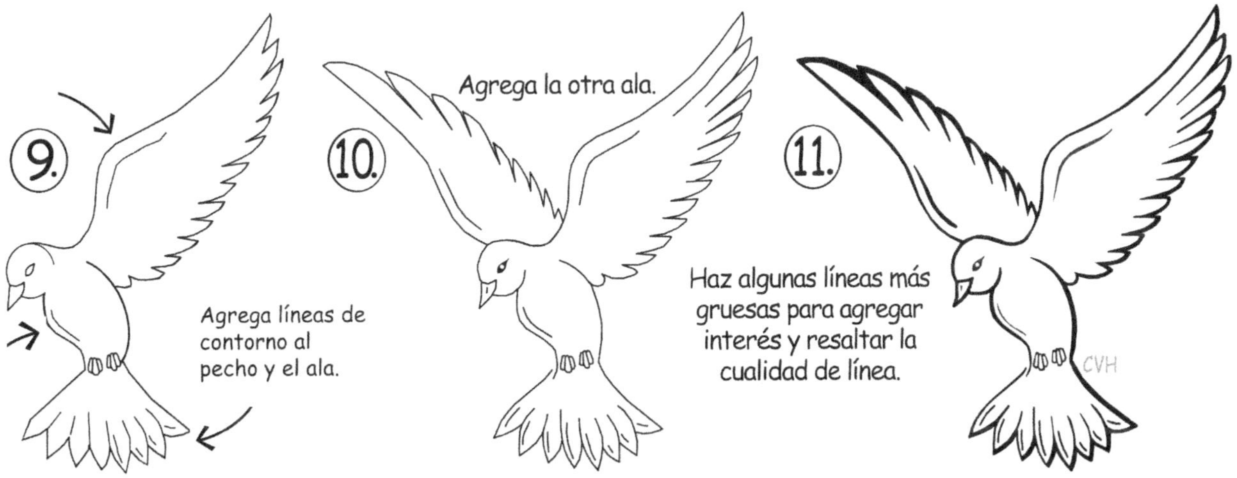

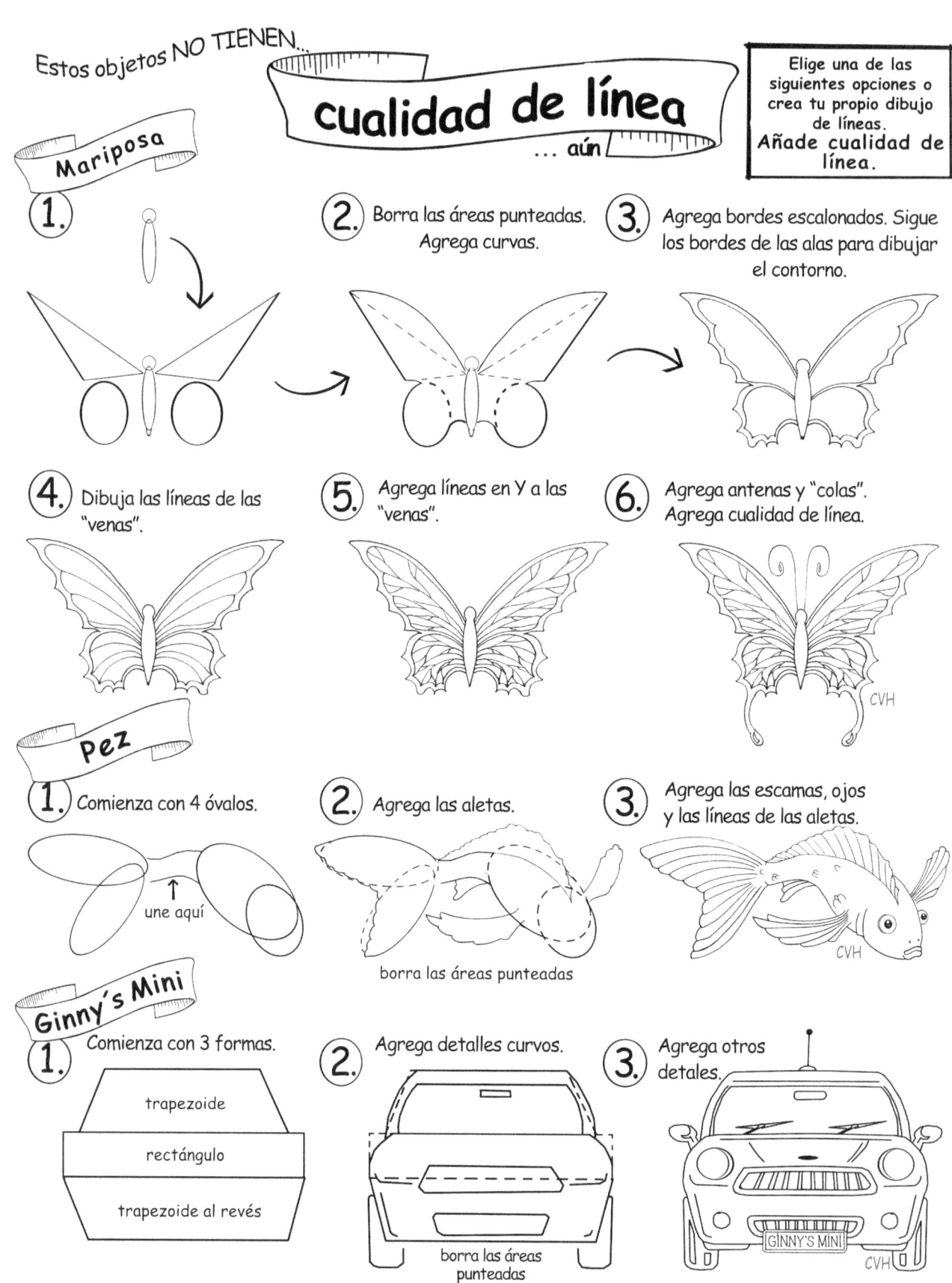

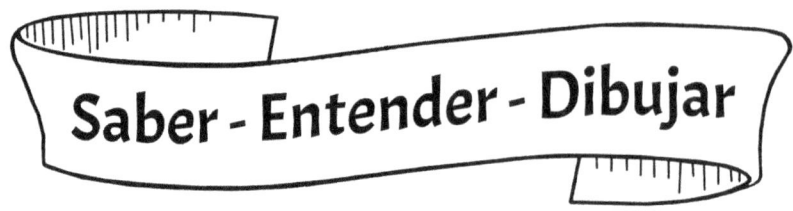

ESCORZO

SABER:
- Pasos sencillos para convertir las formas en figuras
- Cómo crear la ilusión de 3D

ENTENDER:
- El escorzo es una forma de representar un objeto para que transmita la ilusión de profundidad (3D)
- El escorzo es cuando un objeto parece acercarse o alejarse en el espacio

DIBUJAR:
- Practica el escorzo recreando los 7 mini dibujos (5 en la parte delantera y 2 en la parte posterior) de la ficha. No los calques. Sombréalos.
- Crea un dibujo original de una escena en una hoja separada que muestre al menos 5 ejemplos de escorzo.

VOCABULARIO:
Escorzo - Una forma de representar un objeto para que transmita la ilusión de profundidad, que parece acercarse o alejarse en el espacio.

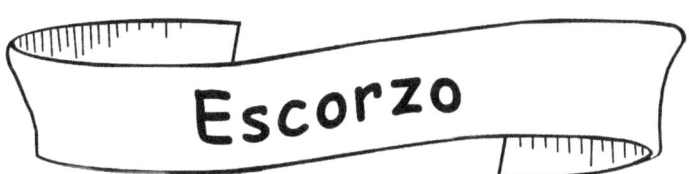

Escorzo

1. Pastel fácil.

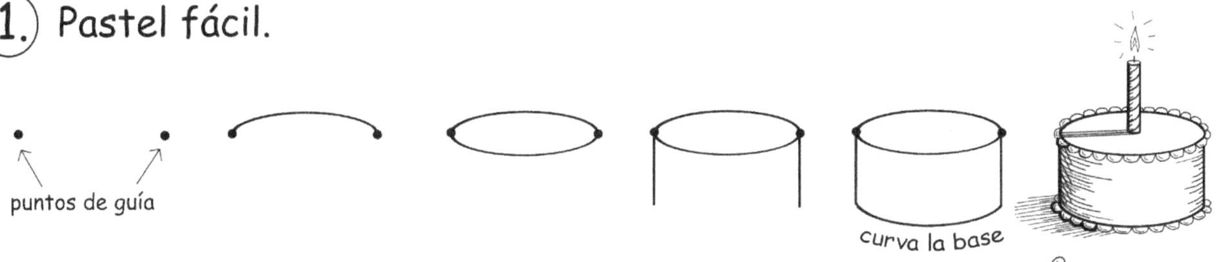

puntos de guía

curva la base

2. Sombrero mágico.

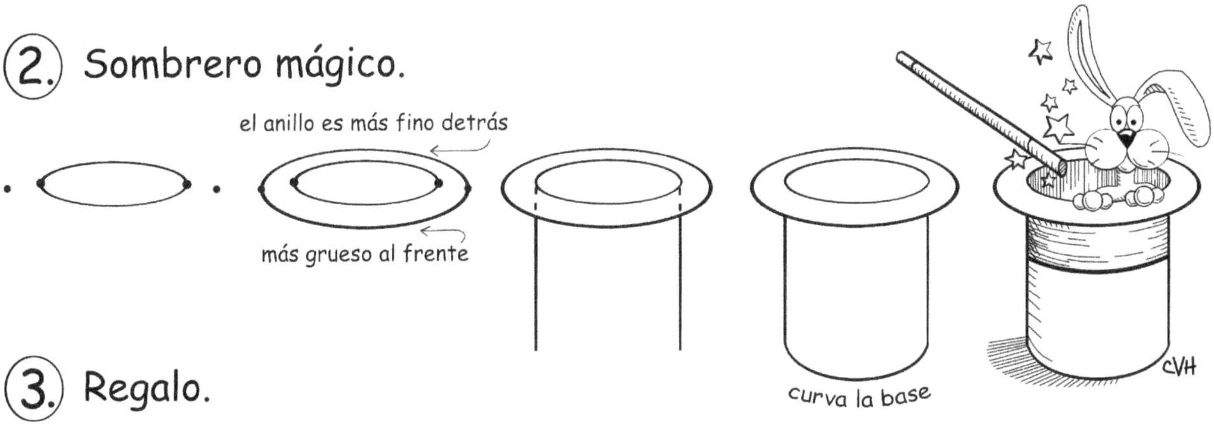

el anillo es más fino detrás

más grueso al frente

curva la base

3. Regalo.

más largo en el centro

inclina la base

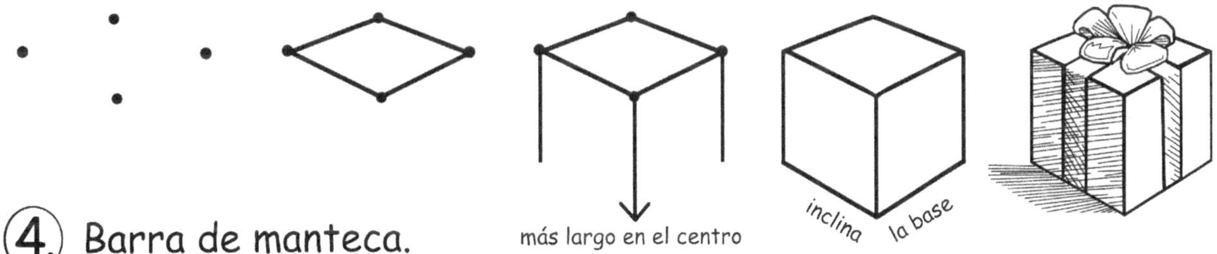

4. Barra de manteca.

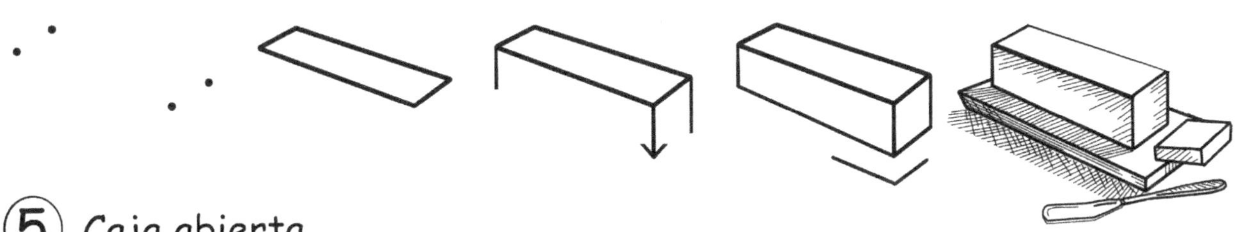

5. Caja abierta.

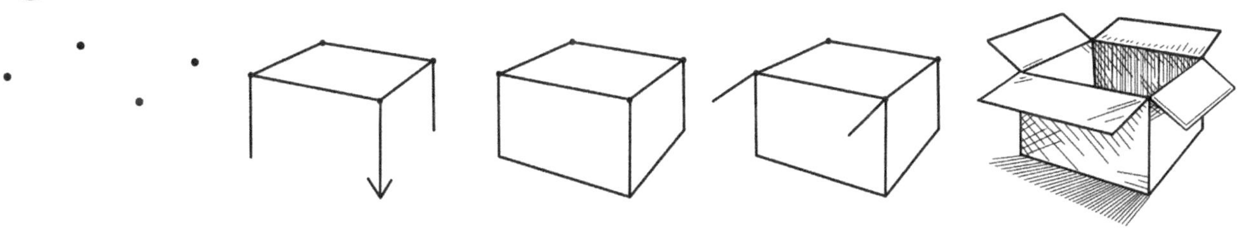

Escorzo

1. Pastel en capas.

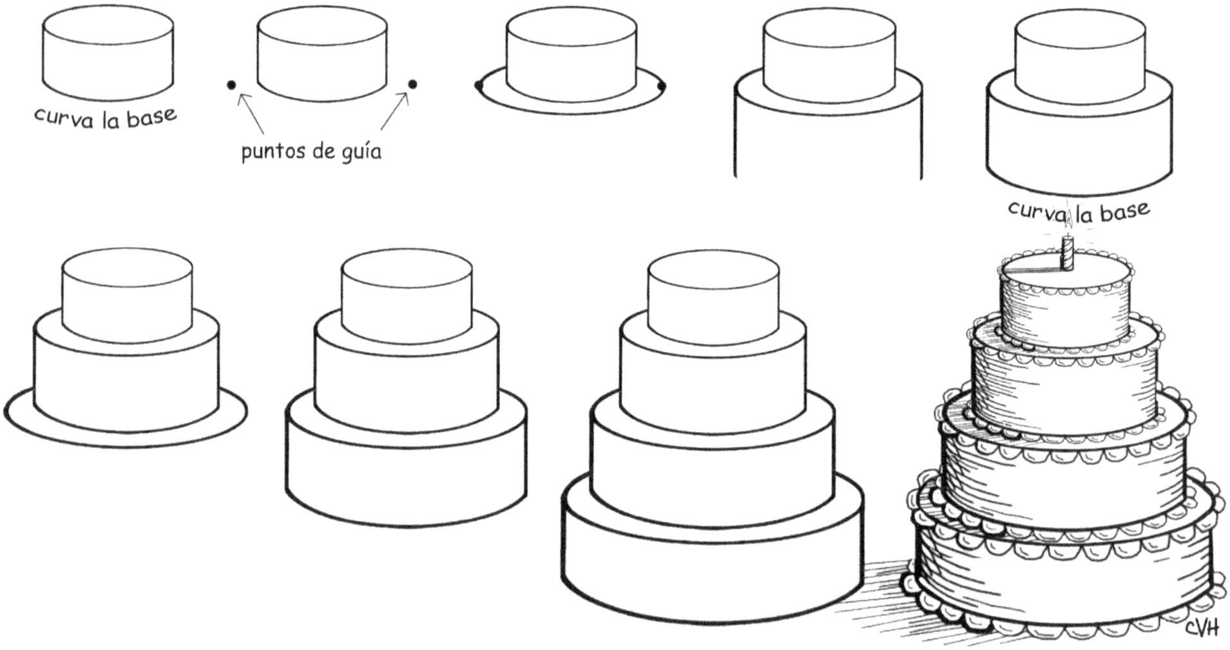

   curva la base · puntos de guía · curva la base

2. Caja en una caja en una caja en una caja.

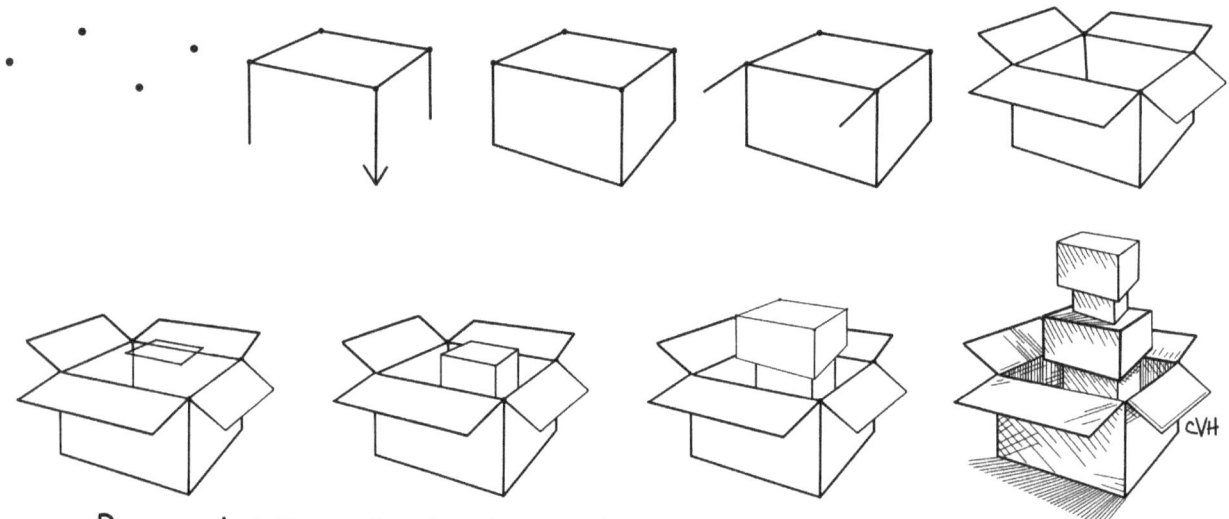

Pregunta: Tengo 3 cajas. Dentro de esas 3 cajas tengo 3 cajas. Dentro de esas 3 cajas tengo 3 cajas. ¿Cuántas cajas tengo?

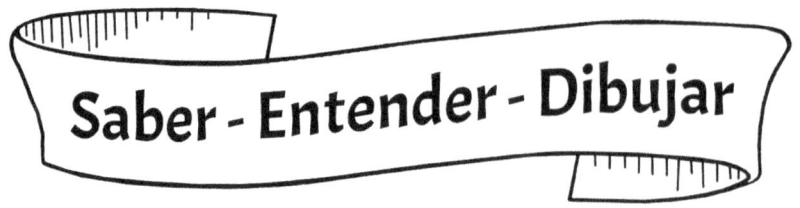

ESCORZO DE UNA PERSONA

SABER:
Puntos de vista

ENTENDER:
Perspectiva en la que los tamaños de las partes cercanas y lejanas de un sujeto contrastan en gran medida. Las partes cercanas son más grandes y las partes más lejanas son mucho más pequeñas.

DIBUJAR:
Practica el escorzo creando una versión de tu propia persona escorzada como se vería desde arriba. Asegúrate de que la cabeza de tu personaje sea mucho más grande que los pies para dar la apariencia de escorzo. No lo calques. Sombréala.

VOCABULARIO:
Escorzo - Una forma de representar un objeto para que transmita la ilusión de profundidad, que parece acercarse o alejarse en el espacio. El éxito del escorzo a menudo depende de un punto de vista o perspectiva en el que los tamaños de las partes cercanas y lejanas de un sujeto contrasten bastante.

Perspectiva - La técnica que utilizan los artistas para proyectar una ilusión del mundo tridimensional sobre una superficie bidimensional. La perspectiva ayuda a crear una sensación de profundidad o espacio que se aleja.

Punto de vista - Una posición o ángulo desde el que se observa o se considera algo, y la dirección de la mirada del espectador.

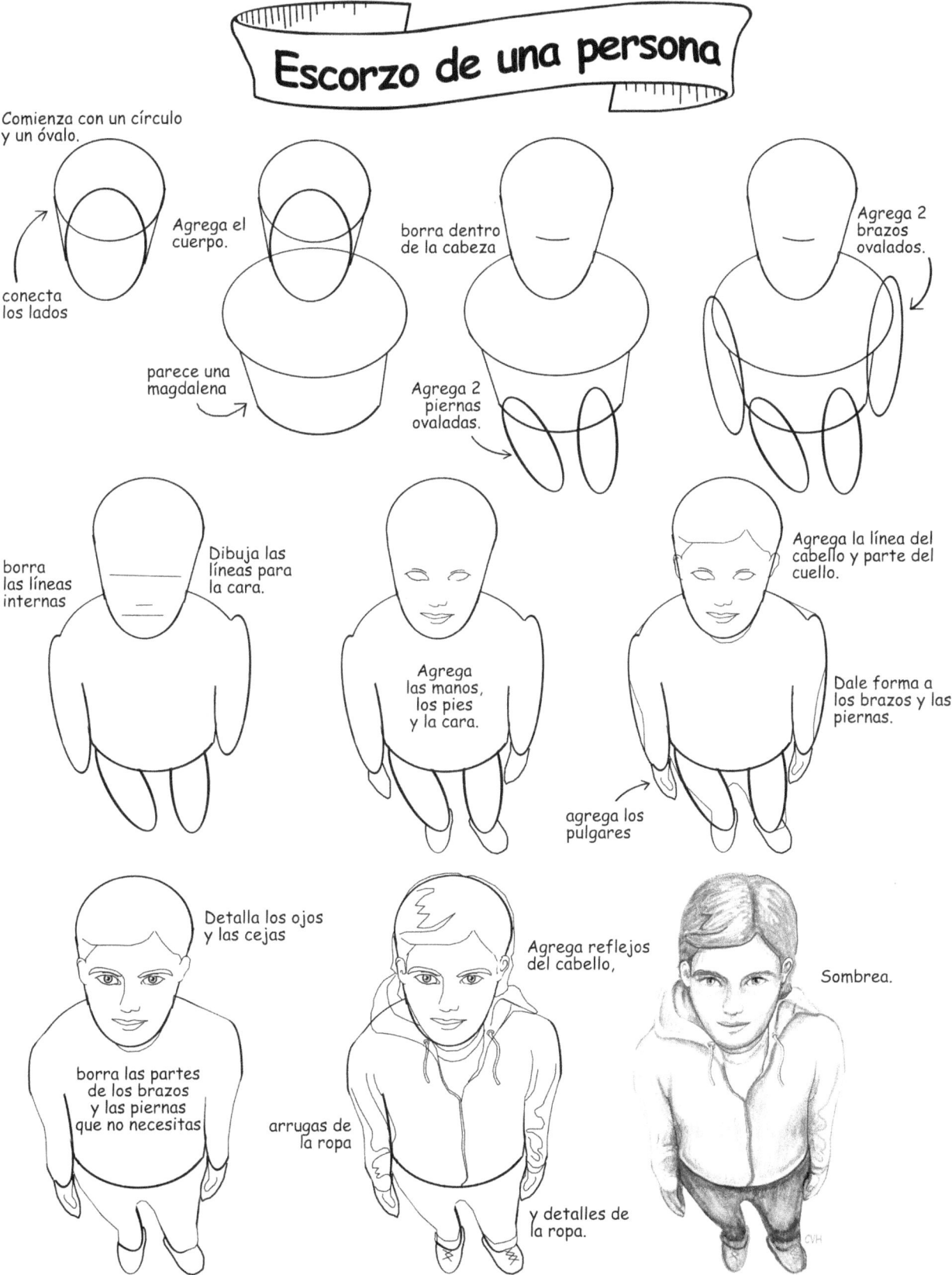

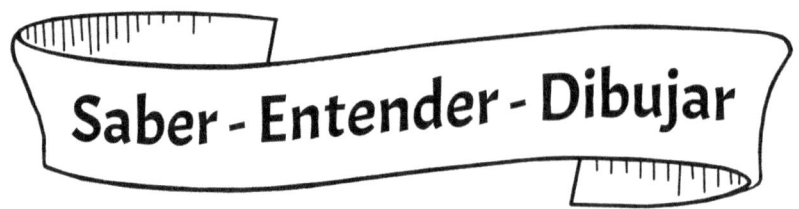

LÍNEAS DE CONTORNO Y TUBOS

SABER:
Las líneas de contorno de nivel rodean y definen los bordes de un objeto.

ENTENDER:
Agregar líneas al interior de un objeto delineado le da forma y volumen a un objeto.

DIBUJAR:
- En una hoja de papel separada, completa los 5 minidibujos de la ficha
- Haz tu propio trabajo original centrándote en el uso de líneas de contorno. Incluir: Al menos 5 tubos curvos, 4 formas redondas apiladas, 3 cubos, 2 objetos "peludos" y 1 "extra".
- ¡No olvides las sombras!

VOCABULARIO:
Contorno - El contorno y otros bordes visibles de un objeto.
Líneas de contorno - Líneas que rodean y definen los bordes de un sujeto dándole forma y volumen.
Tubo - Un volumen de cilindro hueco. El espacio dentro de una figura.
Volumen - El espacio dentro de una figura.

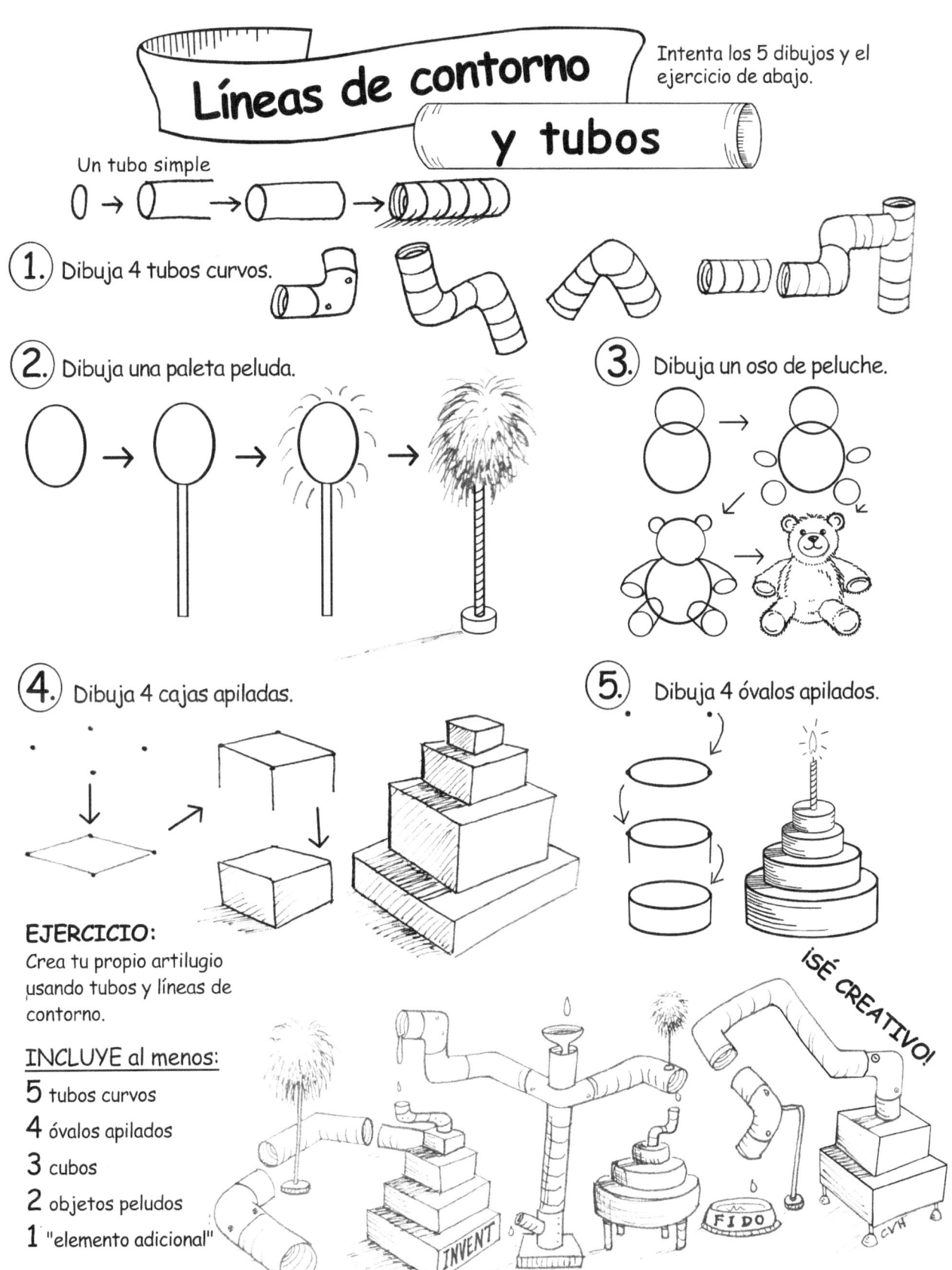

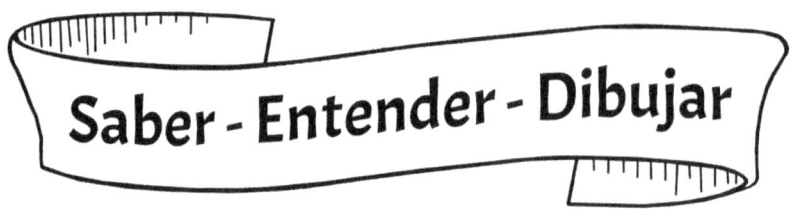

FORMAS A FIGURAS

SABER:
- Construcción básica de cilindros en dibujo
- La forma y la figura son 2 de los 7 elementos del arte

ENTENDER:
- La diferencia entre forma y figura
- Volumen

DIBUJAR:
Mira las imágenes 2D de las formas proporcionadas y usa técnicas aprendidas para redibujarlas como figuras 3D

TAREA:
Dibuja un vaso de líquido transparente con cubitos de hielo y una pajita. No lo olvides, ¡los cubitos de hielo flotan!

VOCABULARIO:
Figura - Una forma tridimensional (alto, ancho y profundidad) que encierra volumen.
Forma - Un área encerrada.
Volumen - El espacio dentro de una figura.

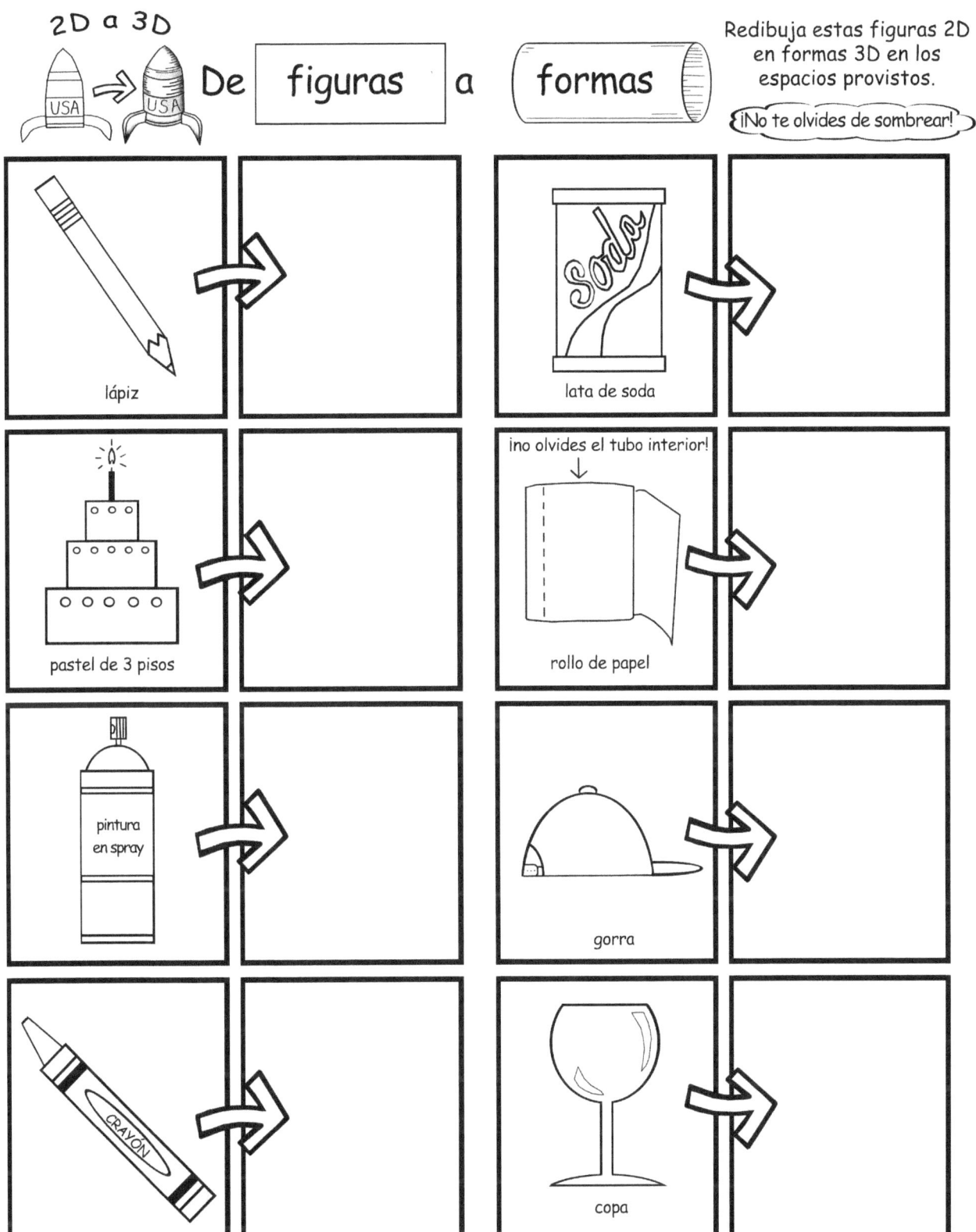

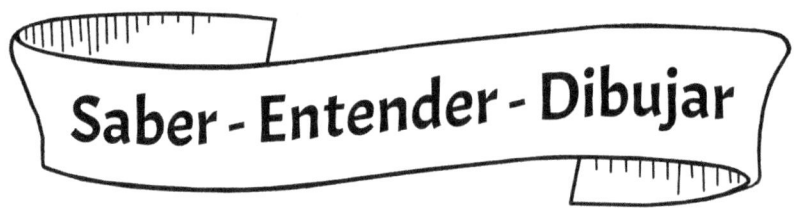

CILINDROS Y DISCOS

SABER:
Muchos objetos (hechos por el ser humano y naturales) se basan en el cilindro

ENTENDER:
• Los cilindros en el arte dan la apariencia de un tubo circular 3D
• Los discos son cilindros cortos
• Cómo crear la apariencia de un tubo 3D en una variedad de objetos

DIBUJAR:
• Recrear los 7 minidibujos en 3D como aparecen en la ficha
• En una hoja separada, traza el contorno de tu mano y conviértela en una serie de cilindros segmentados

VOCABULARIO:
Cilindro - Un tubo que parece tridimensional.
Disco - La región en un plano delimitada por un círculo.
Plano - Una superficie plana y bidimensional.

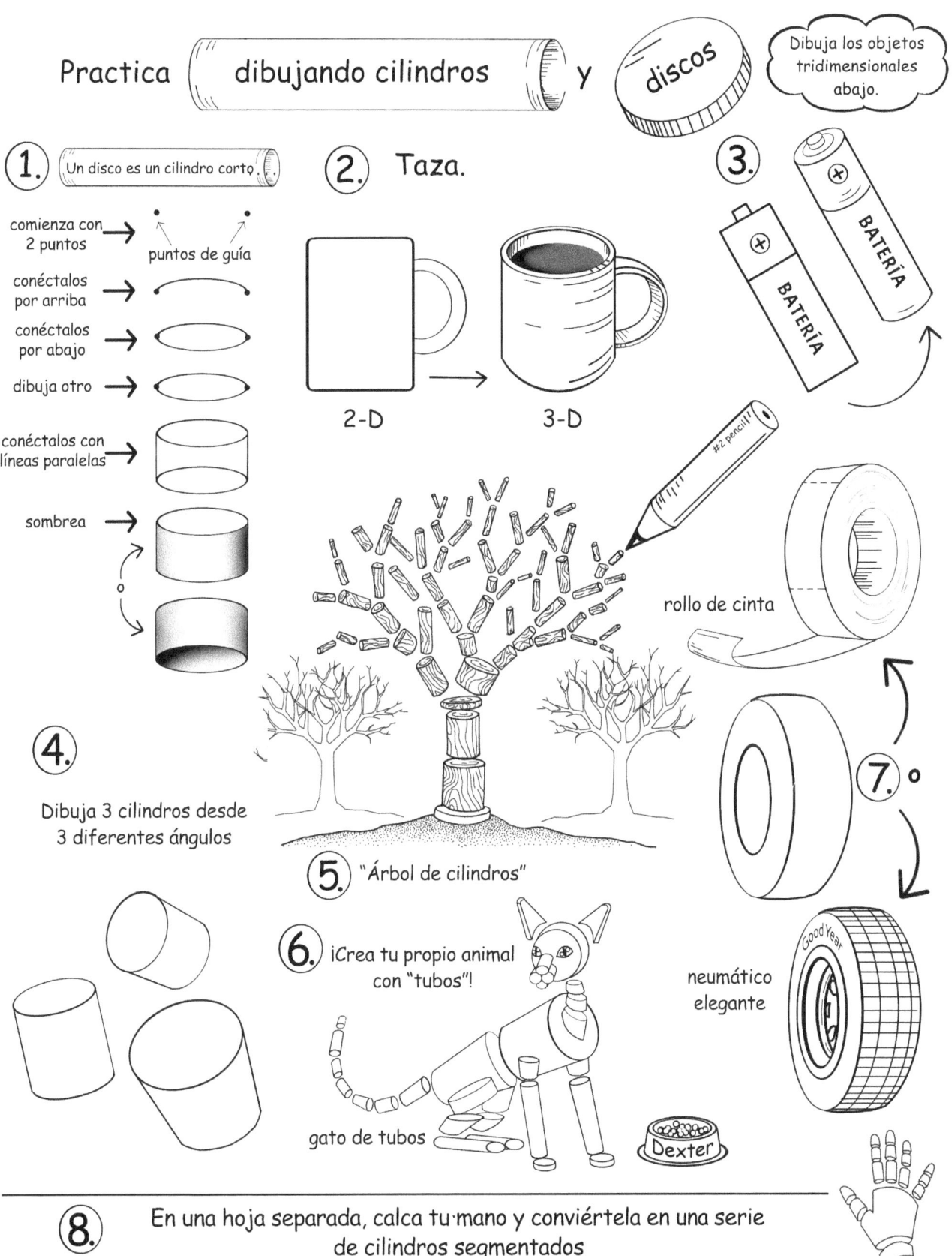

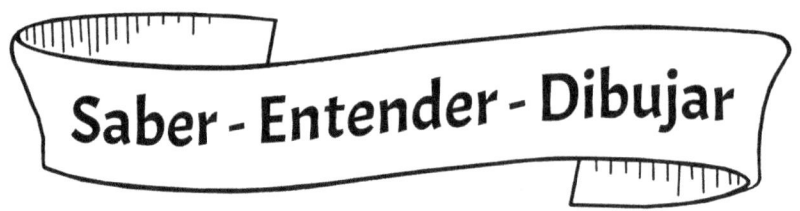

PASTEL EN CAPAS

SABER:
Apilar y superponer cilindros puede crear una estructura única.

ENTENDER:
• Marcar la elipse superior e inferior en un dibujo de un tubo (y luego borrar el área que no se ve) puede ayudar en la creación de un cilindro proporcionado.
• Los cilindros son una de las cuatro formas básicas que ayudan a que una obra de arte parezca tridimensional.

DIBUJAR:
• Comienza en la parte superior de la hoja y comienza a practicar la creación de cilindros cortos situados uno encima del otro.

• Trata de apilar tantos "pasteles" como puedas hasta llenar la página. Agrega diferentes decoraciones para que cada capa sea única. Algunas ideas son velas, caramelos, glaseado arremolinado, flores, etc.

VOCABULARIO:
Cilindro - Un tubo que parece tridimensional.
Disco – El área en un plano delimitado por un círculo.
Elipse - Un círculo visto en ángulo (dibujado como un óvalo)
Capa - Un elemento que se encuentra sobre o debajo de otro elemento

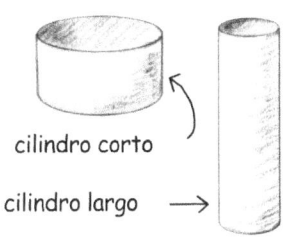

cilindro corto

cilindro largo

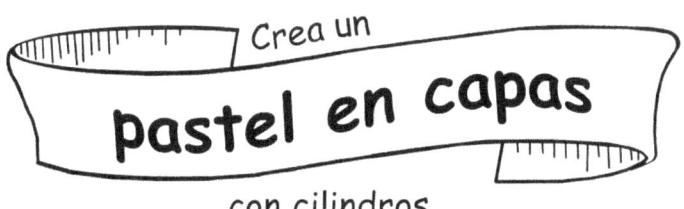

Crea un **pastel en capas** con cilindros

Los **cilindros** son una de las cuatro figuras básicas que ayudan a una obra de arte a parecer tridimensional (las otras son el **cubo**, la **esfera** y el **cono**)

①. Comienza con dos puntos.

punto   punto

②. Conecta los puntos con líneas redondeadas para formar un óvalo delgado.

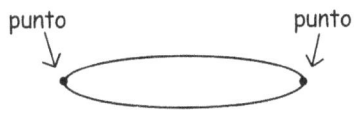

punto   punto

③. Añade 2 líneas verticales desde ambos puntos.

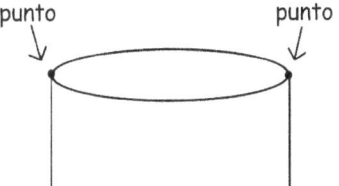

punto   punto

④. Conecta la base con una línea curva y añade dos puntos más a los lados.

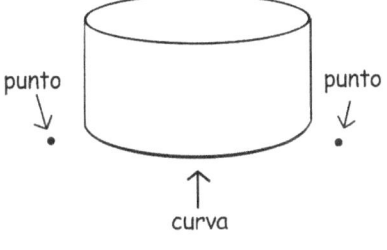

punto   punto

curva

⑤. Repite los pasos 2 y 3 con los nuevos puntos.

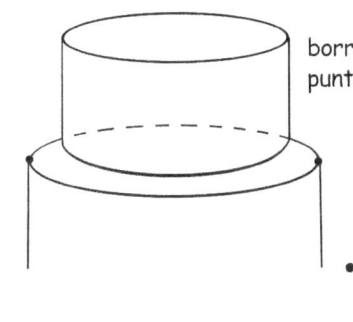

borra el área punteada

⑥. Repite lo mismo para la tercera capa.

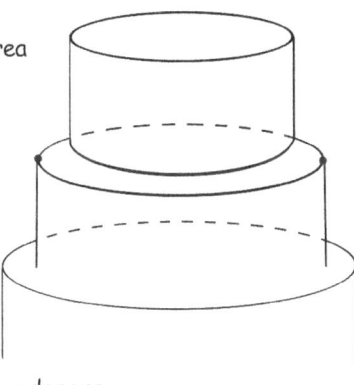

⑦.

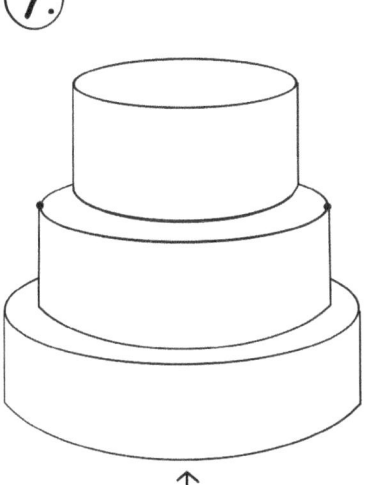

curva

⑧. Sombrea y decora.

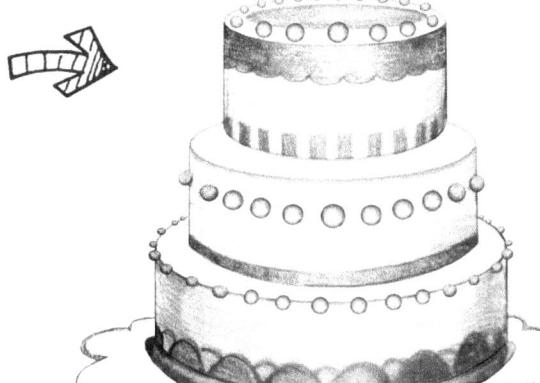

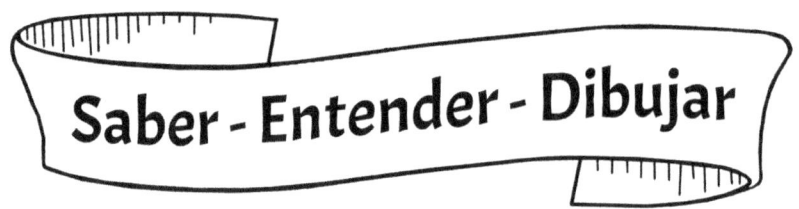

PORCIÓN DE PASTEL

SABER:
Las técnicas utilizadas para convertir una forma en una figura.

ENTENDER:
• La diferencia entre forma y figura.
• Las líneas paralelas indican la dirección, así como los bordes de un objeto.
• Las pequeñas adiciones pueden convertirse en detalles importantes al dibujar objetos de forma realista.

DIBUJAR:
Sigue los pasos indicados para crear una porción de pastel en forma de prisma triangular. Añade detalles, sombreado y "extras" para crear una ilustración única.

Nota: "Extras" son pequeños detalles que el artista imagina y crea.

VOCABULARIO:
Figura - Una forma tridimensional (alto, anchura y profundidad) que encierra un volumen.
Forma - Un área cerrada.
Prisma triangular - Un prisma de tres lados (poliedro).
Volumen - Se refiere al espacio dentro de una figura.

Porción de pastel

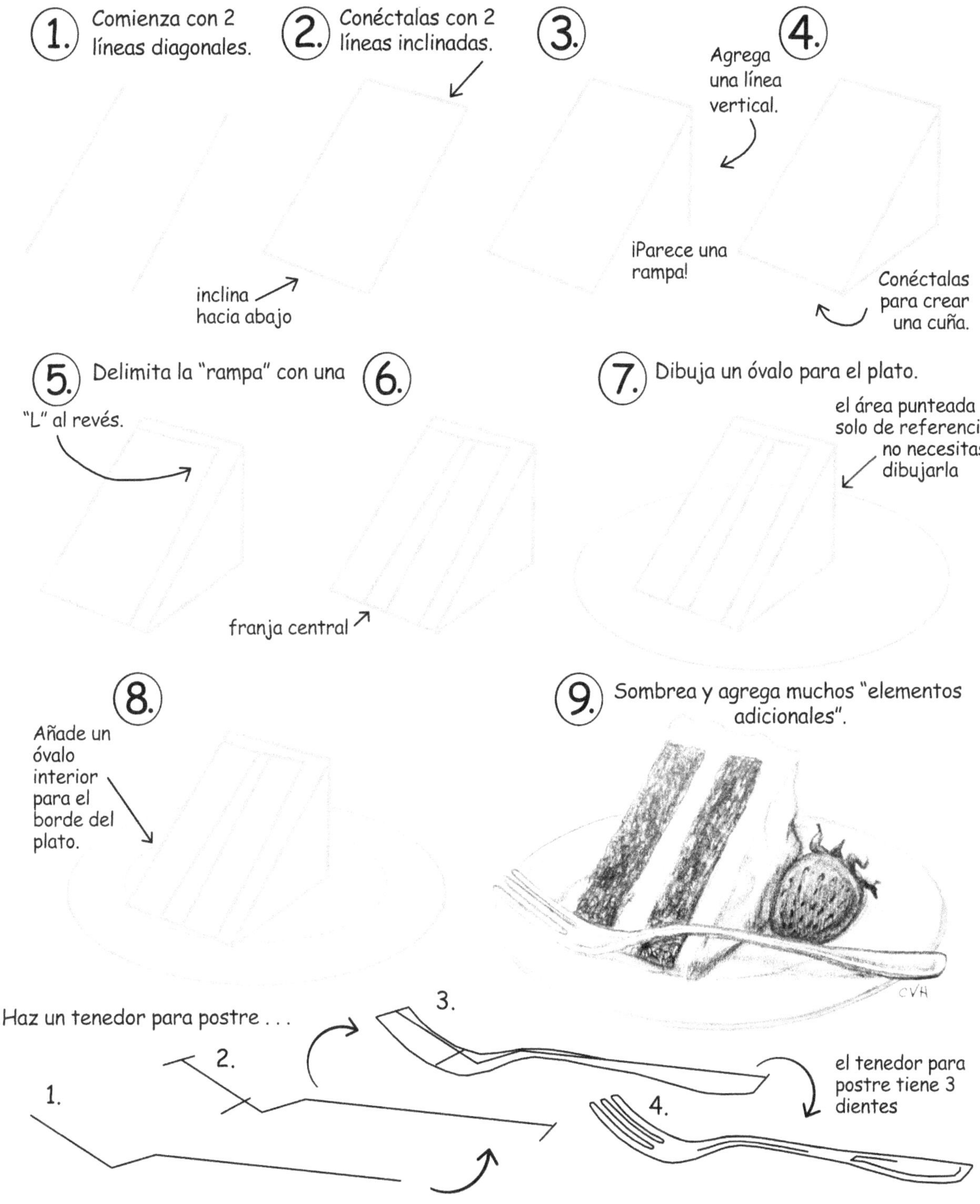

1. Comienza con 2 líneas diagonales.
2. Conéctalas con 2 líneas inclinadas.
   - inclina hacia abajo
3.
4. Agrega una línea vertical.
   - ¡Parece una rampa!
   - Conéctalas para crear una cuña.
5. Delimita la "rampa" con una "L" al revés.
6.
   - franja central
7. Dibuja un óvalo para el plato.
   - el área punteada es solo de referencia, no necesitas dibujarla
8. Añade un óvalo interior para el borde del plato.
9. Sombrea y agrega muchos "elementos adicionales".

Haz un tenedor para postre...

1.
2.
3.
4. el tenedor para postre tiene 3 dientes

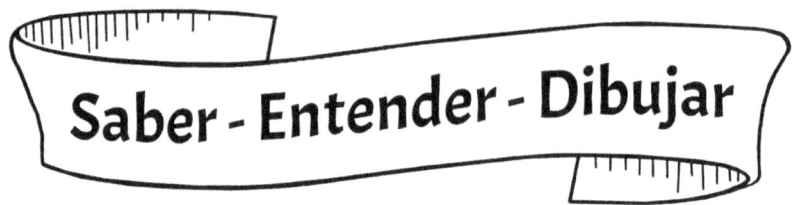

CINTAS, PERGAMINOS Y ESTANDARTES

SABER:
Líneas superpuestas y en retroceso

ENTENDER:
- Transmitir una ilusión de profundidad
- Diferentes tamaños y ubicaciones en un plano de retroceso
- La superposición y el sombreado dan la apariencia de 3D

DIBUJAR:
Practica la superposición y el sombreado creando tu propia bandera/lazo/pergamino utilizando las técnicas proporcionadas. No lo calques. Sombrea.

VOCABULARIO:

Superposición - Cuando una cosa está sobre o parcialmente cubre otra cosa.

Perspectiva – La técnica que los artistas utilizan para proyectar la ilusión de 3D sobre una superficie 2D. La perspectiva ayuda a crear una sensación de profundidad o espacio de retroceso.

Línea de retroceso - Cualquier línea que parezca volver al espacio.

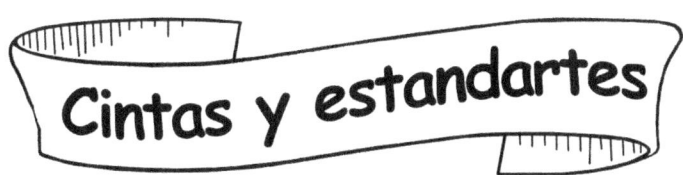
Cintas y estandartes

1. Comienza con 2 líneas curvas paralelas.

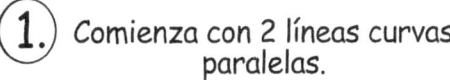

2. Agrega 4 líneas verticales inclinadas.

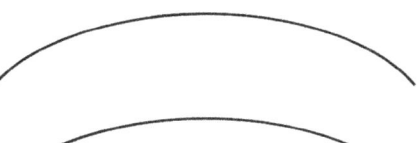

3. Agrega el borde inferior de la cinta.

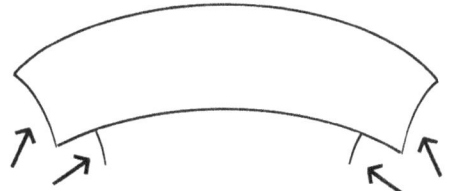

4. Cierra los bordes de la cinta y agrega grietas para un aspecto envejecido.

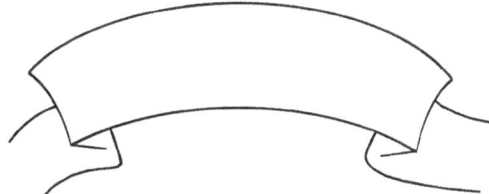

grietas al azar

borde rasgado

1. Comienza con una larga línea curva.

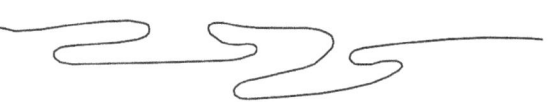

2. Agrega una línea vertical en cada borde curvo.

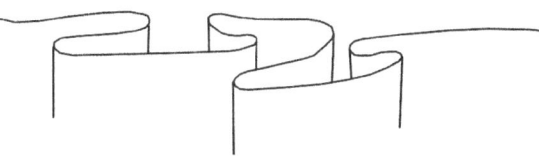

3. Termina los bordes inferiores de la cinta con líneas curvas.

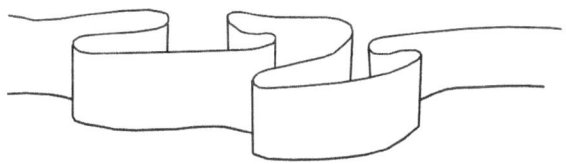

4. Termina ambos lados de la cinta con una figura "<".

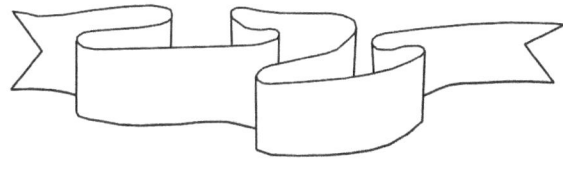

5. Termínalos con palabras y sombras.

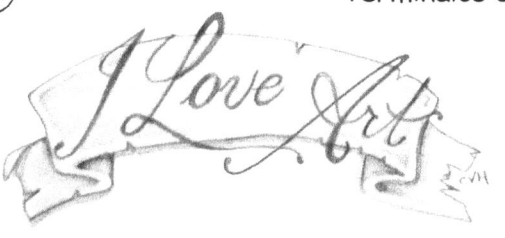
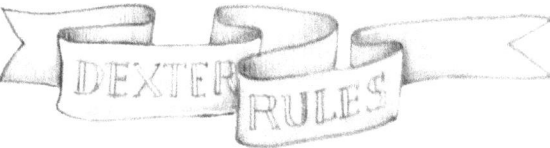

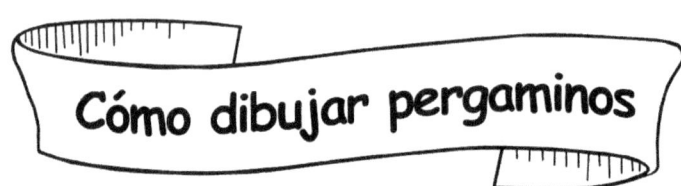

Cómo dibujar pergaminos

1. Comienza con una línea curva.

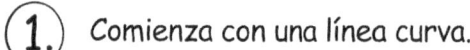

2. Agrega espirales en los extremos.

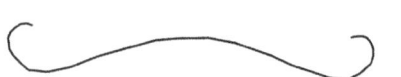

3. Agrega 4 líneas verticales. Serán los bordes del pergamino.

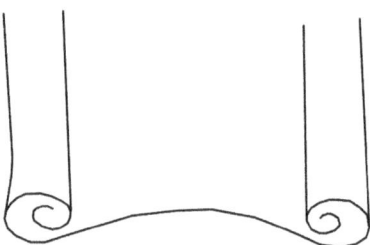

4. Conecta los extremos superiores con 3 líneas curvas.

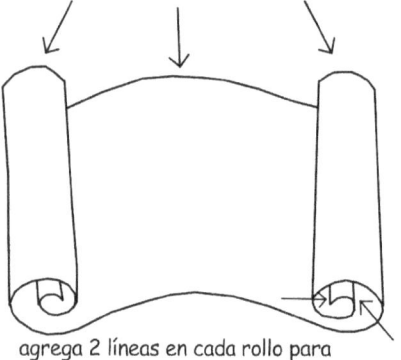

agrega 2 líneas en cada rollo para conectar las curvas

5. Sombréalo.

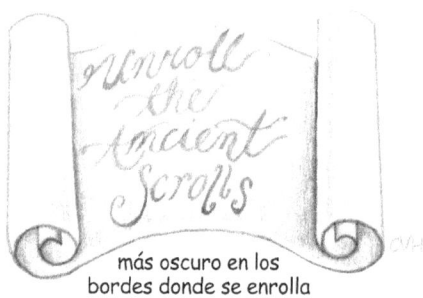

más oscuro en los bordes donde se enrolla

1. Comienza con una "S" al revés. 2. Agrega espirales en los extremos.

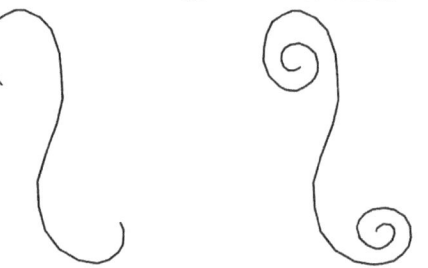

3. Agrega 3 líneas horizontales.

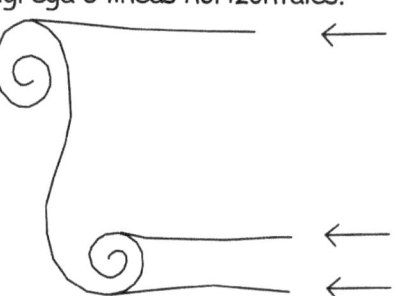

4. Conecta los espirales con líneas verticales.

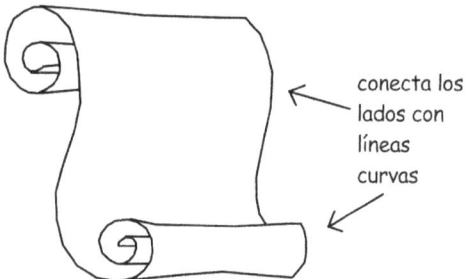

conecta los lados con líneas curvas

5.

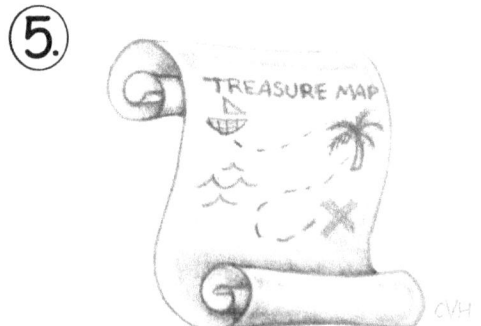

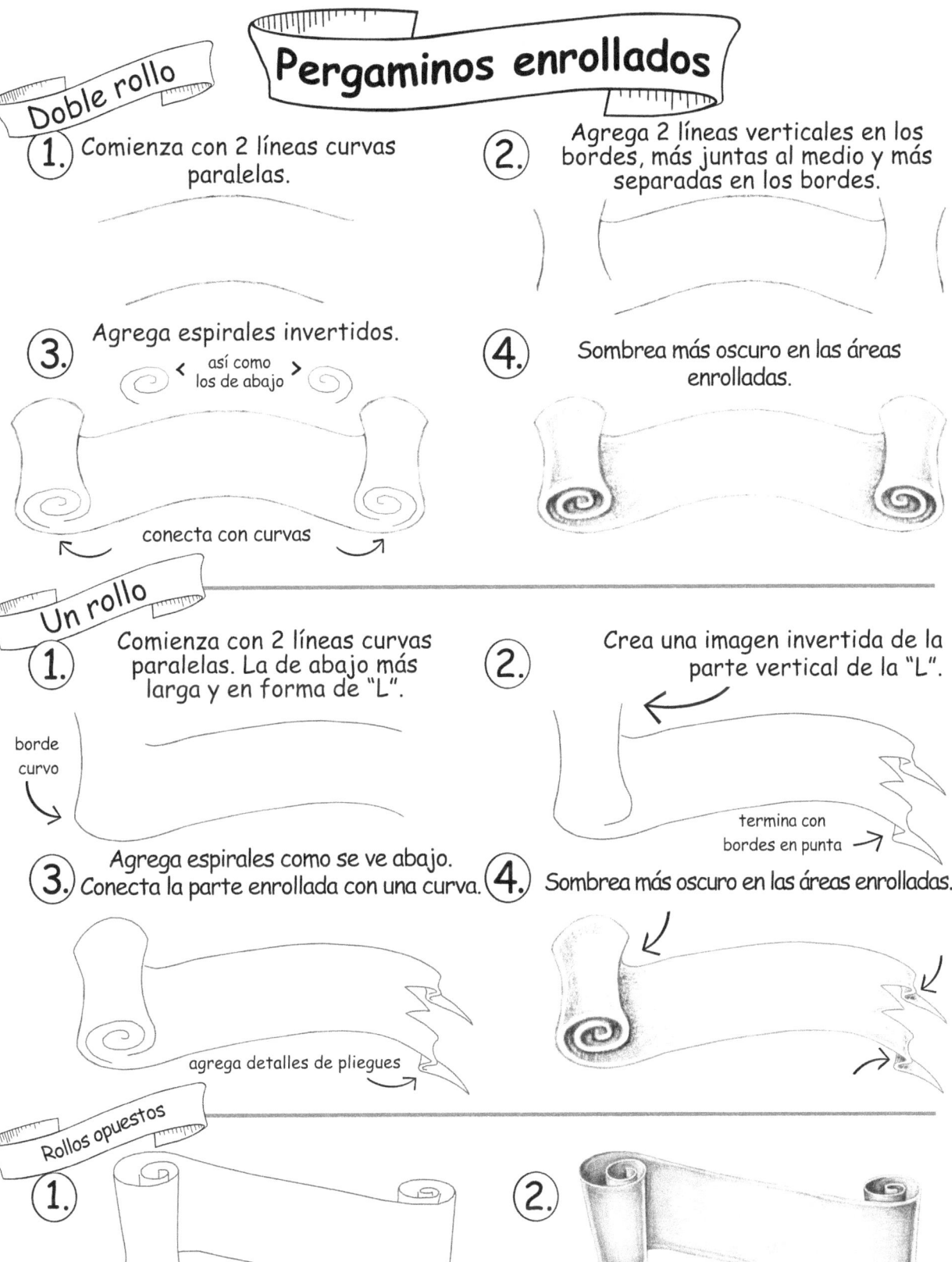

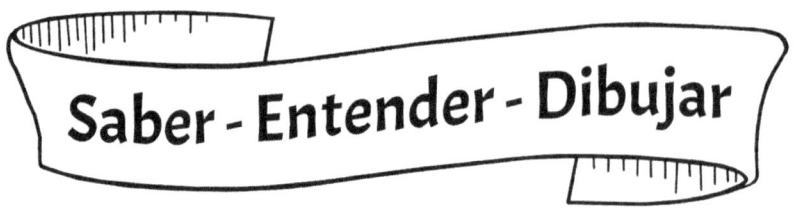

ESTANDARTES ONDEANTES

SABER:
Curva, superposición, perspectiva, líneas de retroceso

ENTENDER:
• Cualquier figura 3D (estandarte) se puede crear usando una línea simple como guía
• Transmitir una ilusión de profundidad
• La superposición y el sombreado dan la apariencia de 3D

DIBUJAR:
• Dibuja tu propio estandarte/lazo/pergamino usando las técnicas presentadas
• Añade al menos 2 pliegues para crear dimensión e interés
• Llena todo el papel. No lo calques. Sombrea.

VOCABULARIO:
Curva - Una línea o borde que se desvía de la rectitud de una manera suave y continua.

Superposición - Cuando una cosa se encuentra sobre o parcialmente cubre otra cosa.

Perspectiva - La técnica que los artistas utilizan para proyectar la ilusión de 3D sobre una superficie 2D. La perspectiva ayuda a crear una sensación de profundidad o espacio de retroceso.

Línea de retroceso - Cualquier línea que parezca volver al espacio.

Estandartes Ondeantes

Comienza aquí

1. Comienza con una "S" invertida (dibuja suavemente porque luego será borrada).

2. Rodea la parte superior e inferior de la "S" invertida con líneas.

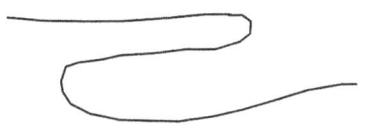
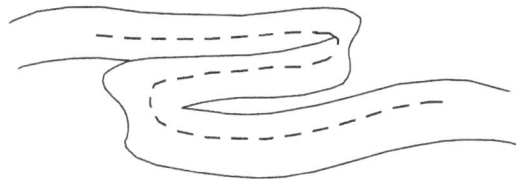

3. Agrega detalles en los pliegues y bordes.

borra las áreas punteadas

4. Sombrea y agrega texto.

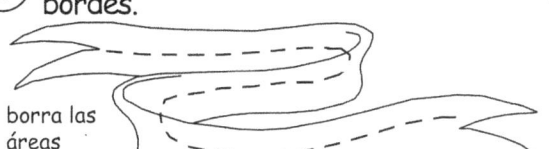
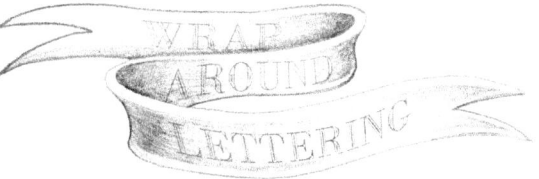

Intenta otro

1. Una "S" invertida suavemente enrollada.

2. Rodea la "S" con líneas y borra el centro.

3. Termina los bordes.

agrega grosor — dibuja el doblez aquí

4. Sombrea y agrega un mensaje.

Estandarte simple

1. Dibuja dos líneas arqueadas.

2. Termina con bordes irregulares.

prueba con texto que desborde el estandarte

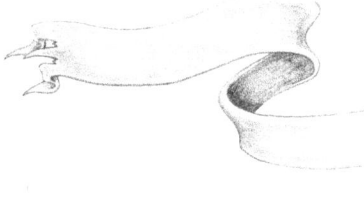

agrega grietas al azar para denotar envejecimiento

Más estandartes ondeantes

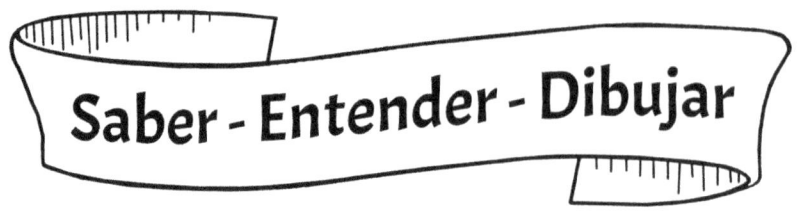

BANDERA DE ESTADOS UNIDOS

SABER:
Una simple repetición de formas superpuestas puede dar la apariencia de una bandera ondeando.

ENTENDER:
• Transmitir una ilusión de pliegues.
• Envolver rayas o patrones alrededor de las curvas de una superficie ayudan a denotar realismo y profundidad.

DIBUJAR:
• Crea una versión de la bandera de los EE.UU. ondeando utilizando los consejos y técnicas presentadas
• Añade 13 rayas para representar las 13 colonias originales
• Añade 50 estrellas para representar los 50 Estados

VOCABULARIO:
Superposición - Cuando una cosa se encuentra sobre o parcialmente cubre otra cosa.
Repetición - Dibujar la misma forma de nuevo.
Ajustar - Dibujar sobre un objeto usando líneas de contorno para evidenciar la figura.

Bandera de EE. UU.

1. Comienza con un rectángulo inclinado.

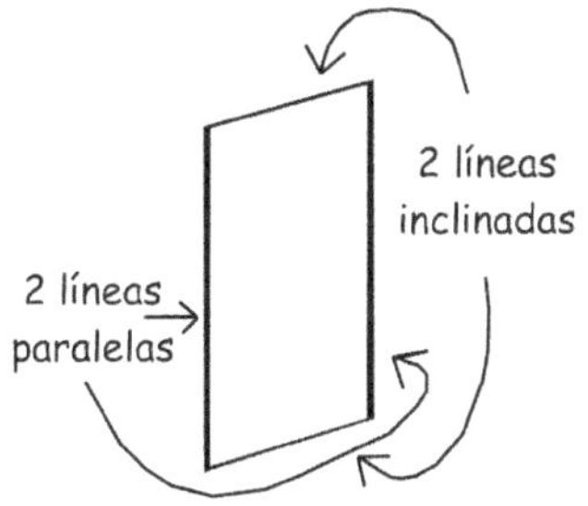

2 líneas paralelas
2 líneas inclinadas

2. Repite la misma figura que en el paso 1.

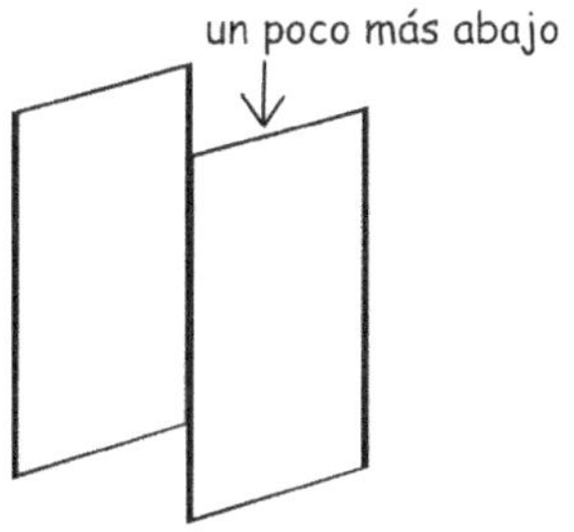

un poco más abajo

3. Repite otra vez.

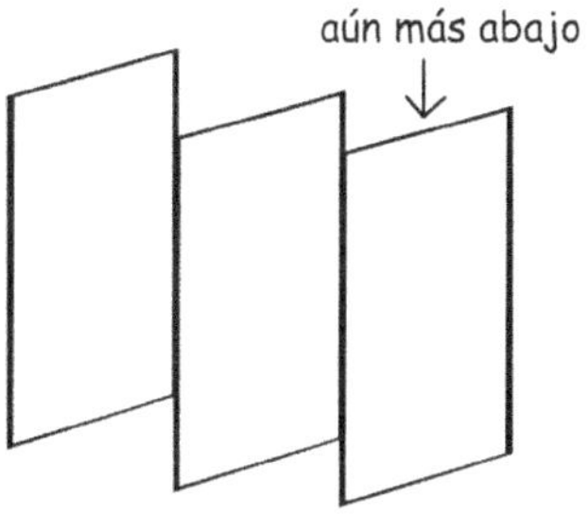

aún más abajo

4. agrega 2 letras "V"

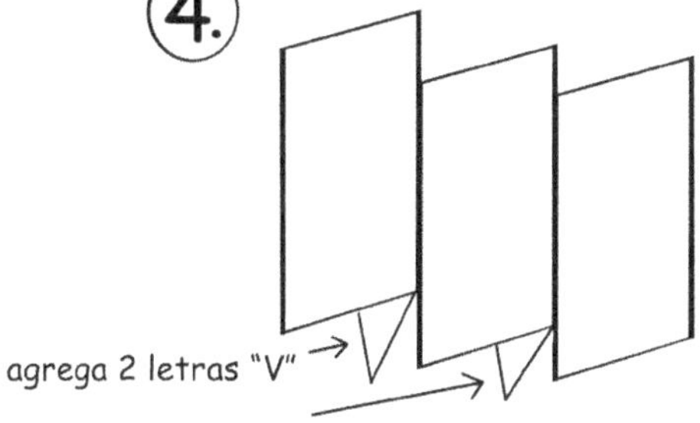

5. borra las áreas punteadas

Conecta triángulos con rectángulos

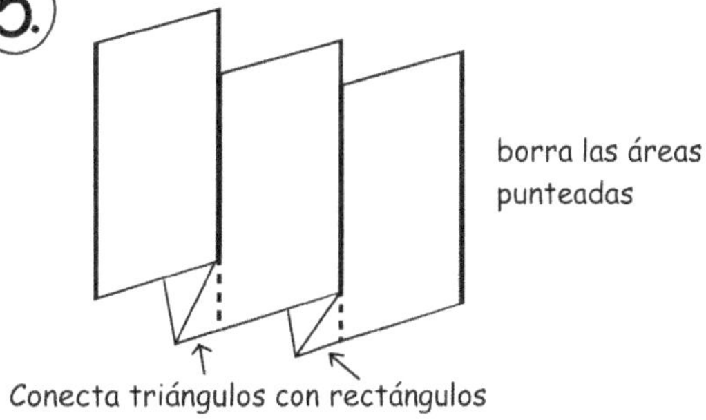

6.

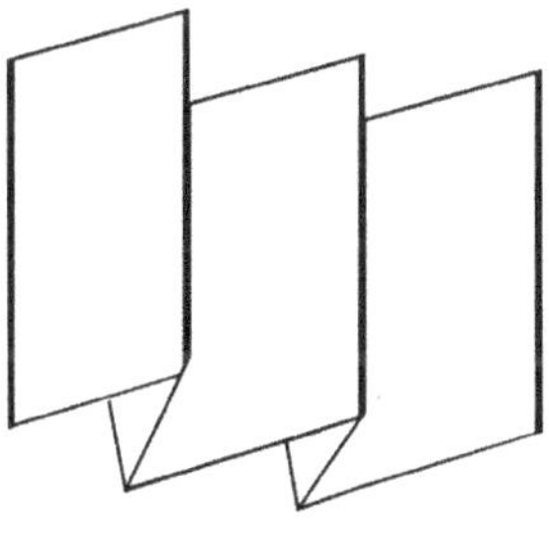

7. Redondea la esquinas.

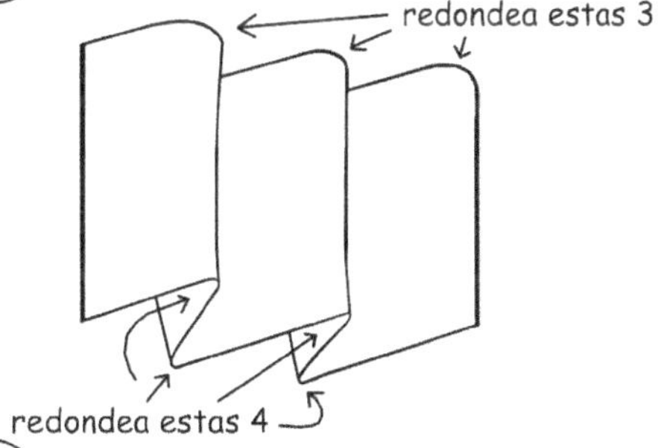

redondea estas 3
redondea estas 4

8. Agrega las franjas y el espacio de las estrellas.

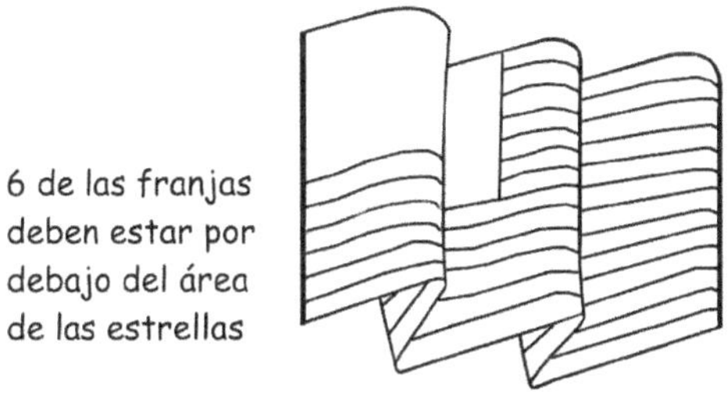

6 de las franjas deben estar por debajo del área de las estrellas

agrega 13 franjas para representar las 13 colonias originales

9. Sombrea.

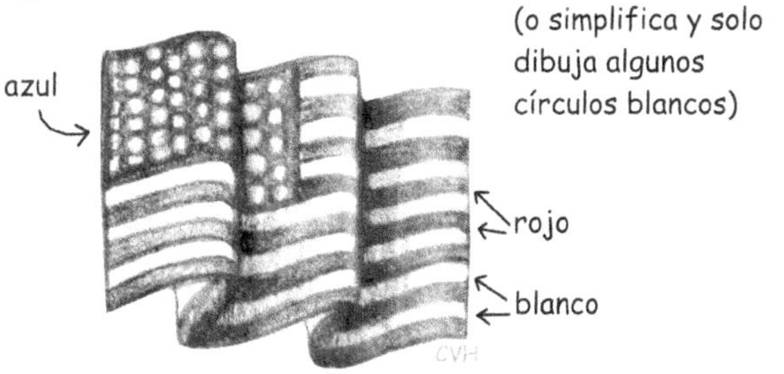

azul

agrega 50 estrellas (o simplifica y solo dibuja algunos círculos blancos)

rojo
blanco

Capítulo 2

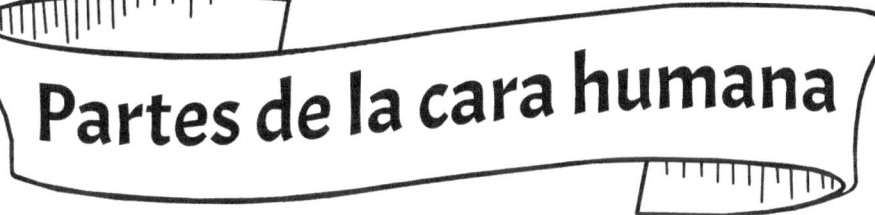
Partes de la cara humana

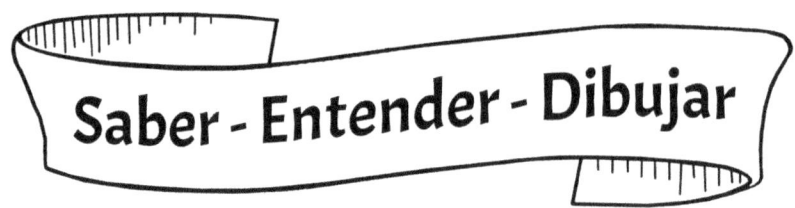

EL OJO HUMANO

SABER:
Partes visibles del ojo (iris, pupila, esclerótica).

ENTENDER:
• El ojo humano promedio se puede recrear usando pautas/medidas estándar.
• El ojo humano es una esfera.
• El ojo humano promedio es tan ancho como la distancia entre los ojos (separados por el ancho de un ojo).

DIBUJAR:
• Practica dibujar un ojo humano básico utilizando las técnicas propuestas.
• Dibuja líneas que irradian fuera de la pupila (como radios en una rueda de bicicleta) para indicar el detalle de las manchas.
• Añade cejas y pestañas al final.
• Sombrea. Borra un área pequeña dentro del iris para luminosidad.

VOCABULARIO:
Iris - Porción de coloreada del ojo.
Pupila - Zona más oscura del ojo, que se encuentra en el centro del iris.
Esclerótica - Parte blanca del globo ocular.
Esfera - Una forma de bola tridimensional, no un círculo plano.

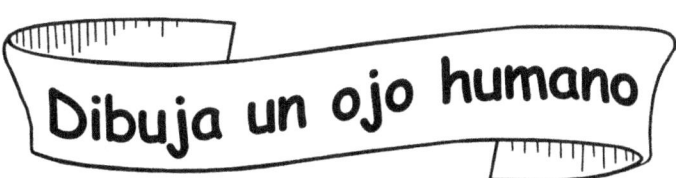

Dibuja un ojo humano

1. Comienza con un círculo. Será el iris.

CONSEJO: busca un círculo para calcar

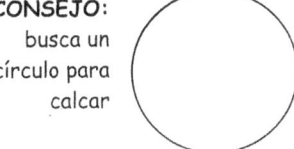

2. Agrega un pequeño círculo en el centro.

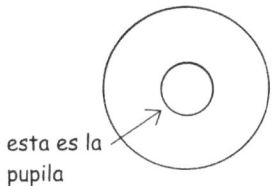

esta es la pupila

3. Dibuja un arco sobre el círculo grande.

nota como se superpone

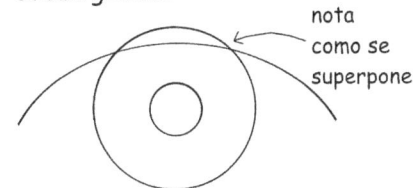

4. Agrega el área del párpado inferior.

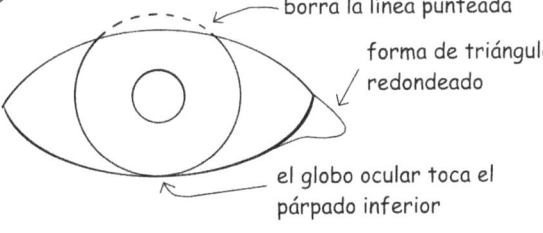

- borra la línea punteada
- forma de triángulo redondeado
- el globo ocular toca el párpado inferior

5.

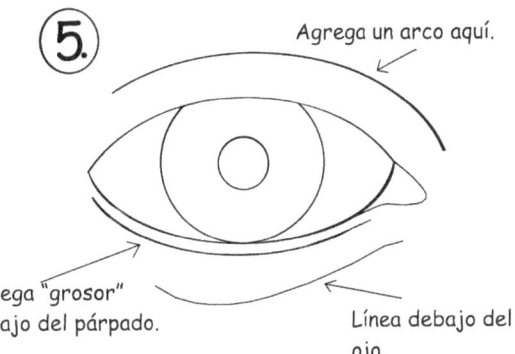

- Agrega un arco aquí.
- Agrega "grosor" debajo del párpado.
- Línea debajo del ojo.

6. Haz un "abanico" de pestañas sobre el párpado superior.

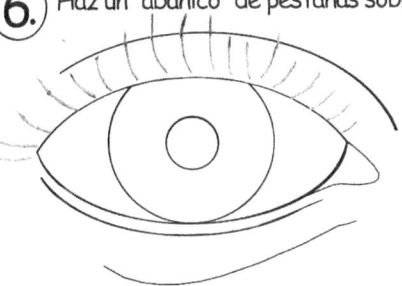

hazlas más largas en el centro

7. Dibuja "radios" alrededor de la pupila.

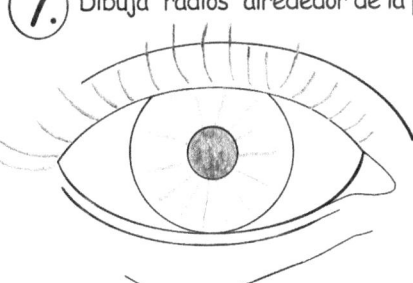

8. Oscurece los pliegos.

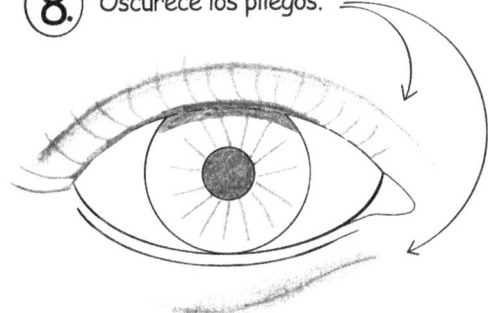

9. Sombrea. Agrega más pestañas arriba y algunas cortas en el párpado inferior.

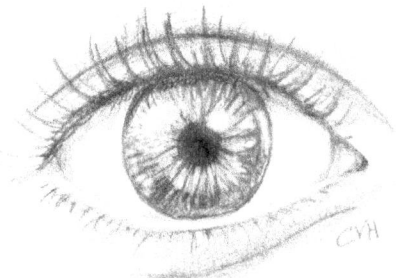

Borra un poco del jaspeado del iris para denotar brillos. Agrega más radios saliendo de la pupila.

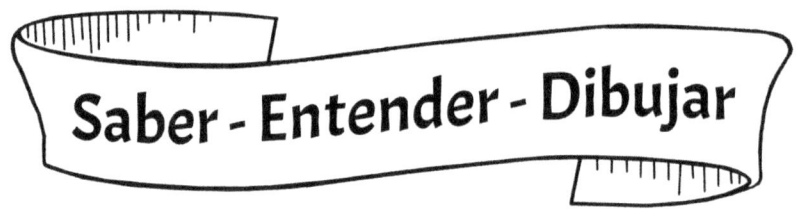

GLOBO OCULAR

SABER:
Iris, pupila, esclerótica, esfera, capas.

ENTENDER:
• La diferencia entre la forma (longitud y anchura) y la figura (añadir profundidad)
• El uso de la proporción y la observación para crear un globo ocular realista
• Conectar una serie de formas geométricas simples puede crear un objeto complejo (orgánico)
• Las capas y las diferencias en el tamaño de los objetos en una escena ayudan a lograr la ilusión de profundidad
• El sombreado de alto contraste da la apariencia de forma y 3D

DIBUJAR:
• Sigue los pasos proporcionados para crear un diseño de globo ocular original centrado en el balance, sombreado y la fusión de tonos.
• Sombrea con lápiz de dibujo o lápiz de color.

VOCABULARIO:
Iris - Porción coloreada del ojo.
Pupila - Zona más oscura del ojo que se encuentra en el centro del iris.
Esclerótica - Parte blanca del globo ocular.

El globo ocular

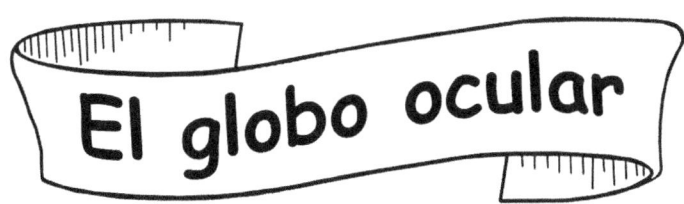

1. Comienza con un círculo.

CONSEJO: Busca un círculo para calcar

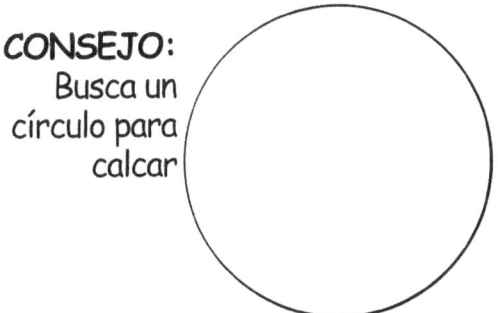

2. Agrega un pequeño círculo en el centro. Será el iris.

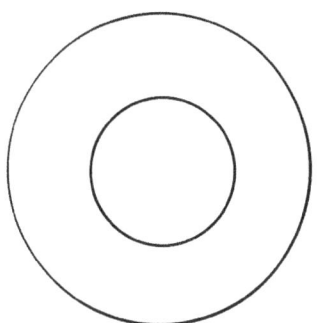

3. Agrega un círculo más pequeño en el centro del iris.

esta es la pupila

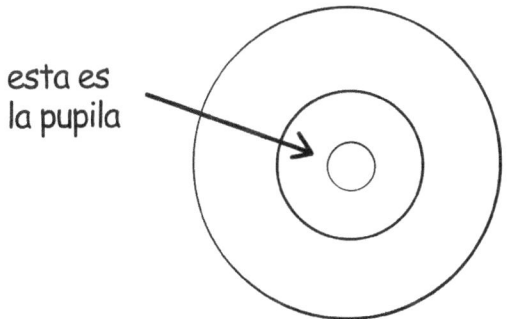

4. Pinta la pupila de negro. Dibuja "radios" alrededor de la pupila.

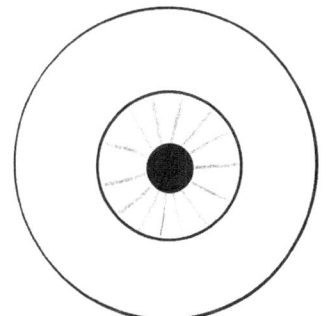

5. Oscurece los bordes de la pupila y agrega mas "radios".

difumina y sombrea el anillo exterior del globo ocular para oscurecerlo

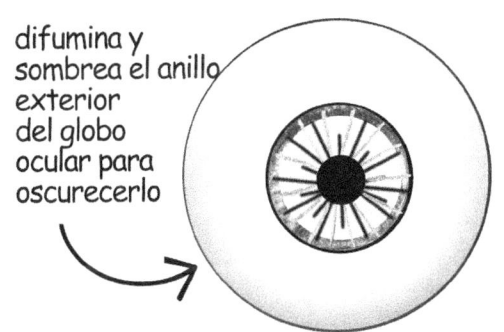

6. Sombrea todo el iris y agrega más radios si es necesario.

borra ciertas áreas del iris para denotar "brillos"

agrega unas líneas finas como si fueran venas

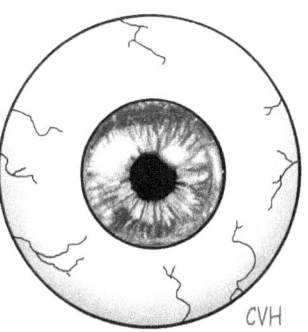

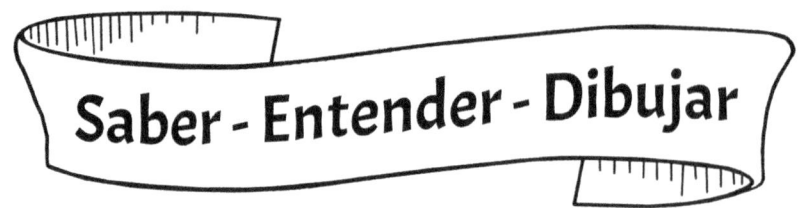

LA NARIZ HUMANA

SABER:
La nariz humana promedio se puede crear utilizando pautas/medidas estándar.

ENTENDER:
- La nariz humana promedio es tan ancha como la distancia entre los ojos.
- La nariz sobresale y suele ser más clara en el centro y más oscura en los lados (dependiendo de la fuente de luz).
- Una nariz humana es delgada en el punto entre los ojos y se hace más ancha a medida que desciende por la cara.

DIBUJAR:
Practica dibujar una nariz humana genérica utilizando las técnicas propuestas. Sombrea con lápiz y concéntrate en sombrear y mezclar tonos.

Consejo: No hagas que las fosas nasales sean demasiado oscuras, ya que robarán la atención del resto de la cara y se verán demasiado como "cerdo".

VOCABULARIO:
Sombreado - La mezcla de un valor hacia otro. Mostrando el cambio de claro a oscuro u oscuro a claro en una obra de arte oscureciendo áreas que estarían en sombras y dejando otras áreas más claras. El sombreado se utiliza para producir ilusiones de dimensión y profundidad.

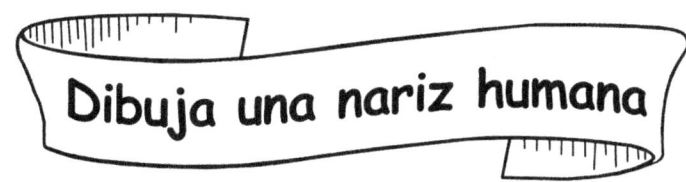

Dibuja una nariz humana

Una nariz común

1. Comienza con una simple figura de "U".
2. Agrega 2 "U" a los lados.
3. Dibuja suavemente los lados de la nariz.
4. Sombrea un lado más oscuro.

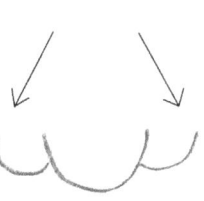
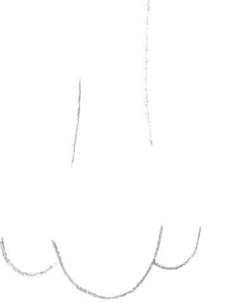
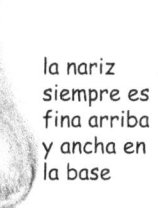

la nariz siempre es fina arriba y ancha en la base

Avanzada

1. Comienza con una figura de "U" ancha y curva los extremos.
2. Agrega una figura de paréntesis a cada lado

   ( )
3. Dibuja suavemente los lados de la nariz.
4. Sombrea un lado más oscuro.

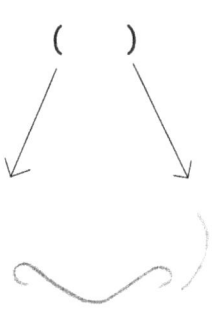
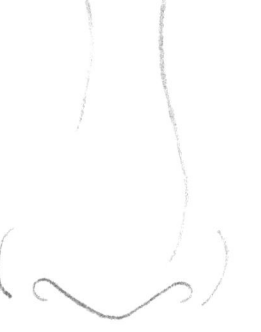
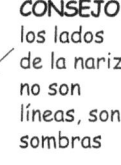

CONSEJO: los lados de la nariz no son líneas, son sombras

Otra

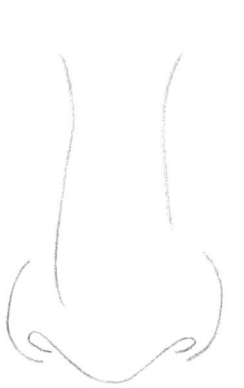

CONSEJO: elige un lado para la sombra

el otro lado es más brillante

Borra algunas zonas para dar brillos

Elige una nariz

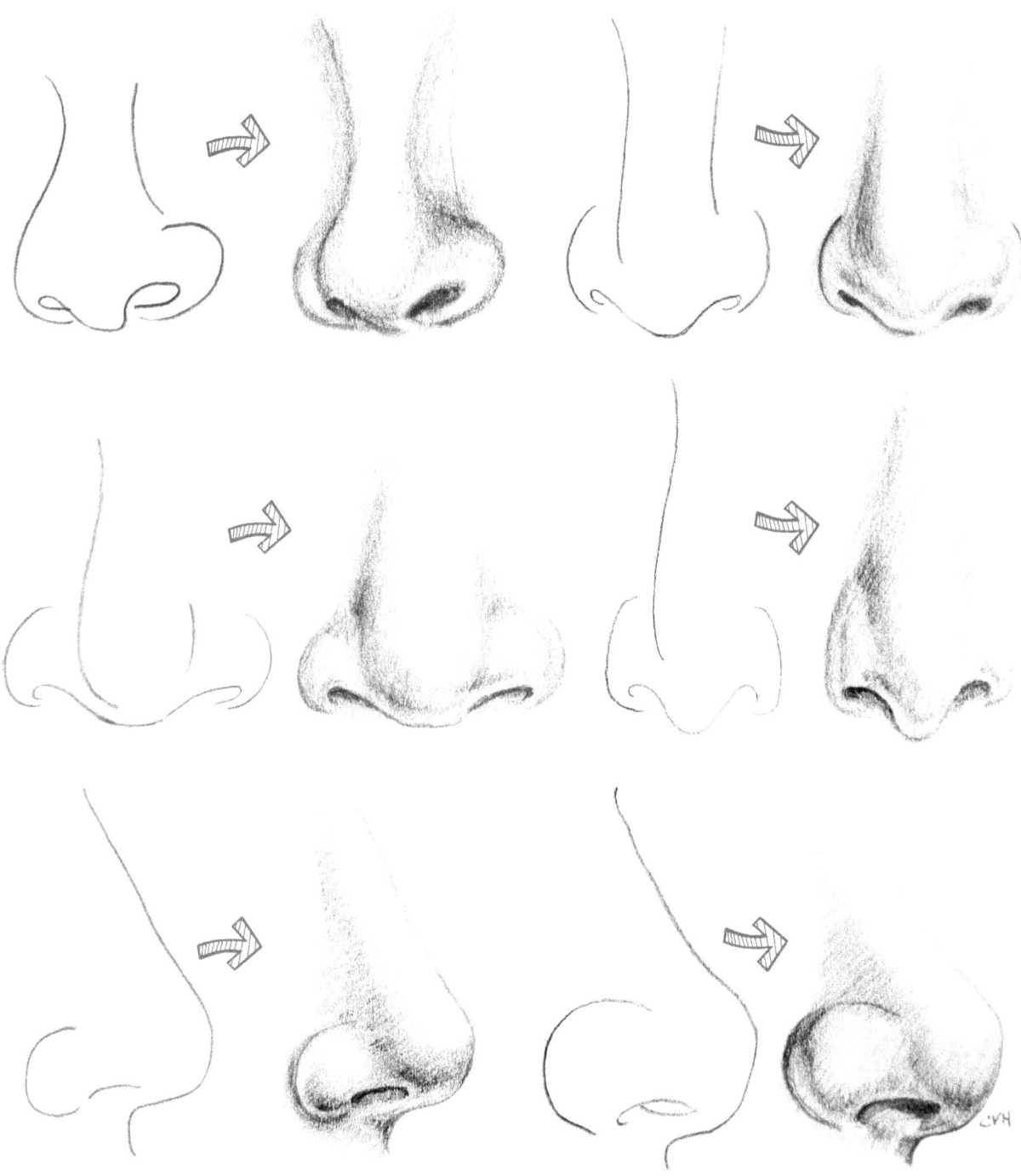

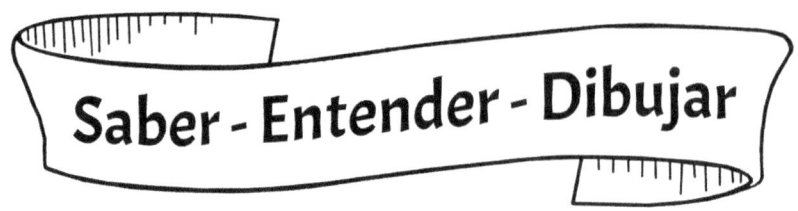

LA BOCA HUMANA

SABER:
La boca humana promedio se puede dibujar de forma realista mediante el uso de pautas/mediciones estándar. (Al dibujar una cara, mide desde las pupilas hacia abajo para el ancho).

ENTENDER:
• El labio inferior humano promedio es más relleno y más grande que el labio superior (¡en la mayoría de la gente!).
• El sombreado en la dirección de los planos del labio crea forma, las líneas curvas crean contorno.

DIBUJAR:
• Practica dibujar una boca humana básica utilizando las técnicas propuestas.
• Sombrea.
• Haz el valor más oscuro en la línea donde se encuentran los labios. Borra algunas manchas en el labio inferior central para crear un efecto de brillo natural.

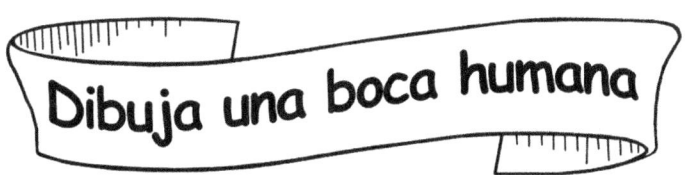
Dibuja una boca humana

1. Comienza con una forma de "atardecer".

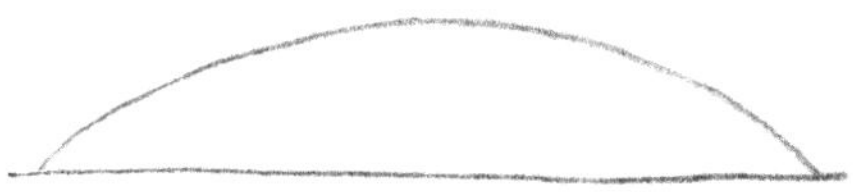

2. Haz una hendidura curva en el centro.
   - borra el área punteada

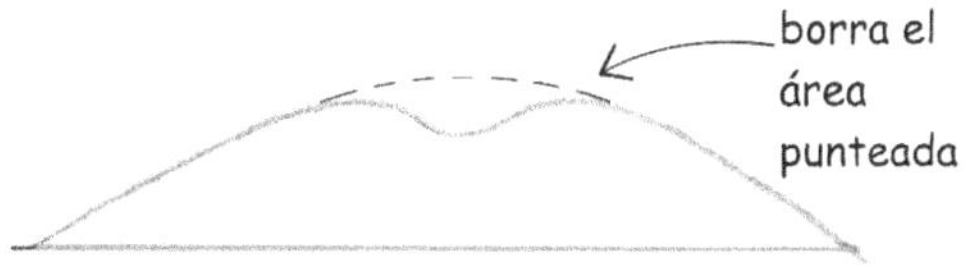

3. Haz 2 hendiduras más (esta vez en la línea de abajo).
   - borra el área punteada

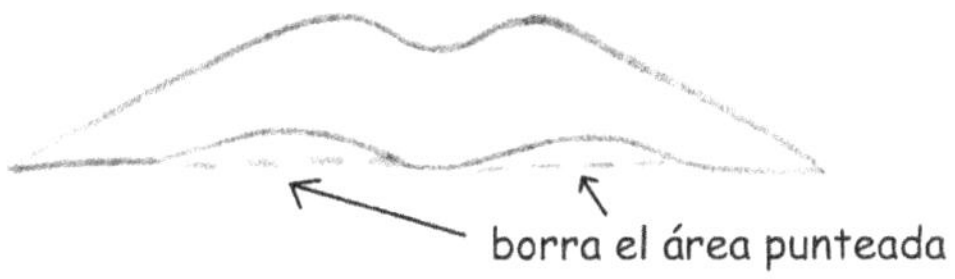

4. Haz una línea corta para indicar la ubicación del labio inferior.
   - la MAYORÍA de las personas tienen un labio inferior más grande que el superior

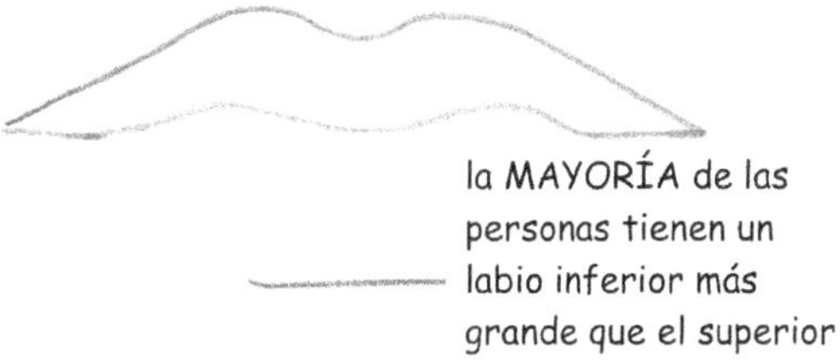

5. Conecta el labio inferior con líneas curvas.

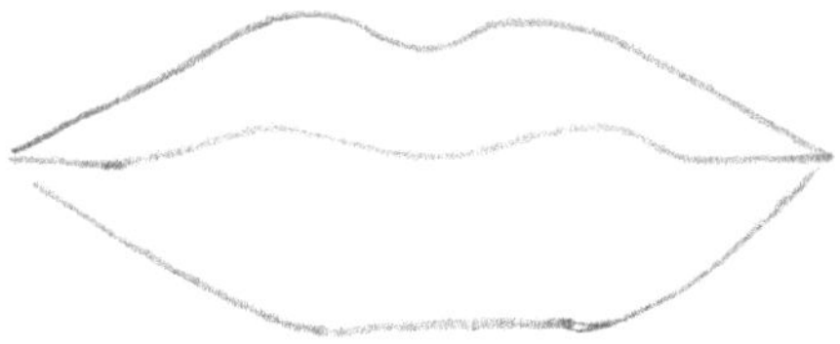

6. Agrega las líneas del labio.
   - Líneas curvas para resaltar el perfil
   - líneas de la sonrisa
   - línea de la sombra

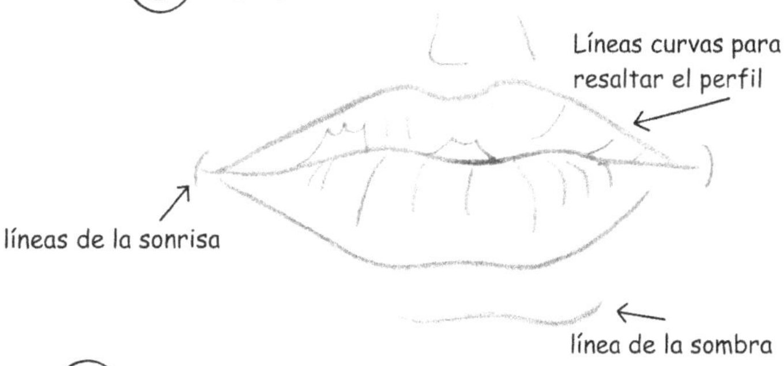

7. Sombrea.

CONSEJO:
No intentes hacer ambos lados exactamente iguales. ¡Las bocas humanas no son simétricas!

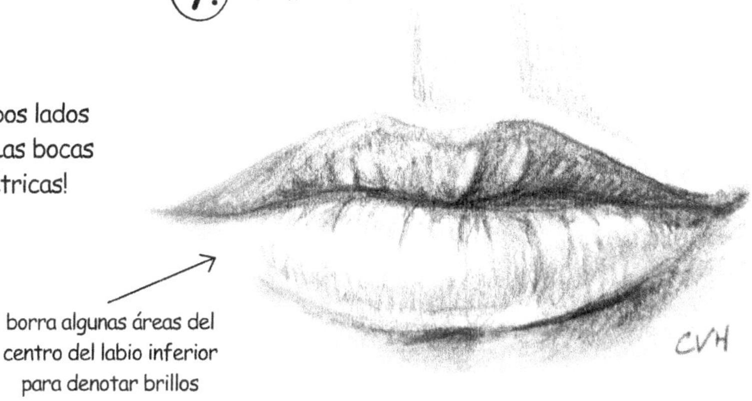

borra algunas áreas del centro del labio inferior para denotar brillos

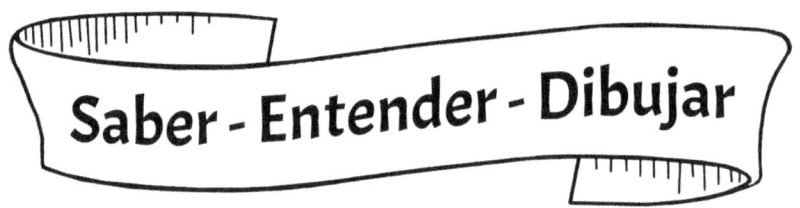

LA OREJA HUMANA

SABER:
• El oído es el órgano del cuerpo humano que detecta el sonido y ayuda en el equilibrio y la posición del cuerpo.
• Las orejas humanas se colocan de forma simétrica en lados opuestos de la cabeza.

ENTENDER:
• La oreja humana promedio se puede dibujar de forma realista mediante el uso de pautas/medidas estándar (mide desde el borde de la línea del ojo hasta la base inferior de la nariz al dibujar orejas en una cabeza).
• El sombreado con tonos de escala de valor logrará un renderizado más realista.

DIBUJAR:
• Practica dibujar una oreja humana básica utilizando las técnicas propuestas.
• Haz el valor más oscuro dentro del "círculo" y debajo del área redondeada superior. Borra algunas manchas en el lóbulo para crear un efecto de brillo natural.

VOCABULARIO:
Simetría - Igual a ambos lados; proporciones equilibradas.

Dibuja una oreja humana

1. Comienza con 2 círculos superpuestos en diagonal.

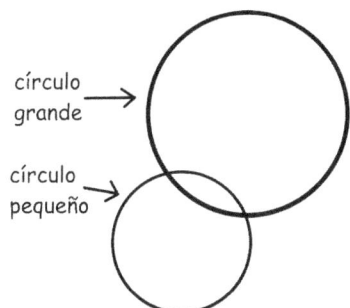

círculo grande →
círculo pequeño →

2. Borra las partes en línea punteada.

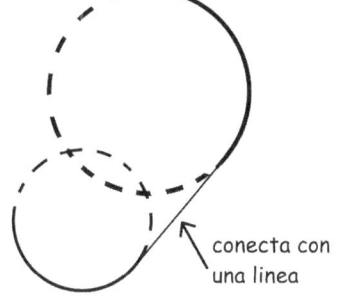

conecta con una línea

3. Dibuja la parte superior de un signo de interrogación.

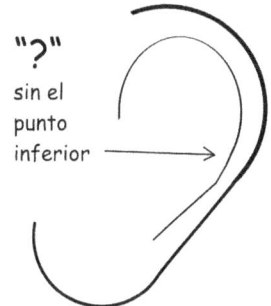

"?" sin el punto inferior →

4. Agrega un pequeño círculo.

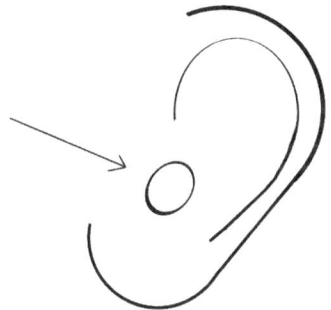

5. Agrega lo que se muestra abajo.

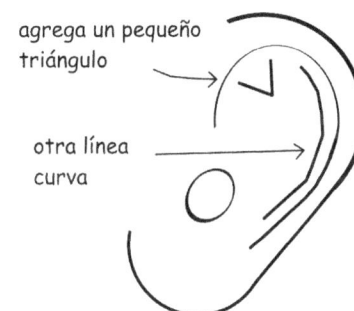

agrega un pequeño triángulo
otra línea curva

6. Agrega un par de detalles.

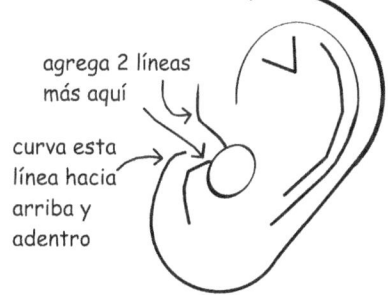

agrega 2 líneas más aquí
curva esta línea hacia arriba y adentro

7. Haz estas 2 formas y sombrea.

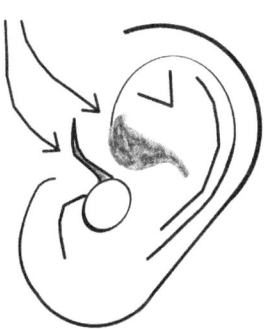

8. Rellena las áreas como se muestra abajo.

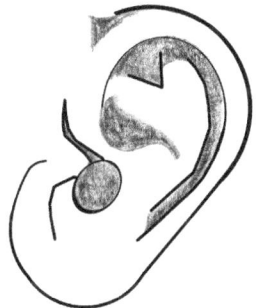

9. Sombrea.

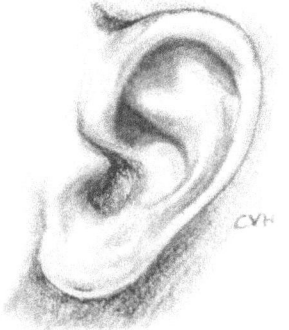

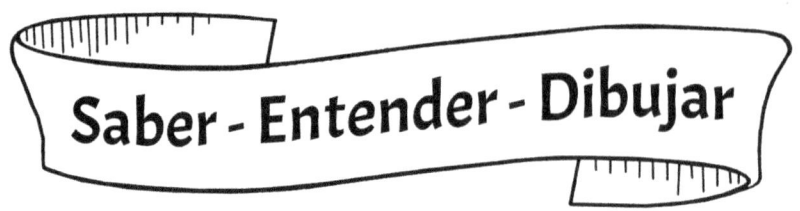

LA CABEZA HUMANA

SABER:
Los sencillos pasos para crear un acara humana

ENTENDER:
- El uso de la proporción para crear una cabeza y características genéricas
- La sutil diferencia en la forma y el tamaño de rasgos específicos nos hacen ver únicos
- Los objetos salientes (nariz, labios, etc.) crean sombras
- La cabeza humana se puede medir/crear en una cuadrícula

DIBUJAR:
- Practica el dibujo de una cara/cabeza humana genérica utilizando las técnicas propuestas
- Comienza con líneas guía, ubica los rasgos, sombrea
- Sigue la "lista de control de la cara"

LUEGO . . .
Autorretratos - Comienza con una cuadrícula de cara básica y luego usa un espejo para ver la forma y el tamaño de tus rasgos individuales. Concéntrate en la identidad y la individualidad, ¡esas pequeñas desviaciones de una cara genérica nos hacen ver únicos!

VOCABULARIO:
Proporción - Los tamaños comparativos y la ubicación de una parte respecto a otra.

LISTA DE CONTROL DE LA CARA

CABEZA:
Sombrea bajo las cejas, el cuello, la nariz, el labio inferior, la barbilla y posiblemente los pómulos (dependiendo de la fuente de luz).

LABIOS:
- En la mayoría de las personas, el labio superior es más pequeño (y el sombreado un poco más oscuro) que el inferior.
- Borra un punto en el labio inferior para un "brillo".
- Dibuja líneas redondeadas y de perfil para denotar la forma.

OJOS:
- Colorea la pupila de negro, el iris más suave
- Dibujar "radios" irradiando de la pupila para lograr más detalle
- Deja un punto de luz blanco en algún lugar del iris
- La parte superior del ojo (línea de las pestañas) debe ser más oscura que la parte inferior
- Las pestañas son más cortas hacia el centro de la cara

NARIZ:
- Lado de la nariz sombreado (sin línea)
- Cuidado con la nariz de "cerdo"

POR ÚLTIMO. . .
- Borra las líneas guías
- Crea cejas, pestañas y un peinado

NOTA: El cabello suele ser más oscuro que la piel en la mayoría de las personas. El sombreado más oscuro en tu hoja debe ser: pelo, globos oculares (iris/pupilas) y cejas. Esto es para la mayoría de las caras, pero hay algunas excepciones.

CONSEJO: Cuando dibujes tu propia cara, mantén el espejo directamente delante tuyo. ¡Algunos estudiantes miran hacia el espejo y consiguen una vista directa a sus narices! Esto hace que el autorretrato sea poco favorecedor.

Una cabeza humana básica

1.
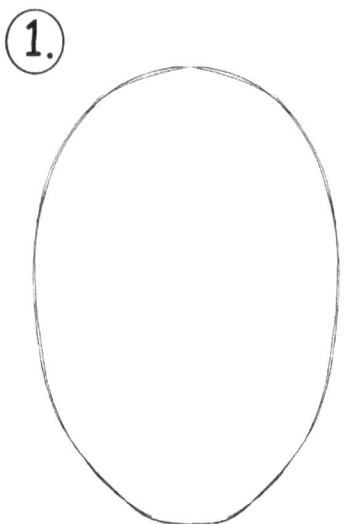

Comienza con un óvalo o un "huevo" invertido. La parte superior debe ser un poco más redondeada.

2.
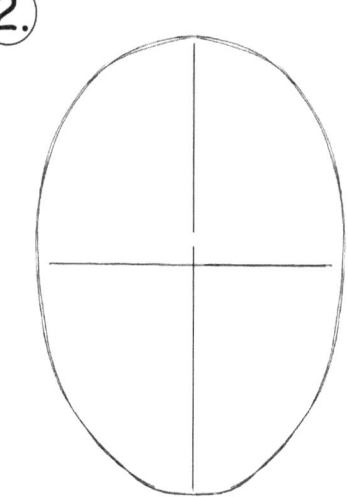

Haz una "t" minúscula en el centro de la cara.

3.
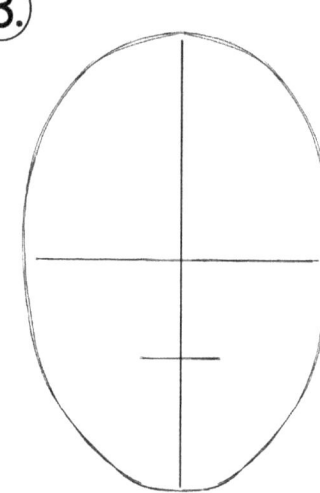

Pon un dedo en el centro de la "t" y el otro dedo en el barbilla. Encuentra el centro y dibuja una línea. Esta será la base de la nariz.

4.
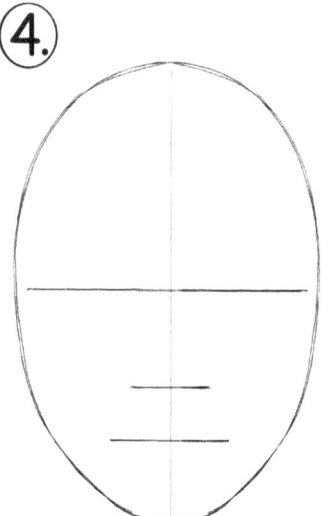

Pon tu dedo en el centro de la línea que acabas de hacer y tu otro dedo en la barbilla.
Encuentra el punto medio, haz una última línea. Esta será la boca.

5.
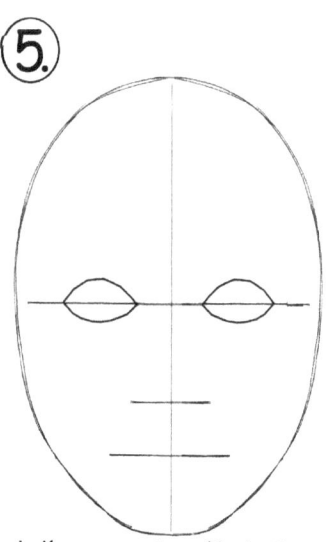

En la línea superior, dibuja 2 formas de almendra para los ojos.
CONSEJO: La distancia entre los ojos es aproximadamente el ancho de un ojo.

6.
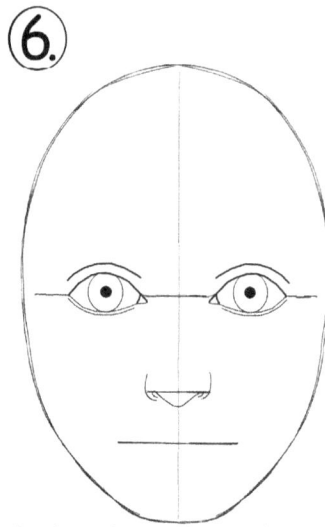

Añade el iris, la pupila, los párpados, etc. En la segunda línea, dibuja la parte inferior de la nariz.
CONSEJO: El ancho de la parte inferior de la nariz es aproximadamente el mismo que el ancho entre los ojos.

Una cabeza humana básica
continuación...

7.
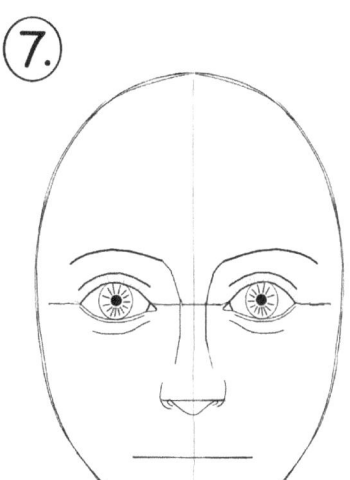

Agrega "radios" en el iris y las líneas para las cejas y los lados de la nariz.
CONSEJO #1: ¡Los lados de la nariz están conectados a las cejas!
CONSEJO #2: La parte más ancha de la nariz es la base, la parte más delgada está entre las cejas (piensa en un triángulo).

8.
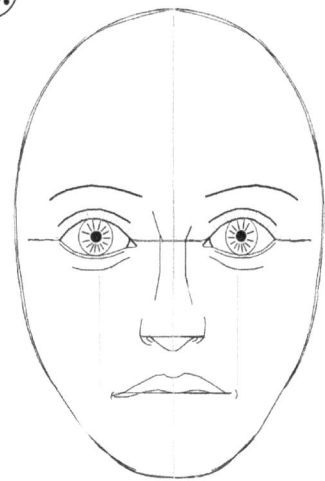

Comienza con los labios. La boca es generalmente tan ancha como la distancia entre las pupilas.
CONSEJO: No te olvides de añadir el "arco de Cupido", la pequeña muesca arriba del labio superior.

9.
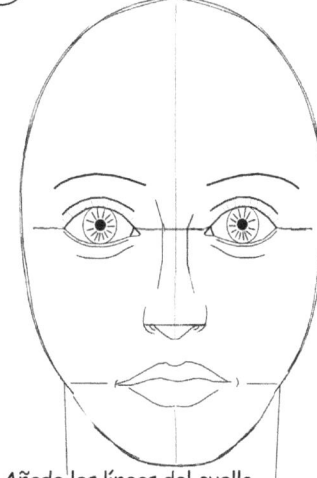

Añade las líneas del cuello.
CONSEJO: El cuello es tan ancho como los bordes de las líneas de la boca.
Añade el labio inferior.
CONSEJO: La parte inferior suele estar más rellena que la superior en la mayoría de las personas.

10
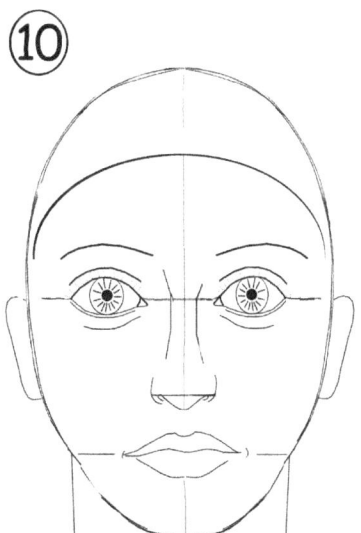

Añade la línea del cabello (parece una gorra de baño). Añade las orejas.
CONSEJO: La parte superior de la oreja se alinea con la línea del ojo, la parte inferior de la oreja se alinea con la parte inferior de la nariz.

11
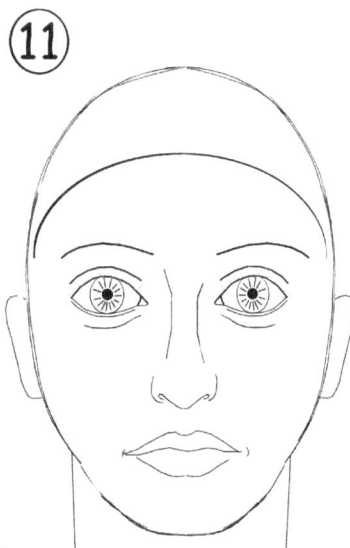

Borra las líneas guía.

12
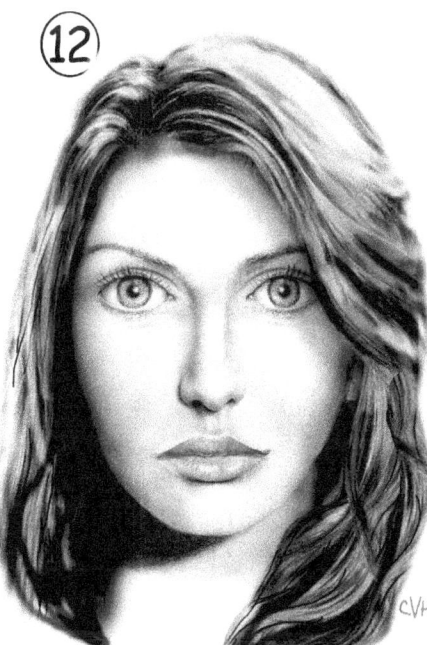

Agrega el cabello y sombrea.

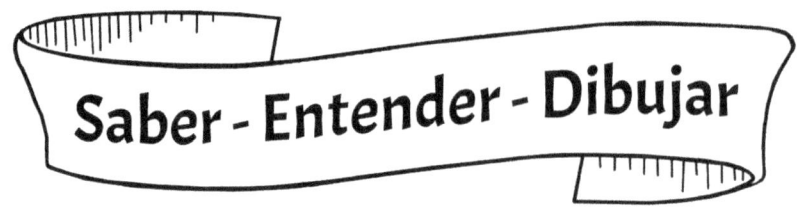

EL CRÁNEO HUMANO

SABER:
• Pasos simples para crear un cráneo humano
• Principales huesos de la cabeza

ENTENDER:
• Los conceptos básicos de la proporción para crear un cráneo
• Las características de la cabeza humana se pueden medir/crear en una cuadrícula

DIBUJAR:
• Practica el dibujo de una cara/cabeza humana genérica utilizando las técnicas propuestas
• Comienza con líneas guía, ubica los rasgos, sombrea

VOCABULARIO:
Neocráneo - Porción del cráneo que encierra el cerebro.
Cráneo humano - Apoya las estructuras de la cara y forma una cavidad para el cerebro.
Mandíbula - La mandíbula inferior.
Proporción - Los tamaños comparativos y la ubicación de una parte respecto a otra.

Dibuja un cráneo humano

1. Comienza con un círculo. 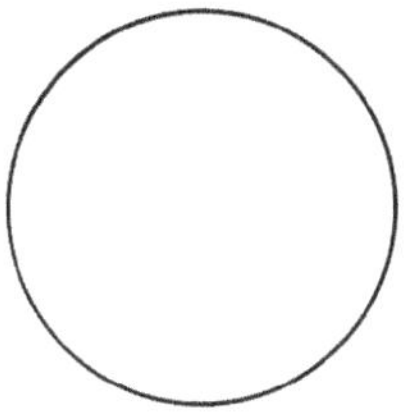
2. Agrega un rectángulo. 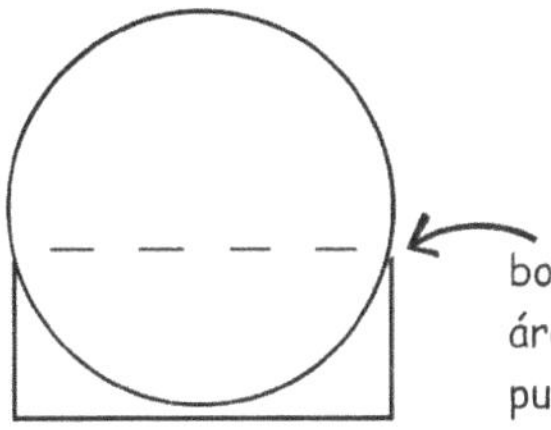 — borra el área punteada
3. Agrega la línea de la mandíbula. — inclina las líneas en los puntos
4. — agrega una curva — redondea y borra los bordes rectos
5. agrega ojos — nariz en forma de "casa" — sonríe
6. borra el área punteada — agrega "puntas de flechas" — agrega 2 líneas curvas para los dientes
7. curva la parte superior de los dientes — cresta de la ceja — detalle interior de la nariz — agrega los dientes
8. Sombrea.

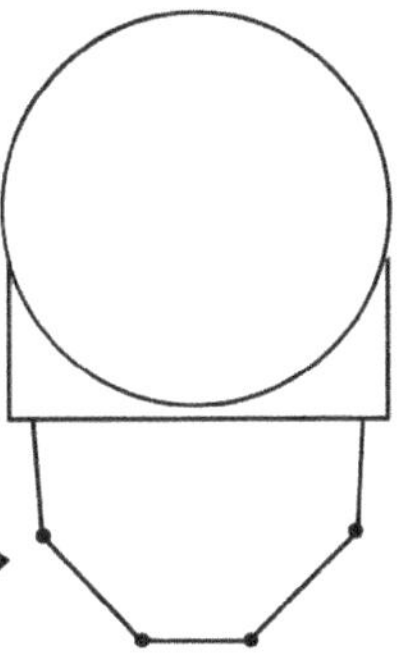

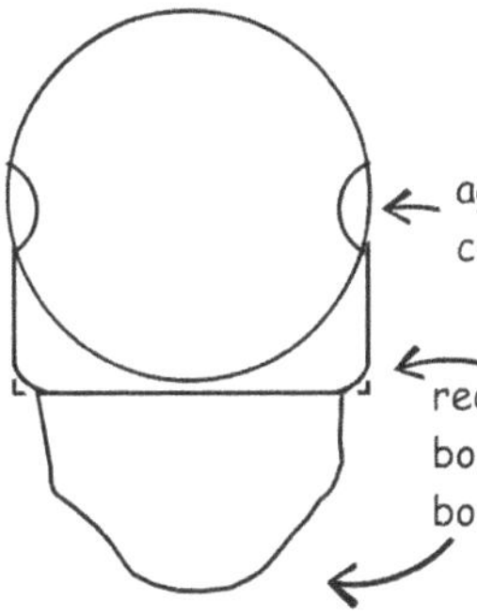

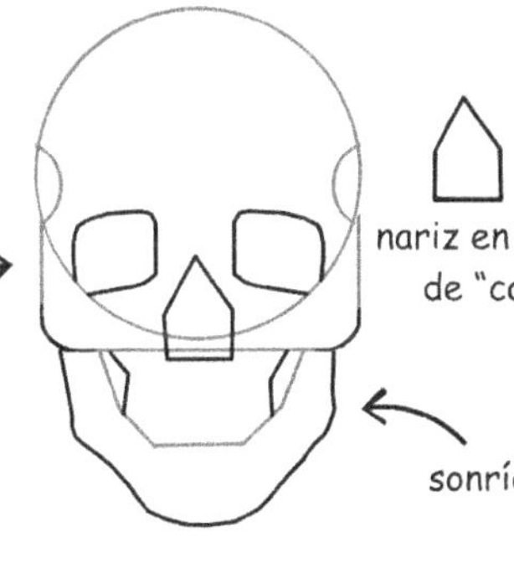

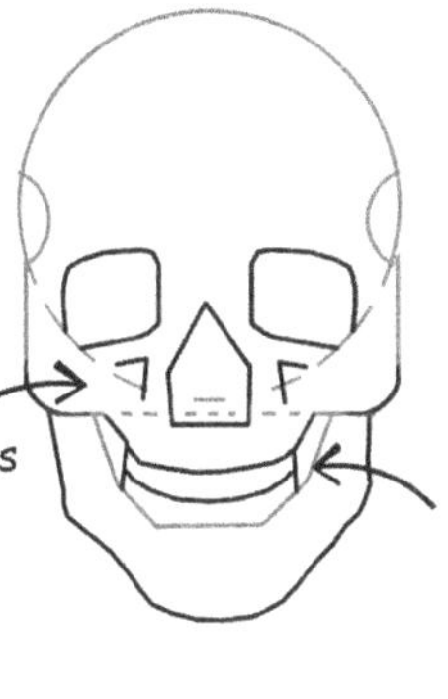

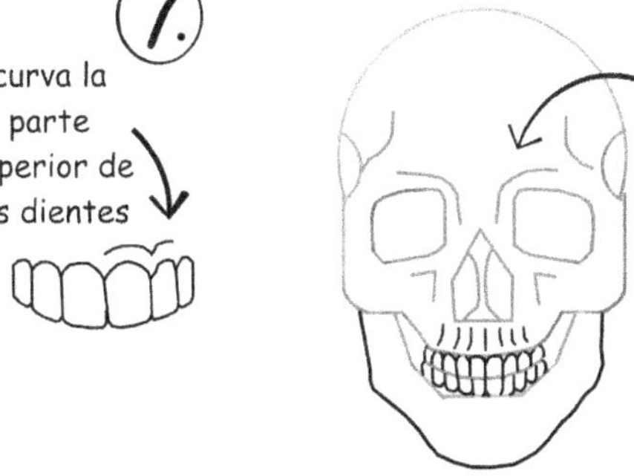

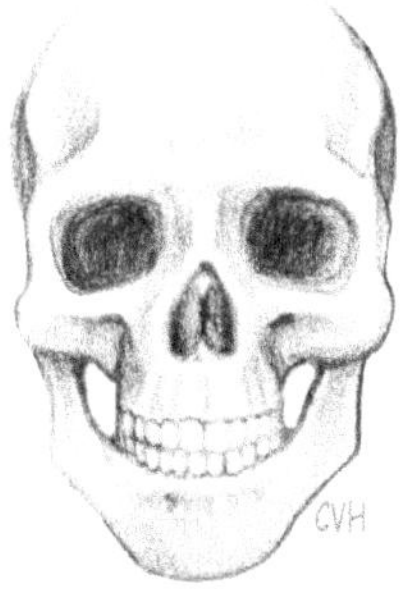

Capítulo 3

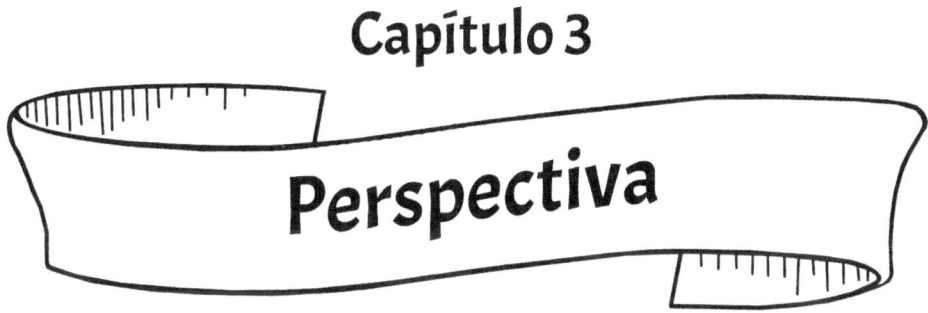
Perspectiva

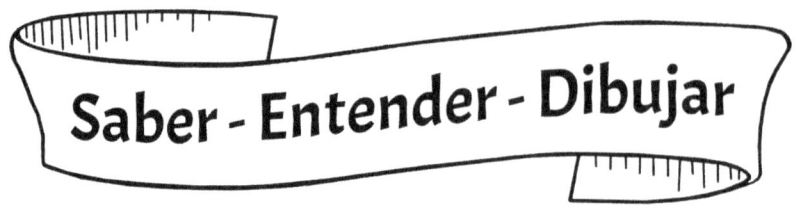

PERSPECTIVA DE UN PUNTO

SABER:
Perspectiva de un punto

ENTENDER:
• Perspectiva lineal, todas las líneas parecen encontrarse en un solo punto del horizonte
• Las líneas de retroceso crean bordes rectos que parecen volver al espacio

DIBUJAR:
• Crea una obra de arte original de una escena de la calle utilizando una línea de horizonte, punto de fuga y líneas de retroceso para indicar la ilusión de 3D

INCLUYE:
• Al menos 6 edificios
• Una calle
• Detalles como ventanas, ladrillos y puertas
• "Extras" como un coche, carteles de la calle o vallas publicitarias

VOCABULARIO:

Línea del horizonte - Una línea donde el agua o la tierra parece terminar y comenzar el cielo.

Perspectiva de un punto - Una forma de perspectiva lineal en la que todas las líneas parecen encontrarse en un solo punto en el horizonte.

Líneas de retroceso - Líneas que se alejan del primer plano.

Punto de fuga - Un punto en una línea de horizonte donde las líneas entre objetos cercanos y distantes parecen juntarse con el fin de producir una ilusión de profundidad.

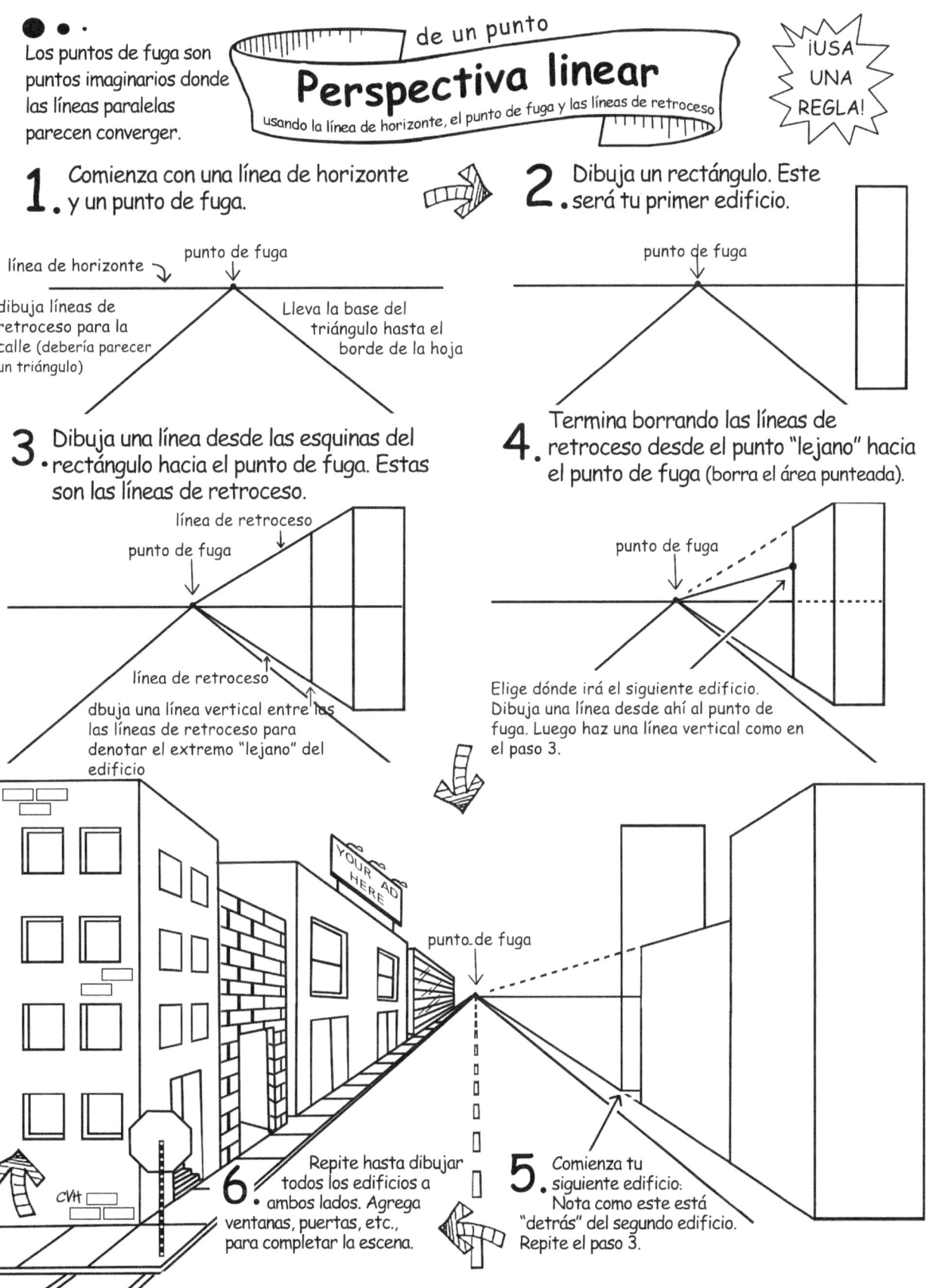

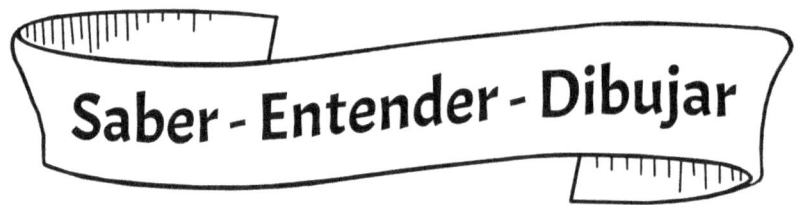

PERSPECTIVA DE DOS PUNTOS

SABER:
Perspectiva de dos puntos

ENTENDER:
• En perspectiva lineal, todas las líneas parecen encontrarse en alguno de los **dos** puntos del horizonte.
• Las técnicas de perspectiva se utilizan para crear la ilusión de profundidad.
• Variación entre tamaños de sujetos.
• Superposición.
• Colocar objetos en el suelo representándolo más abajo cuando esté más cerca y más arriba cuando esté más lejos.

DIBUJAR:
Crea una obra de arte original de una escena de calle utilizando una línea de horizonte, 2 puntos de fuga y líneas de retroceso para denotar la ilusión de 3D.

INCLUYE:
Al menos 7 edificios, 2 calles, detalles como ventanas, ladrillos y puertas, y un montón de "extras"

VOCABULARIO:
Profundidad - La distancia de adelante hacia atrás o cerca de lejos en una obra de arte.
Perspectiva de dos puntos - Una forma de perspectiva lineal en la que todas las líneas parecen encontrarse en alguno de los dos puntos del horizonte.

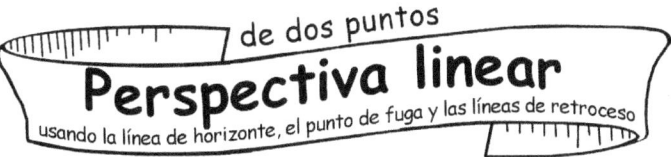

Perspectiva linear
de dos puntos
usando la línea de horizonte, el punto de fuga y las líneas de retroceso

¡USA UNA REGLA!

Los edificios que dibujas pueden estar debajo o arriba de la línea de horizonte.

1. Comienza con una línea de horizonte y DOS puntos de fuga y una línea vertical para el primer edificio.

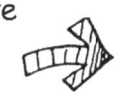

2. Luego dibuja líneas de retroceso desde la línea central hasta AMBOS puntos de fuga.

punto de fuga   punto de fuga   punto de fuga   punto de fuga

3. Dibuja 2 líneas más a cada lado de la línea vertical central. Este será el primer edificio.

4. Crea otro edificio más pequeño. Observa como el techo de este nuevo edificio está por DEBAJO de la línea.

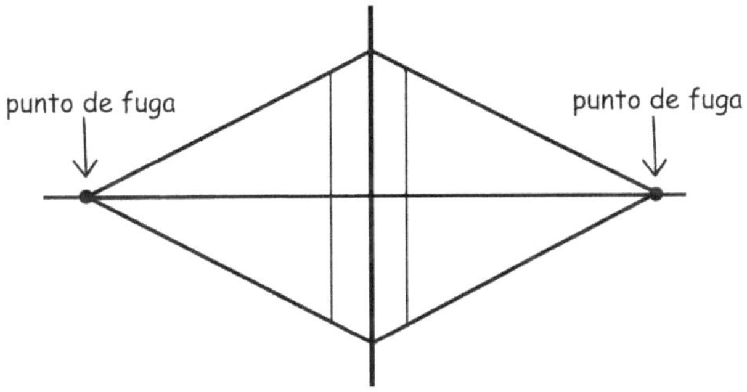

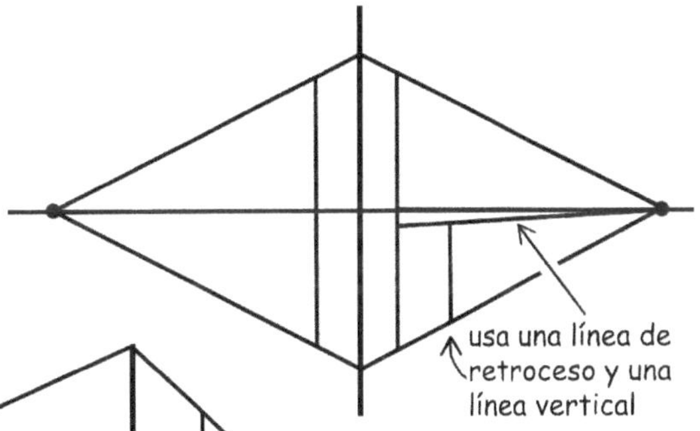

punto de fuga   punto de fuga

usa una línea de retroceso y una línea vertical

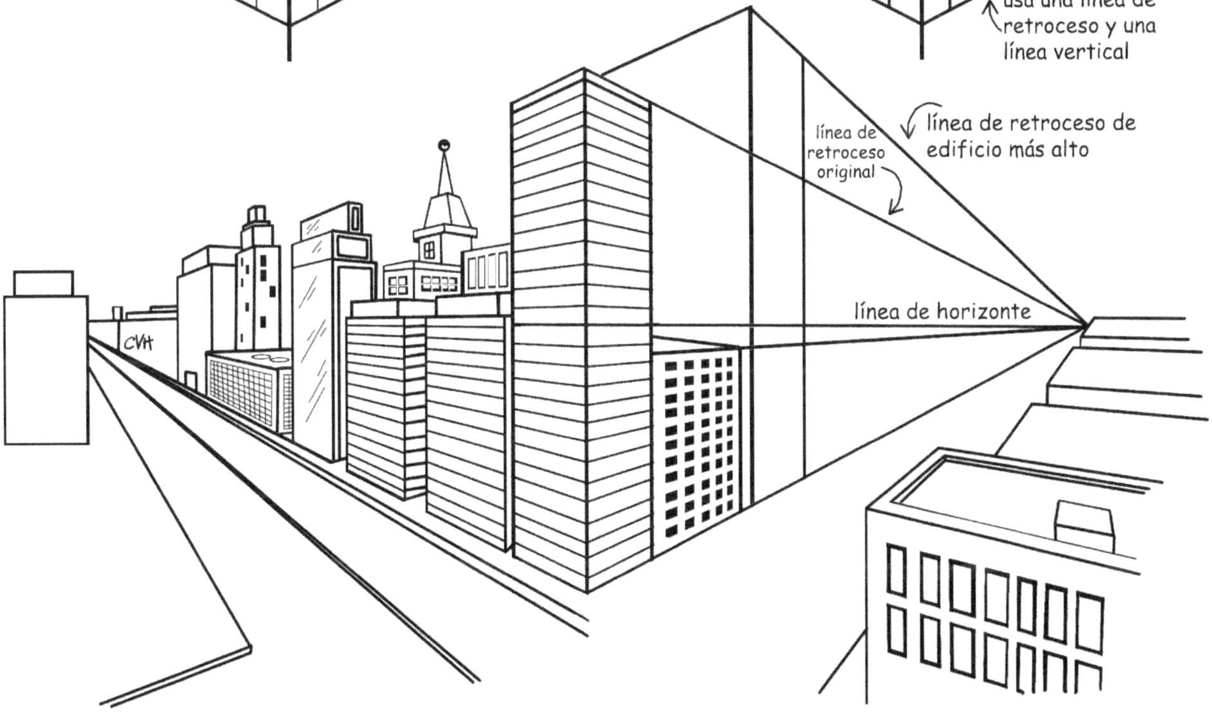

línea de retroceso original

línea de retroceso de edificio más alto

línea de horizonte

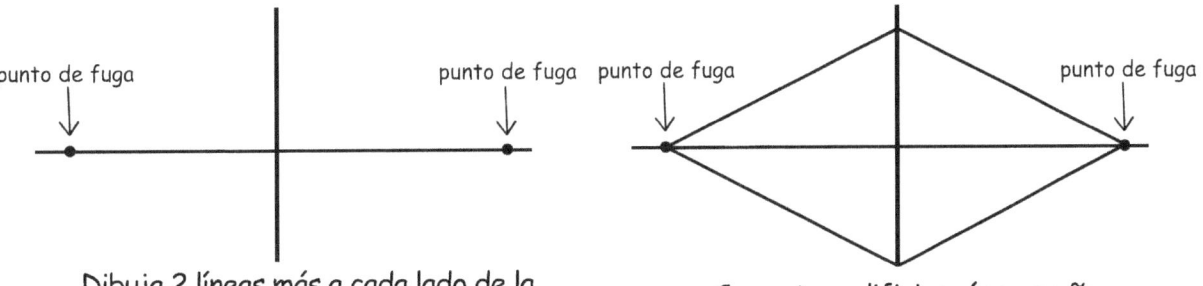

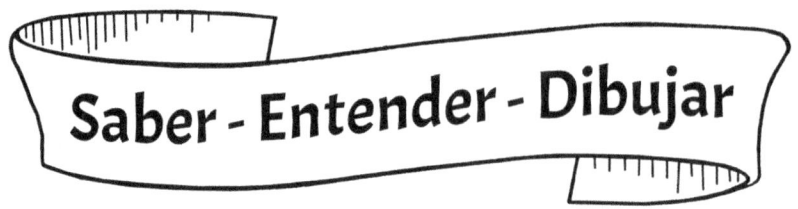

PUNTO DE VISTA AÉREO

SABER:
Punto de vista aéreo

ENTENDER:
• Técnicas utilizadas para crear una vista de "ojo de pájaro"
• Uso de líneas de retroceso

DIBUJAR:
• Crea una vista original "ojo de pájaro" de una escena de la ciudad usando un punto de fuga y líneas de retroceso.

INCLUYE:
• Al menos 8 edificios
• Detalles como ventanas, ladrillos y puertas
• Árboles, calles y otros "extras" alrededor de la base de los edificios
• Detalles de la azotea: ventiladores, piscinas, respiraderos, almohadillas de helicóptero y otras cosas que encontrarías en una azotea

VOCABULARIO:

Punto de vista aéreo - Ver desde un punto de vista a una gran altura, también llamado vista de pájaro.

Vista de ojo de pájaro - Una vista elevada de un objeto desde arriba, con una perspectiva como si el observador fuera un pájaro. Esta técnica se utiliza a menudo en la fabricación de planos de planta y mapas.

VISTA AÉREA
Una "vista de pájaro" de la ciudad
usando la pespectiva de un punto

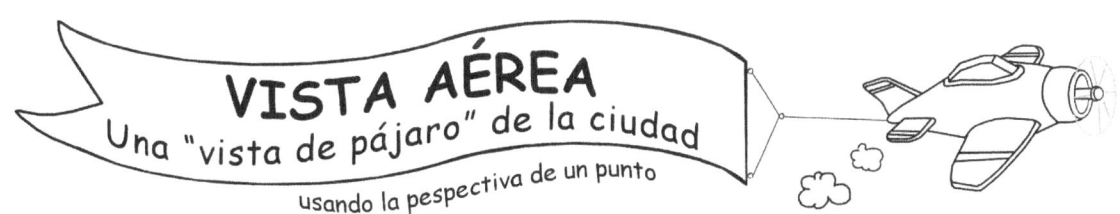

1. Primero dibuja varias figuras rectangulares alrededor de un punto de fuga central. ¡Estos serán los techos de los edificios!

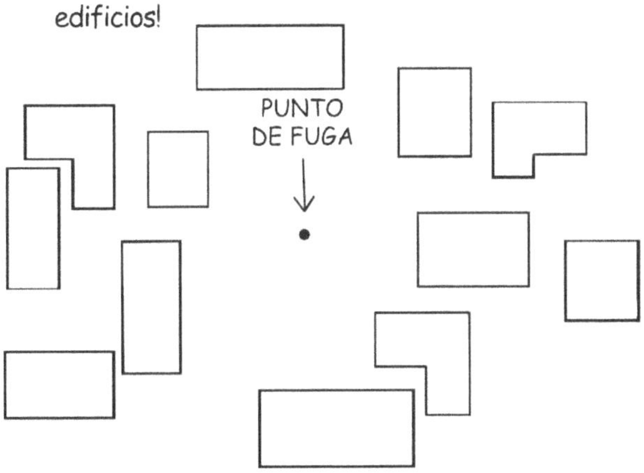

PUNTO DE FUGA

2. Luego dibuja líneas de retroceso desde cada esquina hacia el punto de fuga (sin atravesar las figuras).

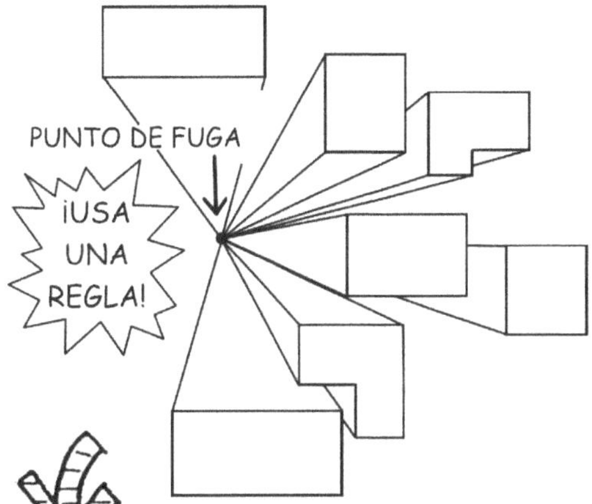

PUNTO DE FUGA
¡USA UNA REGLA!

3. Luego de dibujar todas las líneas de retroceso dibuja la base de los edificios.

¡cuidado de no dibujar sobre otros edificios!

6. Finaliza agregando árboles, calles y otros "elementos adicionales" alrededor de la base de los edificios

CONSEJO:
Las líneas de las ventanas convergen en el punto de fuga.

5. Agrega patrones de "ventanas" y detalles de los techos.

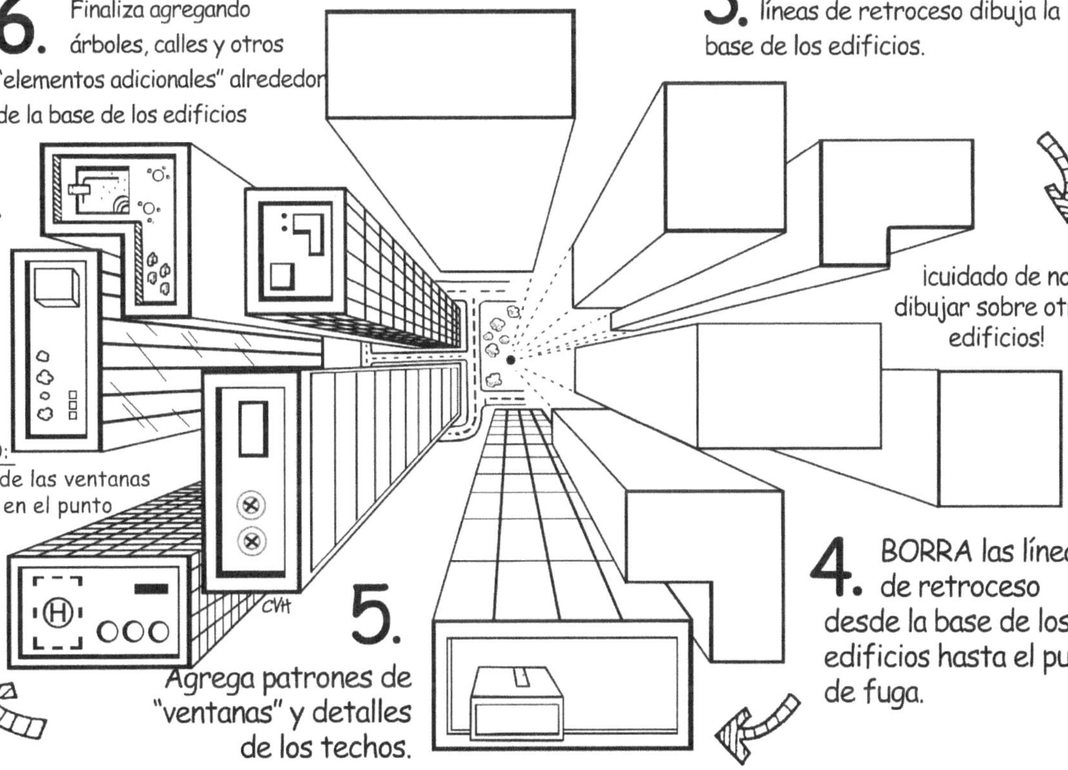

4. BORRA las líneas de retroceso desde la base de los edificios hasta el punto de fuga.

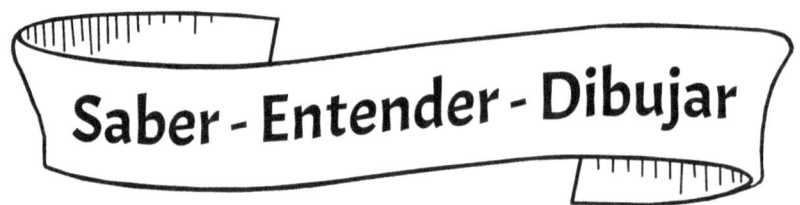

PERSPECTIVA DE LETRA DE MOLDE

SABER:
Diferencias entre objetos cercanos y lejanos en una escena.

ENTENDER:
La ilusión de profundidad se puede crear utilizando técnicas de perspectiva de un punto.

DIBUJAR:
• Siguiendo las técnicas proporcionadas, crea la ilusión de letras 3D usando una perspectiva de un punto, líneas de retroceso y letras de molde para escribir tu nombre.
• Sombrea y añade un borde biselado.

CONSEJO: Intenta crear esquinas definidas en tus letras para que los bordes no queden redondeados. Las aristas redondeadas son más difíciles de crear en perspectiva. A medida que practiques y mejores, intenta usar letras redondeadas estilo burbuja.

¡Usa una regla!

LETRAS DE MOLDE: dibuja tu nombre usando perspectiva

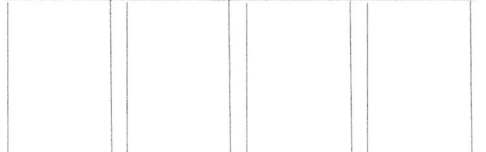

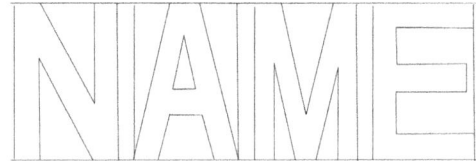

① Primero, dibuja un recuadro para cada letra de tu nombre. Asegúrate de dejar un espacio entre cada recuadro.

② Luego "esculpe" las letras en cada recuadro. Usa los bordes del recuadro como parte de las letras.

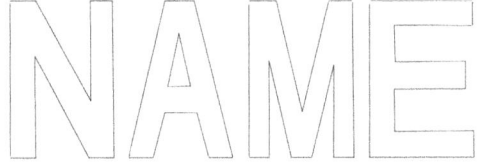

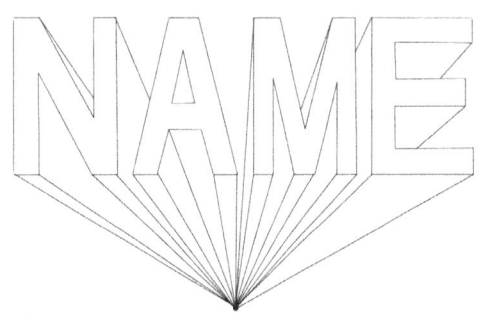

③ Borra las líneas que no necesites. Crea un punto centrado debajo de las letras. Este será el punto de fuga.

④ Con una regla, une las esquinas de cada letra con el punto de fuga y dibuja una línea. Detén la línea cuando toque otra letra. Es mejor empezar por la base de las letras.

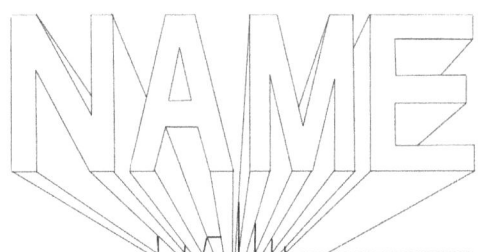

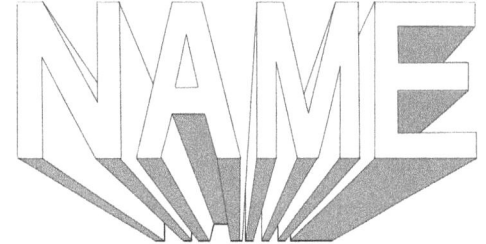

⑤ Dibuja una línea por encima del punto de fuga y borra todas las líneas por debajo de esta. Luego dibuja líneas para completar el extremo distante de las letras.

⑥ Borra las líneas que no necesites. Sombrea la cara inferior de cada sección de convergente de las letras.

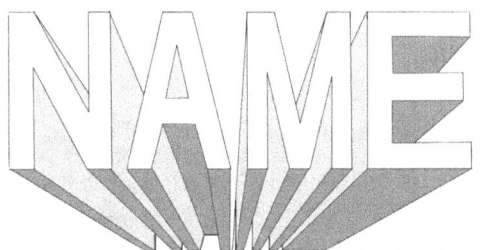

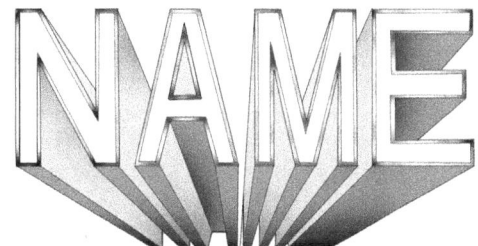

⑦ Luego sombrea con un valor más claro las demás secciones convergentes.

⑧ Termina añadiendo un borde biselado dentro de cada letra. Sombrea para darle un aspecto de "esculpido".

LETRAS DE MOLDE

Ficha de ayuda del abecedario

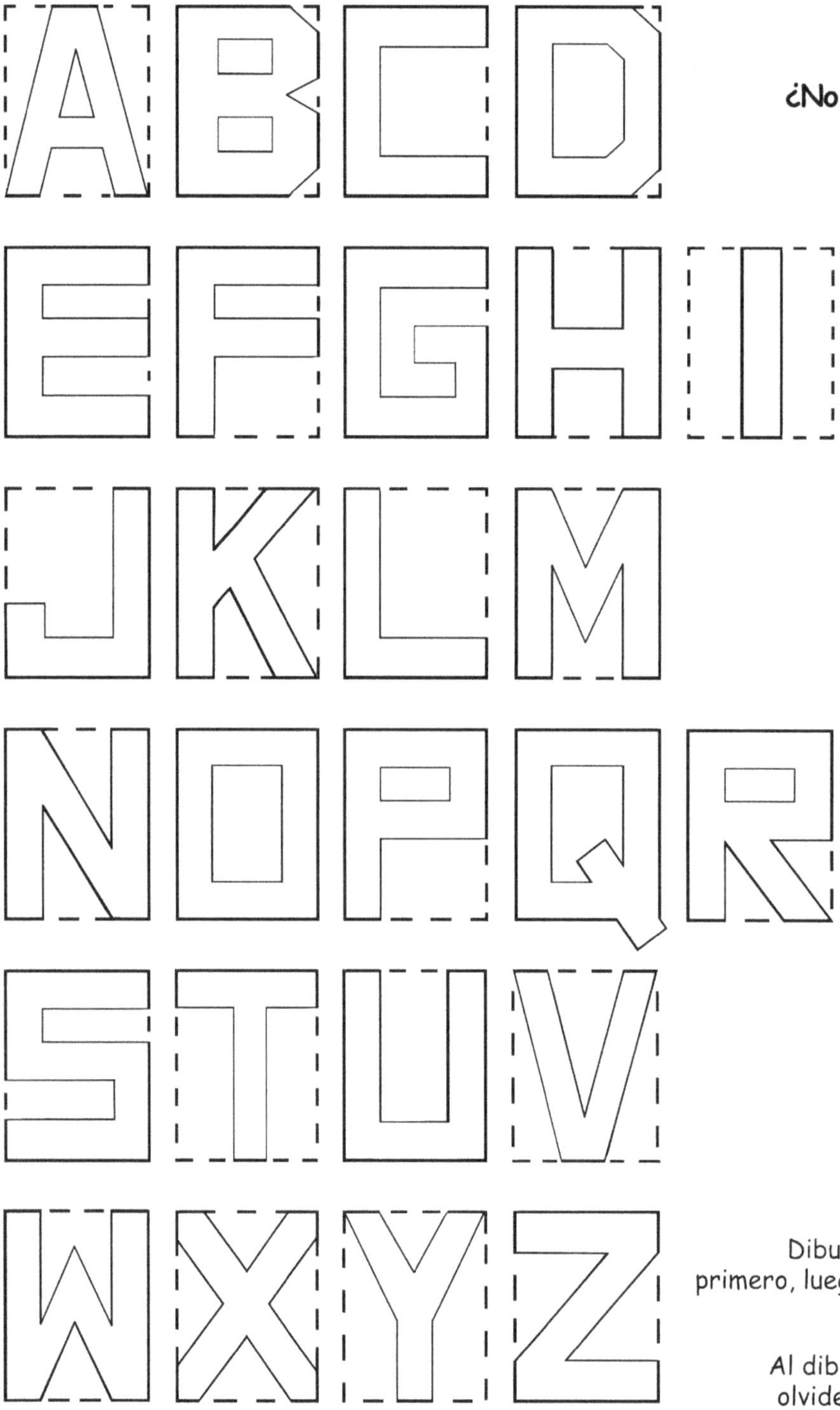

A B C D
E F G H I
J K L M
N O P Q R
S T U V
W X Y Z

¿No sabes cómo hacer una letra "de molde"?

1. Comienza con un bloque.

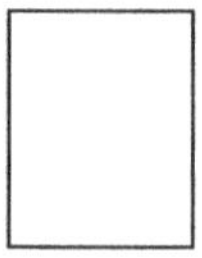

2. Dibuja la letra adentro usando los bordes del bloque.

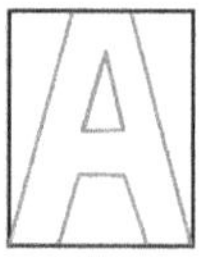

3. Borra los bordes que no son parte de la letra.

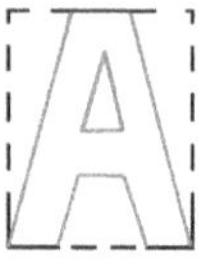

4. Eso es todo. ¡Ya terminaste!

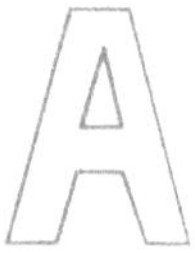

CONSEJOS:
Dibuja todos tus bloques primero, luego dibuja las letras adentro.

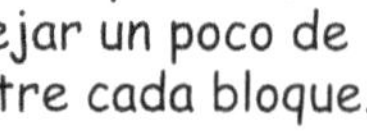

Al dibujar una palabra, no olvides dejar un poco de espacio entre cada bloque.

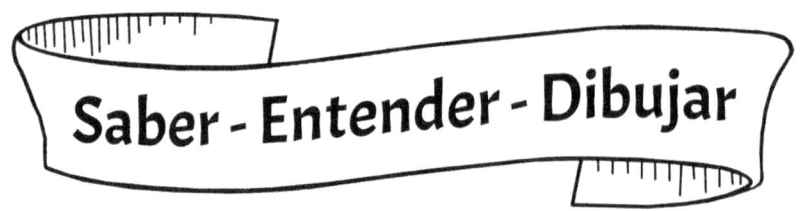

DIBUJA UN TÉMPANO

SABER:
Cómo crear una sensación de profundidad en una obra de arte.

ENTENDER:
• La superposición y las diferencias en el tamaño de los objetos de una escena ayudan a lograr la ilusión de profundidad.
• Los objetos dibujados que aparecen cerca de nosotros son grandes y suelen estar cerca de la parte inferior de la página. Los objetos que aparecen más lejos de nosotros en un dibujo suelen ser pequeños y más arriba en la página.

DIBUJAR:
Crea una obra de arte original que muestre la superposición y la profundidad, incluyendo al menos 3 témpanos de diferentes tamaños, olas en el agua y una línea de horizonte.

VOCABULARIO:
Línea de horizonte - Una línea donde el agua o la tierra parecen terminar y el cielo comenzar.
Forma orgánica - Una forma irregular que podría encontrarse en la naturaleza
Perspectiva - La técnica utilizada para crear la ilusión de 3D en una superficie 2D. La perspectiva ayuda a crear una sensación de profundidad o espacio de retroceso.

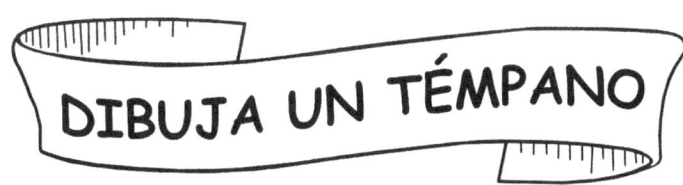
DIBUJA UN TÉMPANO

1. Comienza con una figura orgánica.

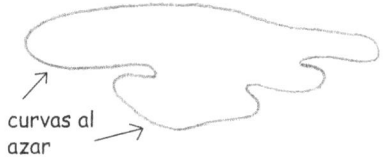

curvas al azar

2. Agrega líneas verticales en cada curva descendente.

levemente curvadas hacia adentro

3. Conecta las verticales con una línea de base curva.

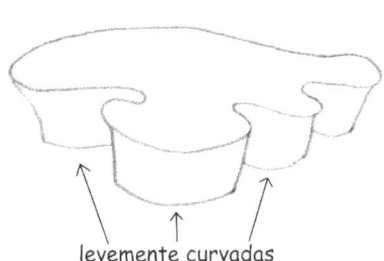

levemente curvadas

4. Agrega figuras orgánicas pequeñas más arriba en la página.

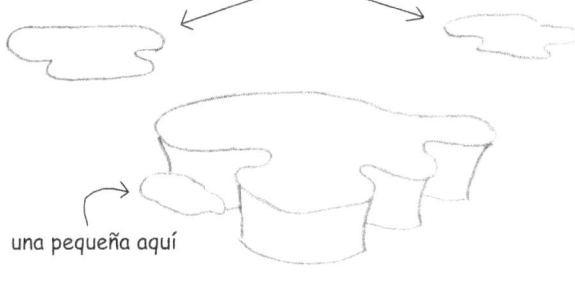

una pequeña aquí

5. Conecta las figuras pequeñas con líneas verticales.

los témpanos de atrás son más finos que los de adelante

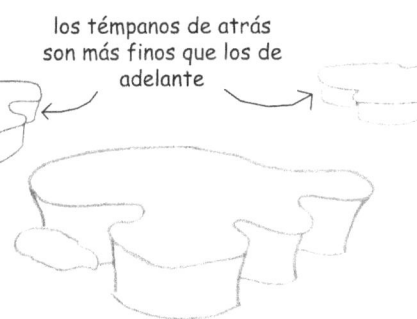

6. Sombrea.

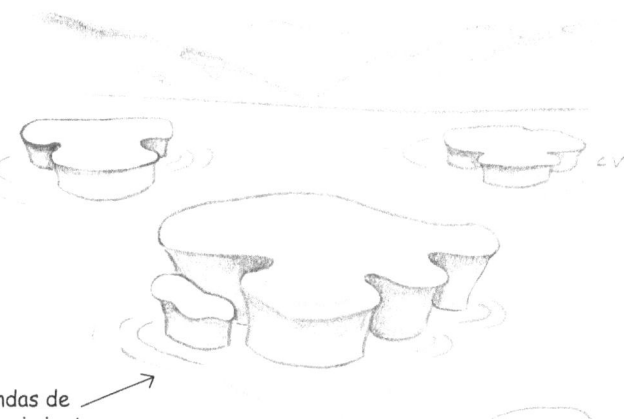

ondas de movimiento

sombrea más oscuro arriba y más claro abajo

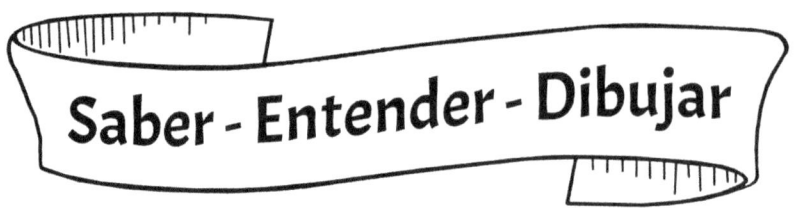

DIBUJA 2 TOCADISCOS

SABER:
Otra forma de utilizar líneas de retroceso y crear una sensación de profundidad en una obra de arte.

ENTENDER:
Los objetos dibujados que aparecen cerca de nosotros son grandes y suelen estar cerca de la parte inferior de la página. Los objetos que aparecen más lejos de nosotros en un dibujo son pequeños y más arriba en la página. Incluso elementos aislados pueden representar la profundidad cuando las partes "cercanas" se dibujan en grande y las partes "lejanas" se dibujan pequeñas.

DIBUJAR:
Crea una obra de arte original de 2 tocadiscos como se ve en la ficha

VOCABULARIO:
Perspectiva - La técnica utilizada para crear la ilusión de 3D en una superficie 2D. La perspectiva ayuda a crear una sensación de profundidad o espacio de retroceso.

2 platos giradiscos

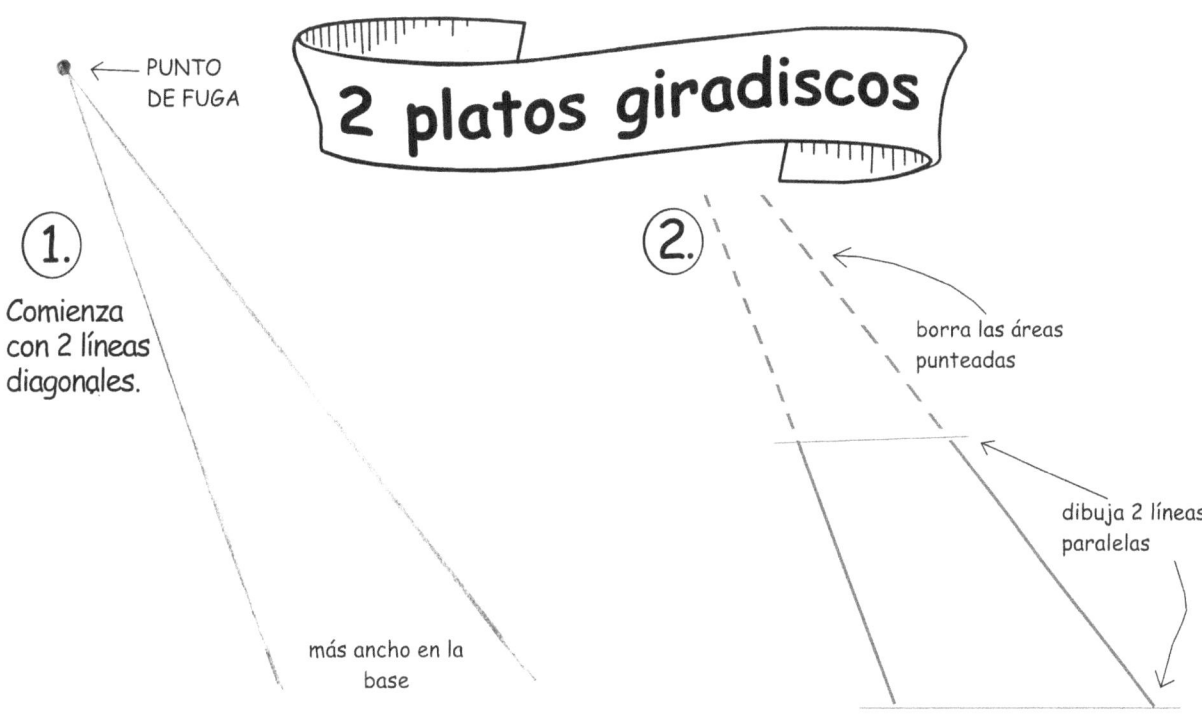

1. Comienza con 2 líneas diagonales.

← PUNTO DE FUGA

más ancho en la base

2. borra las áreas punteadas

dibuja 2 líneas paralelas

3. Agrega 2 óvalos.

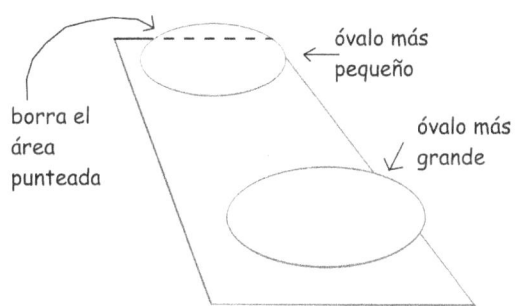

borra el área punteada

óvalo más pequeño

óvalo más grande

4. Agrega grosor a los óvalos y la mesa.

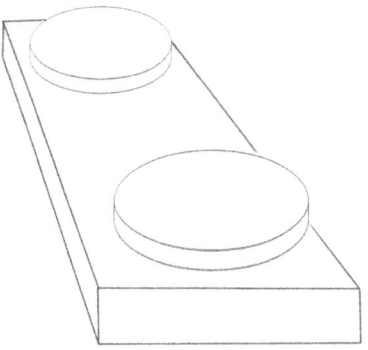

5. Agrega los brazos y un círculo en el centro de los discos.

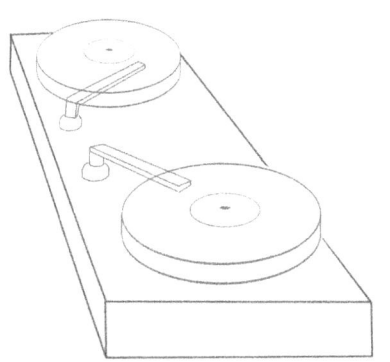

6. Sombrea.

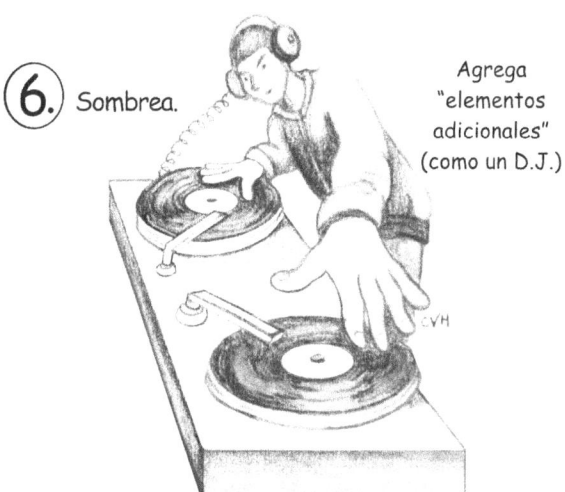

Agrega "elementos adicionales" (como un D.J.)

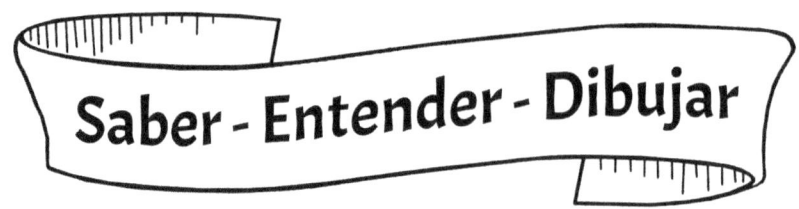

UN LIBRO ABIERTO

SABER:
Las líneas de retroceso ayudan a crear la ilusión de profundidad.

ENTENDER:
• La parte de un objeto dibujado que está más cerca de la parte inferior de la página aparece más grande que el resto.
• La adición de una curva a las líneas rectas de un objeto en un dibujo crea interés y realismo

DIBUJAR:
Crea una obra de arte original de un libro abierto utilizando técnicas aprendidas. Añadir "extras" como una vela, pluma y tintero o texto en las páginas.

VOCABULARIO:
Perspectiva - La técnica utilizada para crear la ilusión de 3D en una superficie 2D. La perspectiva ayuda a crear una sensación de profundidad o espacio de retroceso.
Línea de retroceso - Una línea que vuelve al espacio.

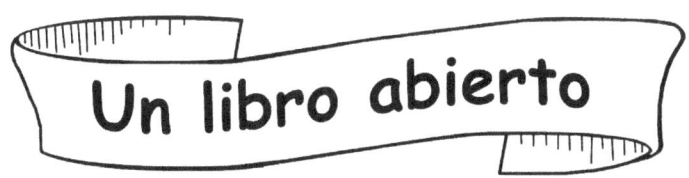

Un libro abierto

1. Dibuja una línea inclinada con una figura de "ave volando" en el extremo.

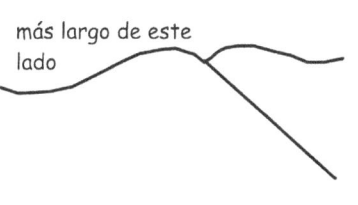

más largo de este lado

2. Agrega una línea levemente inclinada al "ala".

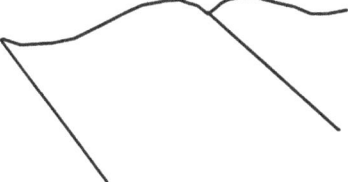

3. Convierte esa nueva línea en un rectángulo. Ten en cuenta que los lados más cortos están inclinados.

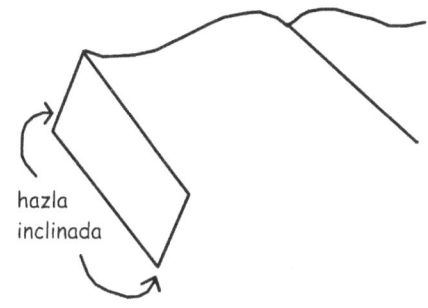

hazla inclinada

4. Dibuja 2 curvas y una línea para denotar el extremo "lejano" del libro. Agrega una forma de "ave volando" a la base como hiciste en el paso 1.

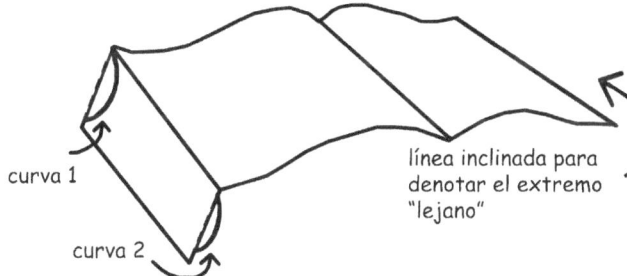

curva 1

curva 2

línea inclinada para denotar el extremo "lejano"

5. Agrega una curva al extremo "lejano" del libro y una línea con una hendidura en la base. Borra el área punteada.

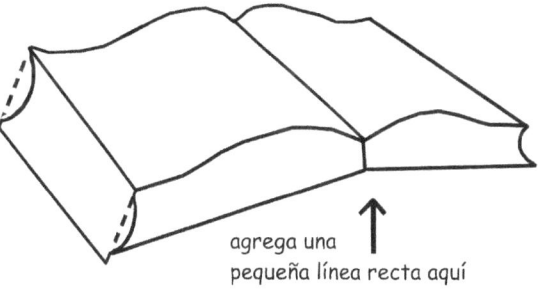

agrega una pequeña línea recta aquí

6. Agrega una tapa de libro por .

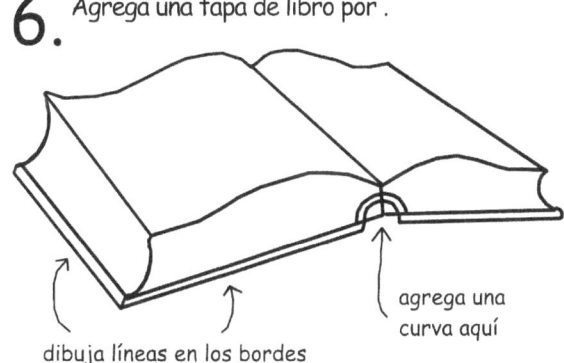

dibuja líneas en los bordes para denotar el grosor de la tapa

agrega una curva aquí

7. Agrega líneas para las páginas. Agrega "elementos" para hacerlo más interesante.

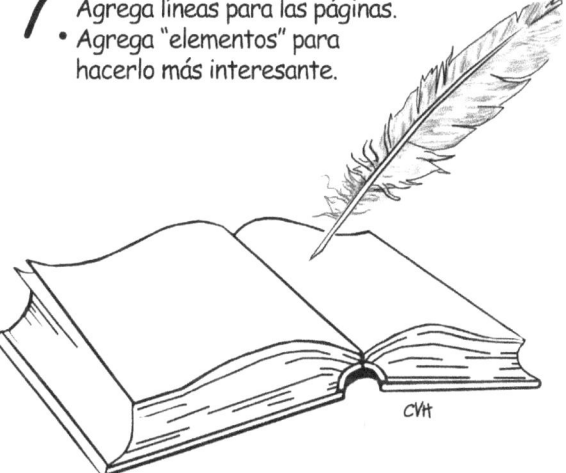

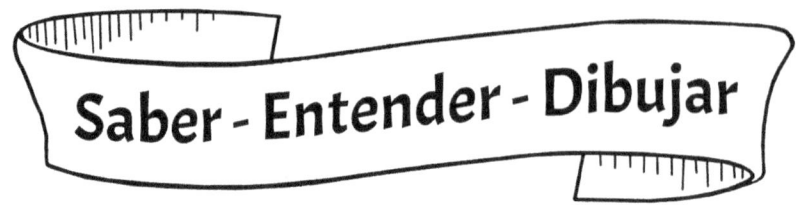

PUERTAS ABIERTAS

SABER:
Líneas verticales, Líneas paralelas

ENTENDER:
En la mayoría de los dibujos arquitectónicos, las líneas verticales son todas paralelas o las horizontales son todas paralelas. Rara vez ambos tipos de líneas son perfectamente paralelas y rectas en el mismo dibujo. En este caso, todas las líneas verticales son perfectamente rectas y paralelas, las horizontales no lo son.

DIBUJAR:
Crea una obra de arte original de puertas abiertas usando las técnicas aprendidas. Añade "extras" como un diseño de pergamino, barras, ladrillos, etc.

VOCABULARIO:
Dibujos arquitectónicos - Dibujos que representan edificios hechos por el ser humano.
Horizontal - Recto y plano, paralelo al horizonte. Lo contrario es vertical.
Paralelo - Dos o más líneas rectas o aristas en el mismo plano que no se cruzan. Las líneas paralelas tienen la misma dirección.
Perspectiva - La técnica utilizada para crear la ilusión de 3D en una superficie 2D. La perspectiva ayuda a crear una sensación de profundidad o espacio de retroceso.
Línea vertical - La dirección que va hacia arriba y hacia abajo.

PUERTAS ABIERTAS
elegantes o no

¡Usa una regla!

1. Comienza con un rectángulo en ángulo como este.

inclinada hacia abajo

inclinada hacia arriba

2. Repite la figura, pero como imagen especular.

inclinadas hacia abajo

inclinadas hacia arriba y hacia el centro

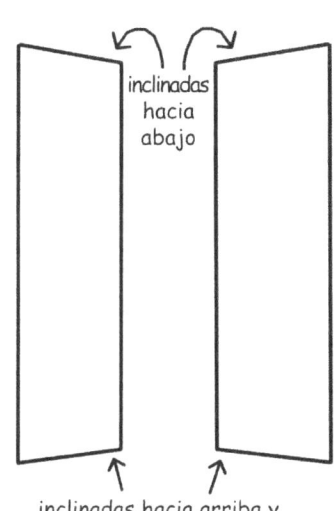

3. Agrega dos rectángulos más finos a cada lado y 2 líneas dentro de cada puerta (inclinadas hacia arriba).

4. Agrega líneas paralelas juntas dentro de las puertas.

borra estas líneas internas

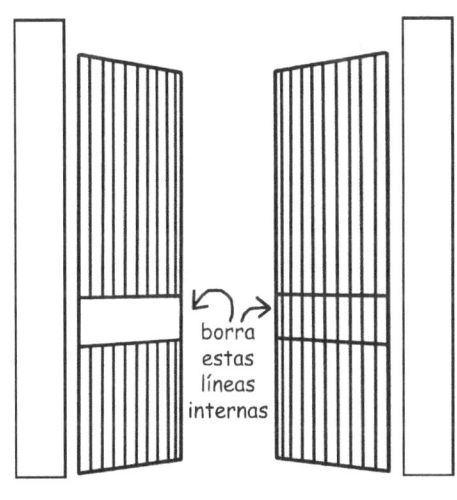

5. Agrega lujosas decoraciones en las puertas y arriba de ellas.

¡Usa tu imaginación!

agrega algunos rectángulos a modo de ladrillos en los pilares

extiende la cerca a ambos lados si tienes espacio

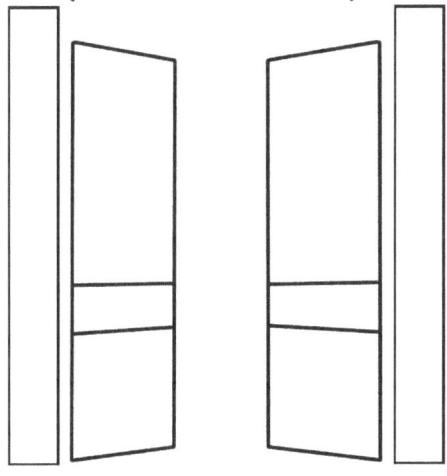

Capítulo 4
Vacaciones y Estaciones

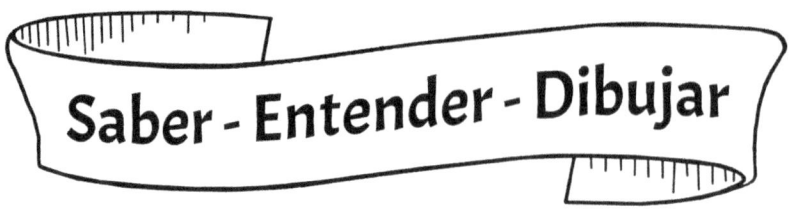

CANDADO CORAZÓN Y LLAVE DE SAN VALENTÍN

SABER:
Dibujar objetos vistos desde varios ángulos puede añadir interés a una obra.

ENTENDER:
- Cómo añadir profundidad e interés a un objeto dibujado
- Cómo tomar formas simples y convertirlas en elementos más complejos

DIBUJAR:
Crea una obra de arte original de un candado en forma de corazón con una llave antigua.

VOCABULARIO:
Profundidad - La tercera dimensión. La distancia aparente entre adelante y atrás o de cerca a lejos en una obra de arte.
Perspectiva - La técnica utilizada para crear la ilusión de 3D en una superficie 2D. La perspectiva ayuda a crear una sensación de profundidad o espacio de retroceso.

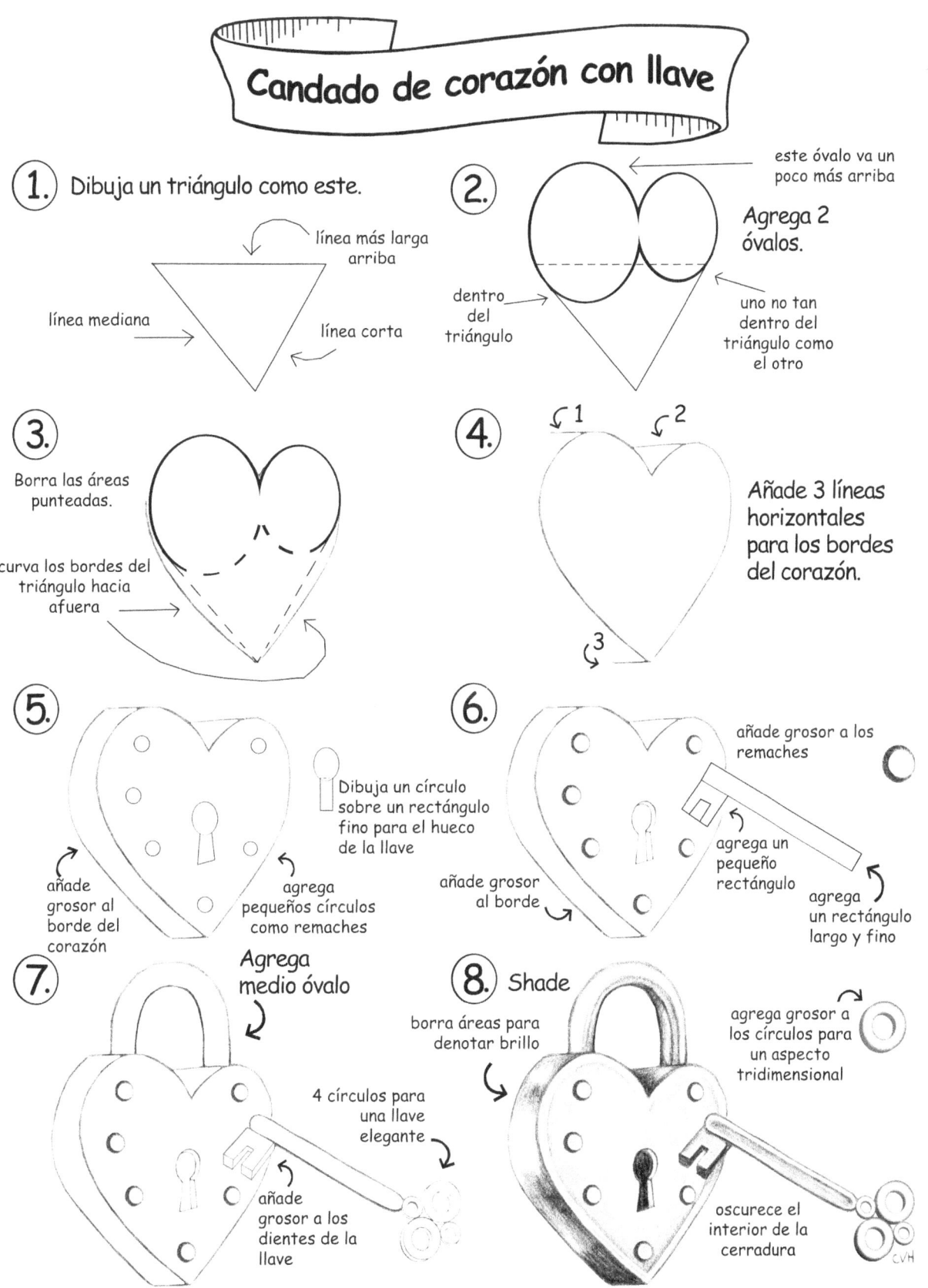

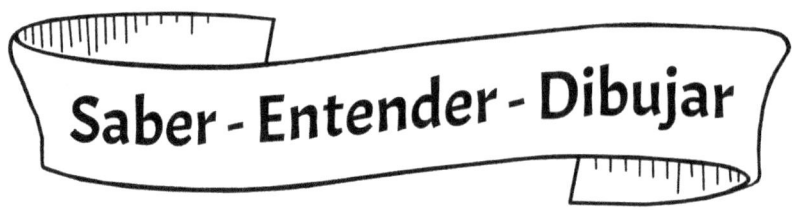

ROSA

SABER:
La diferencia entre formas geométricas y orgánicas.

ENTENDER:
Conectar una serie de formas geométricas simples puede crear un objeto complejo (orgánico).

DIBUJAR:
Crear una obra de arte original de una rosa utilizando las técnicas proporcionadas.

VOCABULARIO:
Asimetría - Un objeto diferente a ambos lados.
Equilibrio - Un principio de diseño, el equilibrio se refiere a la forma en que los elementos del arte están dispuestos para crear una sensación de estabilidad en una obra.
Forma geométrica - Cualquier forma o figura que tenga más diseño matemático que orgánico. Los diseños geométricos se hacen típicamente con líneas rectas.
Forma orgánica - Una forma irregular que podría encontrarse en la naturaleza, en lugar de una forma mecánica o angular.

Cómo dibujar una rosa

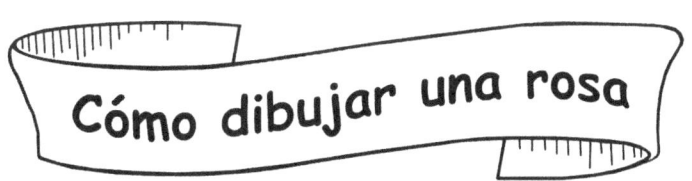

1. Dibuja suavemente un pequeño óvalo sobre un círculo grande.

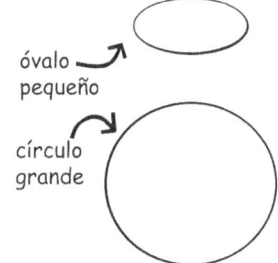

óvalo pequeño
círculo grande

2. Conecta ambas figuras con 2 líneas inclinadas.

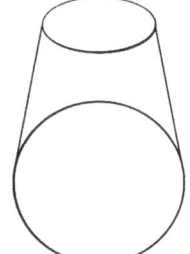

3. Agrega una línea inclinada/curva como esta.

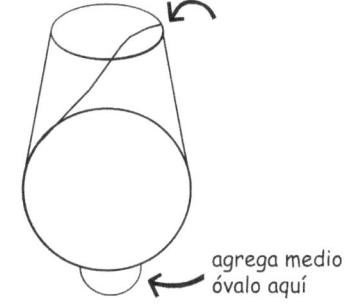

agrega medio óvalo aquí

4. Borra el área punteada.

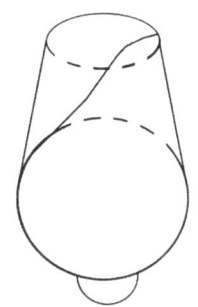

5. Agrega una curva.

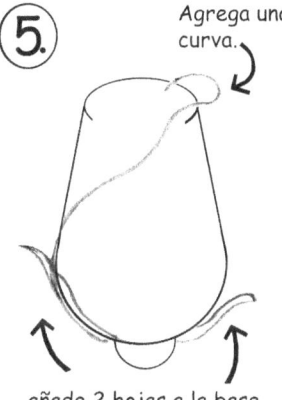

añade 2 hojas a la base

6. Conecta la curva con 2 líneas.

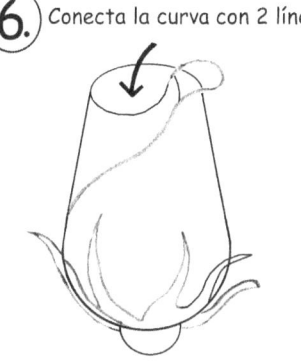

añade 3 hojas más a la base

7. Agrega un pequeño óvalo aquí.

agrega una pequeña curva aquí

borre las áreas punteadas

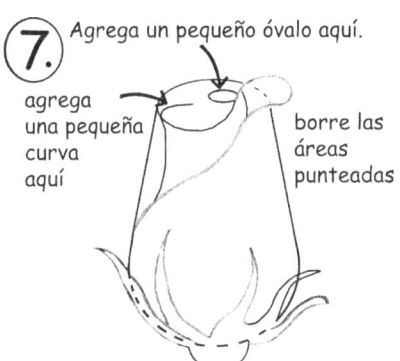

8. agrega otro pétalo

curva esta línea

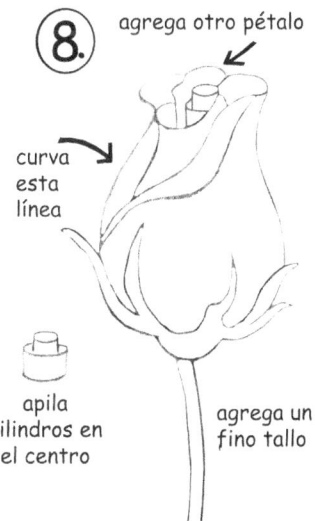

apila cilindros en el centro

agrega un fino tallo

9. Sombrea.

sombrea más oscuro los pliegues de los pétalos

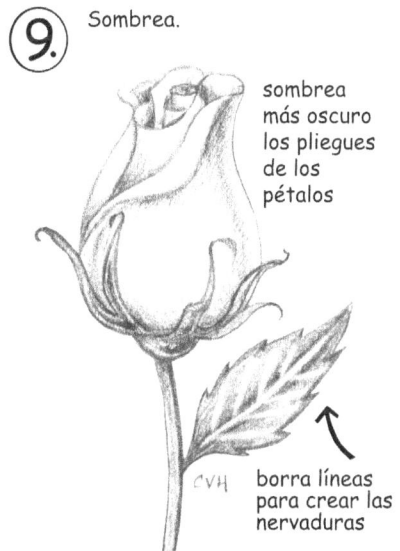

borra líneas para crear las nervaduras

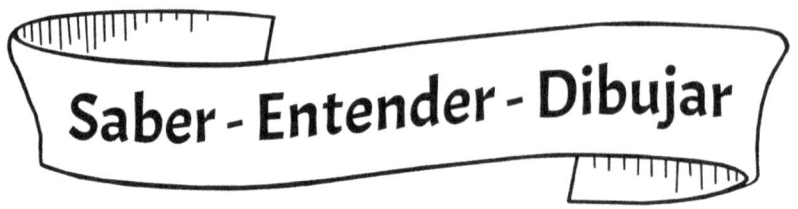

CISNES DEL AMOR

SABER:
Simetría especular

ENTENDER:
• Simetría especular es cuando las partes de una imagen u objeto están organizadas para que un lado duplique (refleja) al otro.
• La simetría perfecta rara vez se encuentra en la naturaleza.

DIBUJAR:
Los estudiantes tratarán de crear un diseño simétrico de "Cisnes del amor" usando formas simples y los consejos y trucos proporcionados.

VOCABULARIO:

Simetría especular - Las partes de una imagen u objeto organizados para que un lado duplique o refleje el otro. También conocido como equilibrio formal, su opuesto es la asimetría o equilibrio asimétrico.

La **simetría** es una de las diez clases de patrones.

Cualquier cosa que hagas de un lado, intenta copiarla al otro...

Cisnes del amor

usando simetría especular

1. Comienza con 2 óvalos casi tocándose.

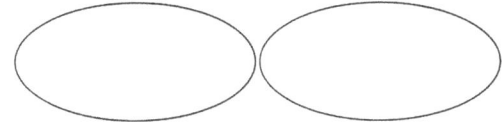

2. Aproximadamente a los 2/3, dibuja una línea a través de los óvalos.

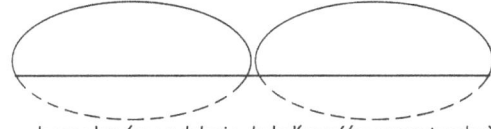

borra las áreas debajo de la línea (áreas punteadas)

3. Agrega colas triangulares a ambos lados.

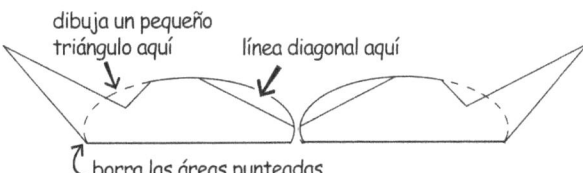

dibuja un pequeño triángulo aquí línea diagonal aquí
borra las áreas punteadas

4. Dibuja un círculo tocando las diagonales.

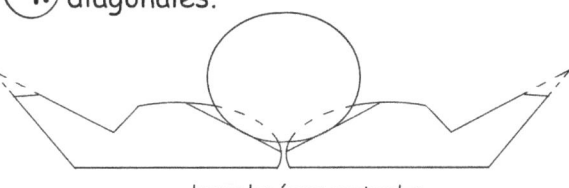

borra las áreas punteadas

5.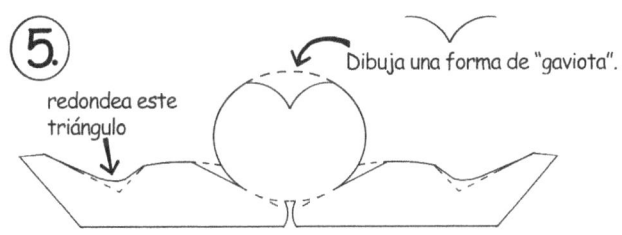

redondea este triángulo
Dibuja una forma de "gaviota".
borra las áreas punteadas

6. Agrega un pequeño óvalo y rectángulo en el medio.

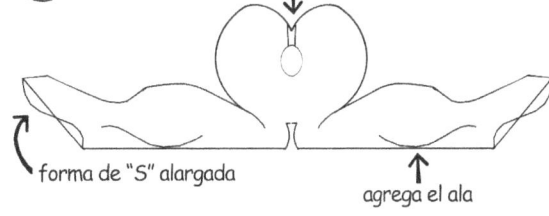

forma de "S" alargada   agrega el ala

7.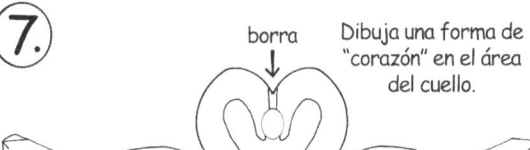

borra   Dibuja una forma de "corazón" en el área del cuello.

8. detalle del pico

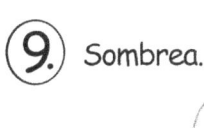

9. Sombrea.

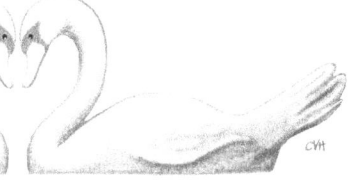

105

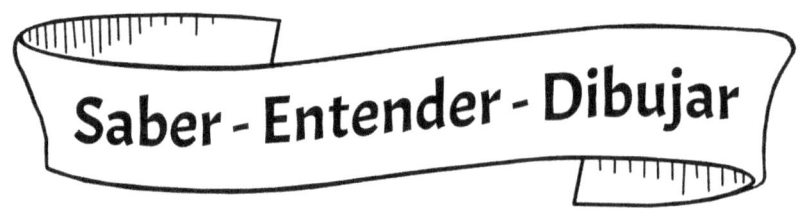

CORAZÓN EN ALAMBRE DE PÚAS

SABER:
Conectar algunas formas geométricas simples puede crear un objeto más complejo.

ENTENDER:
El uso de técnicas superpuestas para dar a un objeto la apariencia de figura.

DIBUJAR:
Crea un dibujo de corazón original envuelto en alambre de púas. Utiliza líneas curvas y superpuestas en la parte superior del corazón para dar la ilusión de envoltura y profundidad.

VOCABULARIO:

Figura - Un elemento de arte que es tridimensional (alto, ancho y profundidad) y encierra un volumen.

Superposición - Cuando una cosa se encuentra sobre o cubriendo parcialmente otra cosa. Representar esto es uno de los medios más importantes para transmitir una ilusión de profundidad. (Otros medios incluyen diferentes tamaños y colocación en un plano de retroceso, junto con la perspectiva lineal y aérea).

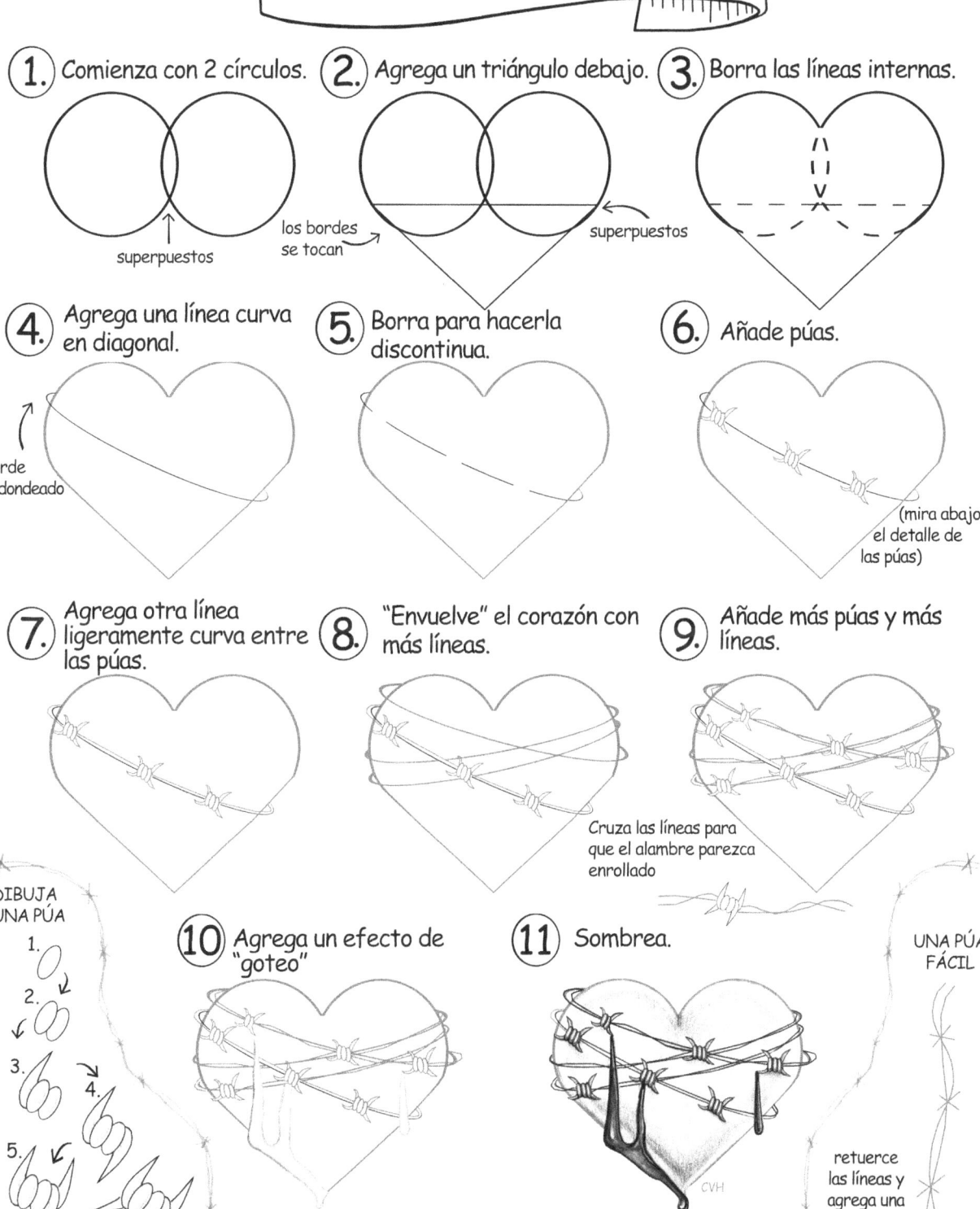

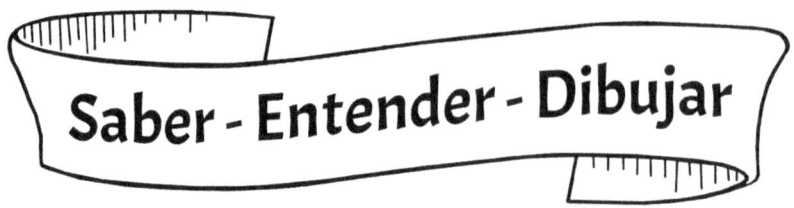

ESTANDARTE Y ROSA

SABER:
• Conectar una serie de formas geométricas simples puede crear un objeto complejo (orgánico).
• Las líneas curvas indican perspectiva a través de superposición.

ENTENDER:
• La superposición y las diferencias en el tamaño de los objetos de una escena ayudan a lograr la ilusión de profundidad.
• El sombreado de alto contraste da la apariencia de figura y 3D.

DIBUJAR:
Sigue los pasos en la ficha proporcionada para crear tu propia versión de un estandarte que envuelve una rosa. Agrega un mensaje en el estandarte y sombrea.

VOCABULARIO:
Sombreado de alto contraste - Una gran diferencia entre los valores oscuros y claros en una ilustración (menos tonos medios).
Superposición - Cuando una cosa se encuentra sobre o parcialmente cubre otra cosa.

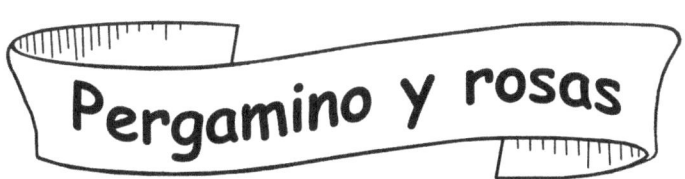

Pergamino y rosas

1. Comienza con un espiral.

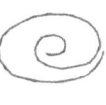

2. Agrega una base (parecida a una copa).

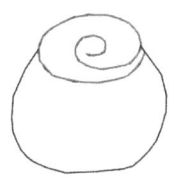

3. Agrega "alas" y 3 pétalos.

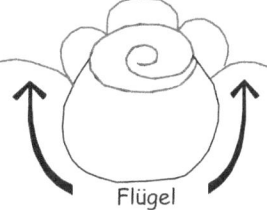

Flügel

4. Engrosa las "alas".

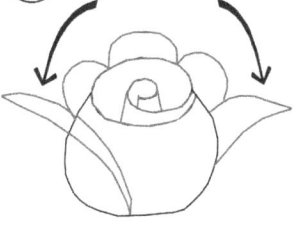

5. Agrega pétalos curvos en la base y un receptáculo.

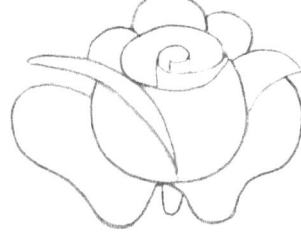

6. ¡La rosa está lista! pergamino.

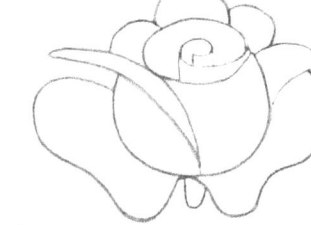

línea curva inclinada

7. Líneas verticales de cada curva.

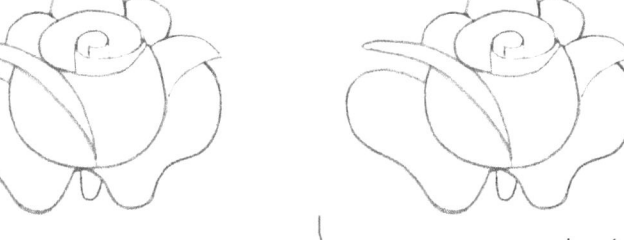

haz 6 líneas verticales

8. Haz la base y los bordes del estandarte.

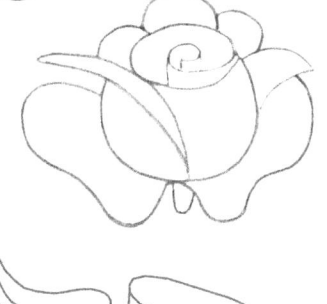

9. Agrega el tallo, hojas y letras. ¡Sombréalo todo!

borde dentado en las hojas

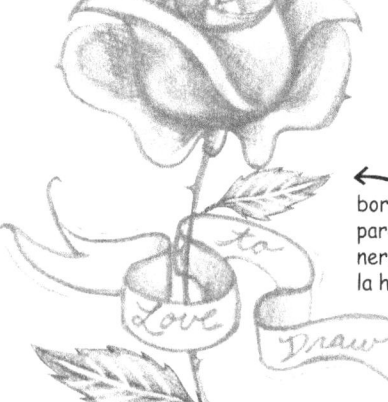

← borra líneas para crear las nervaduras de la hoja

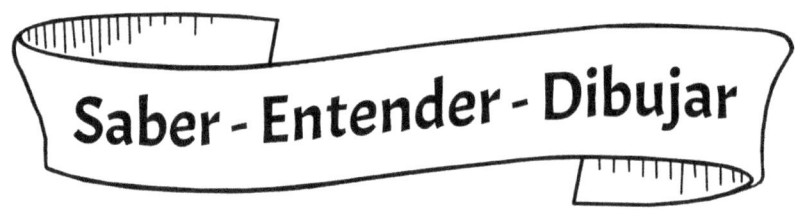

OLLA DE ORO

SABER:
- Las formas simples combinadas pueden crear objetos más complejos
- Muchos objetos (hechos por el ser humano y naturales) se basan en el cilindro

ENTENDER:
- Los discos son cilindros cortos.
- El uso de los principios de un cilindro (base redondeada y una parte superior de la elipse) puede crear una variedad de formas cuando se utiliza en el dibujo.

DIBUJAR:
Crea la ilusión de una olla 3D llena de "discos" de monedas de oro. Sombrea.

VOCABULARIO:
Cilindro - Un tubo que parece tridimensional.
Disco - Un óvalo 3D.
Elipse - Un círculo visto en un ángulo (dibujado como un óvalo).

Olla de oro

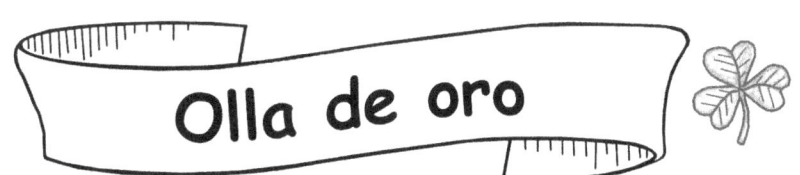

1. Comienza con un óvalo.
2. Agrega la base de un círculo.
3. Rodea la base del óvalo para dar "grosor". 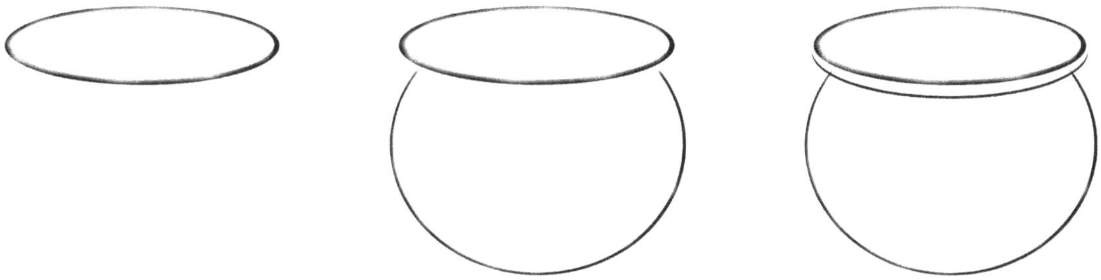
4. Agrega al borde "grosor" arriba.
5. Pequeño círculo — patas
6. agrega un asa curva — moneda tridimensional

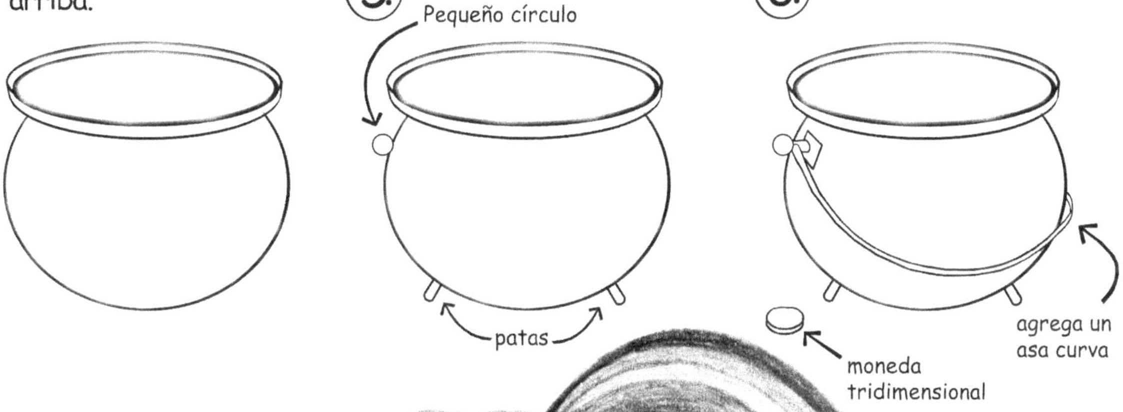

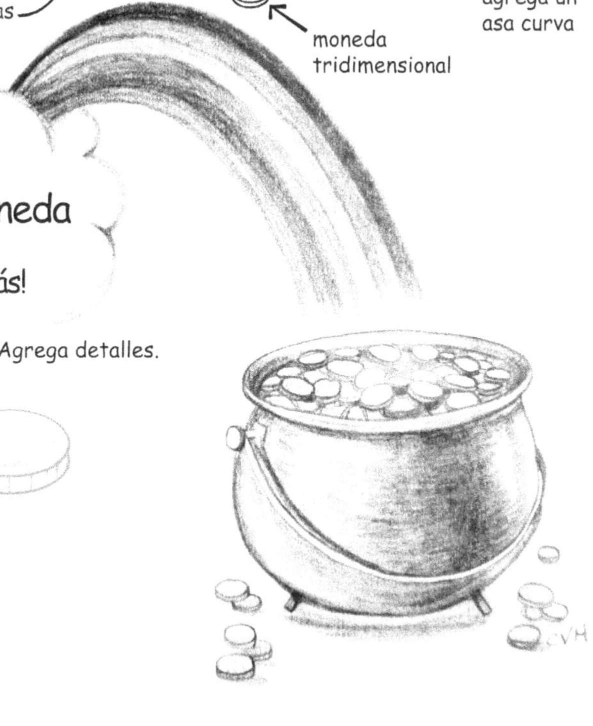

Dos maneras de hacer una moneda tridimensional
¡prueba ambas y ve cuál te gusta más!

1. Óvalo.
2. Añade otro.
3. Borra el área punteada.
4. Agrega detalles.

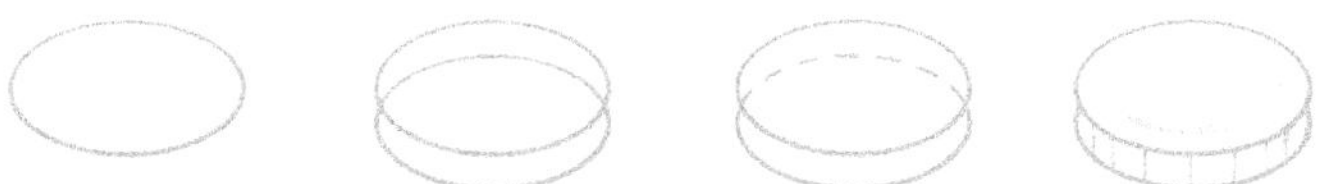

O

1. Óvalo.
2. Agrega 2 líneas.
3. Conecta.

111

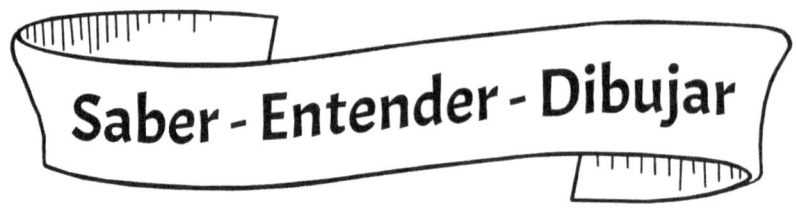

ADORABLES MOTIVOS DE PASCUA

SABER:
• Las formas simples combinadas pueden crear objetos complejos.
• Una sección transversal de un cono puede crear un recipiente.
• La adición de líneas de "rayado" al interior de un objeto esbozado le da forma, volumen y sombra.

ENTENDER:
• Técnica de "rayado" y "rayado cruzado" para mostrar sombra, textura o forma en un objeto.
• La textura es utilizada por los artistas para mostrar podría sentirse algo o de lo que está hecho.

DIBUJAR:
Crea una ilustración que incluya los objetos descritos en la ficha. Añade "extras". Trata de detallar con "rayado" para la textura y el sombreado.

VOCABULARIO:
Cono - Dos líneas en el borde de una elipse que finalmente se encuentran.
Rayado - Una serie de líneas paralelas estrechamente espaciadas. Cuando se colocan más líneas cruzando en ángulo sobre estas, se llama rayado cruzado.
Textura - La forma en que algo parece que se sintiera en una ilustración.
Volumen - El espacio dentro de una figura.

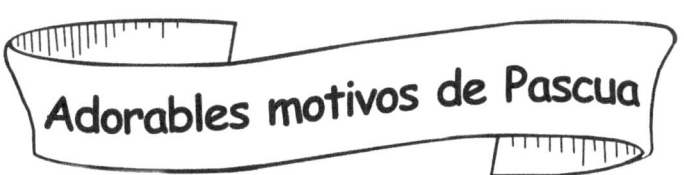
Adorables motivos de Pascua

1. Comienza con un óvalo.
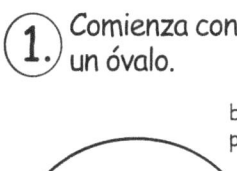

2. Agrega otro óvalo.
borra el área punteada
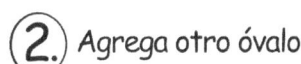

3. Agrega 2 semicírculos en la base.
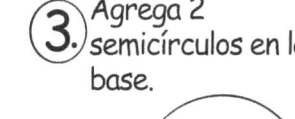

4. Agrega un pico triangular.
borra

5. Agrega ojos y 2 patas finas.
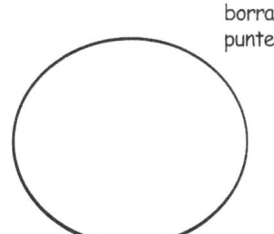

6. Agrega 3 dedos a cada pata.
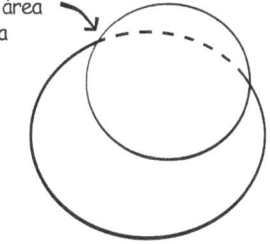

7. Haz los bordes exteriores "suaves" con rayado.
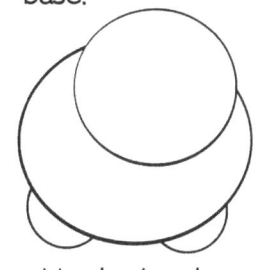

8. Sombrea.
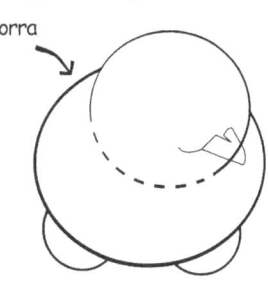

Canasta de Pascua

1. Comienza con 2 óvalos.
grande
pequeño
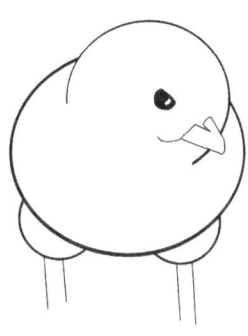

2. Conecta los lados.
borra el área punteada
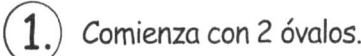
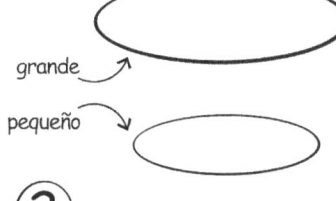

3.
Agrega medio óvalo para el asa.
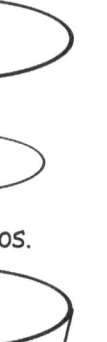
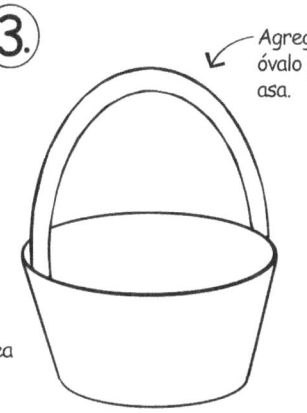

4. Sombrea.
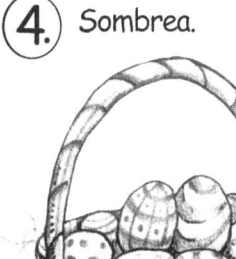

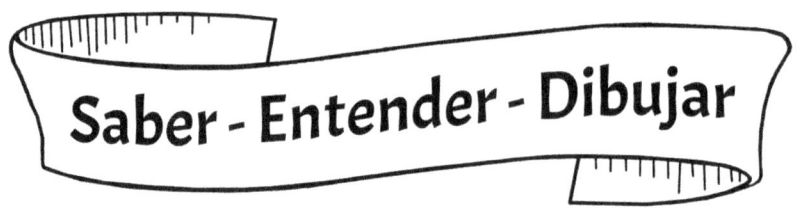

HUEVOS DE PASCUA

SABER:
Tomar una forma y convertirla en una figura añadiendo líneas de contorno, patrón y sombreado.

ENTENDER:
La técnica de "envolver" líneas y patrones alrededor de un objeto para que parezca 3D

DIBUJAR:
Crea un patrón original de "envoltura" alrededor de una forma para crear una forma de huevo festivo. Trata de crear una cesta de huevos como se ve en la ficha.

VOCABULARIO:
Patrón - La repetición de formas, líneas o colores en un diseño.
Repetición - Una forma de combinar elementos de arte para utilizar los mismos elementos una y otra vez.
Envoltura - La apariencia de algo curvado alrededor de otro objeto.

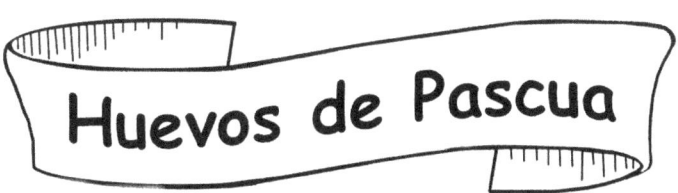

Huevos de Pascua

1. Comienza con una forma básica de huevo.
2. Agrega curvas y líneas para denotar profundidad.
3. Agrega un patrón decorativo.

angosto arriba

más ancho en la base

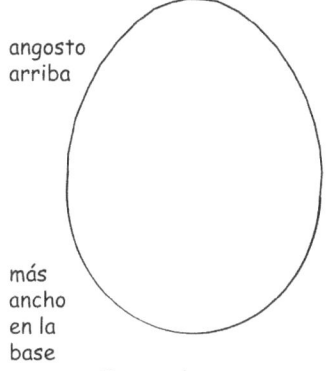
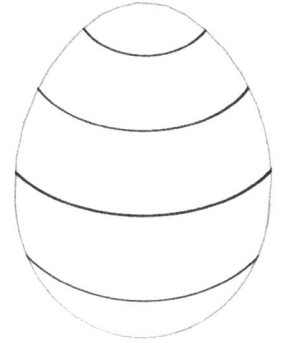
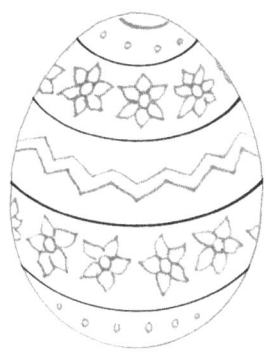

Agrega color o sombras.

O prueba estos...

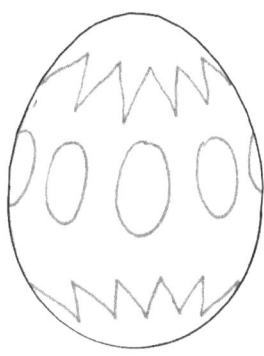
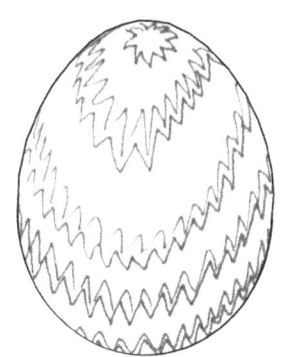
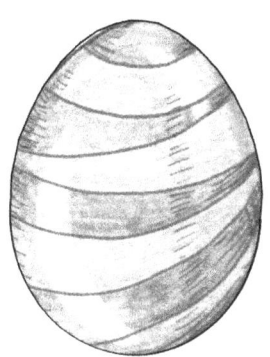

Canasta de huevos

Comienza con un par de huevos.

Agrega más...

Decora y sombrea.

Agrega más <u>debajo</u>.

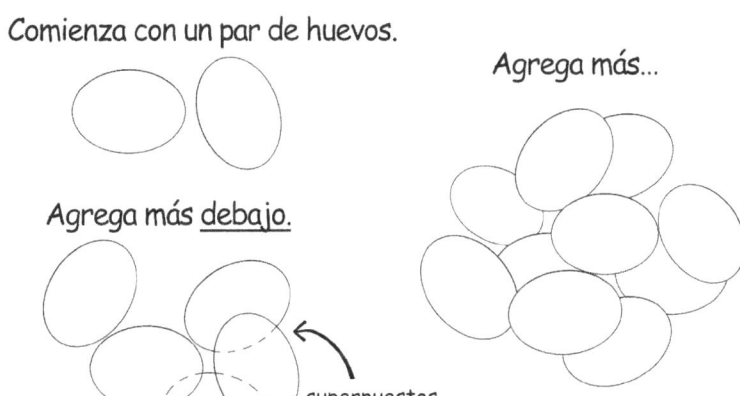

superpuestos

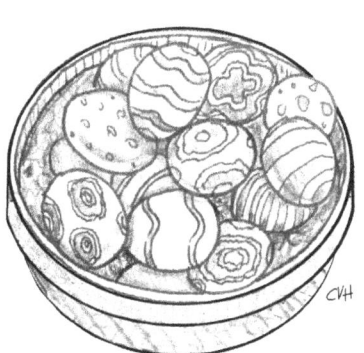

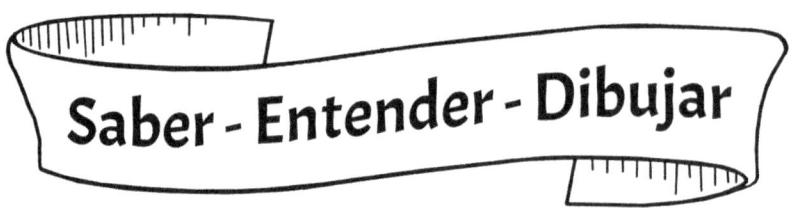

TULIPÁN PRIMAVERAL

SABER:
• Conectar una serie de formas geométricas simples puede crear un objeto complejo (orgánico).
• La diferencia entre formas geométricas y orgánicas.
• La línea puede indicar perspectiva a través de la superposición.

ENTENDER:
• La superposición y las diferencias en el tamaño de los objetos de una escena ayudan a lograr la ilusión de profundidad.
• El sombreado de alto contraste da la apariencia de figura y 3D

DIBUJAR:
Dibuja tu versión de un ramo tulipanes primaverales usando los consejos y trucos proporcionados. Dibuja al menos 3 flores. Agrega algo que no veas en la ficha de trabajo para que tu obra de arte sea única (es decir, un jarrón, tallos atados con una cinta, etc.) No lo calques. Sombrea.

VOCABULARIO:
Sombreado de alto contraste - Una gran diferencia entre los valores oscuros y claros en una obra de arte (menos tonos medios).
Superposición - Cuando una cosa se encuentra sobre o parcialmente cubriendo a otra.

Tulipán primaveral

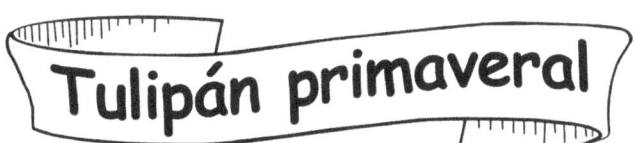

1. Comienza con un círculo.

2. Agrega un cono como "sombrero".

3. Borra la parte superior del círculo.

4. Agrega otra "gota".

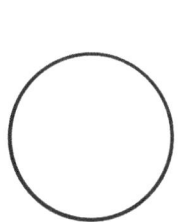
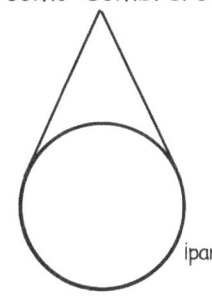
borra el área punteada
¡parece una gota!
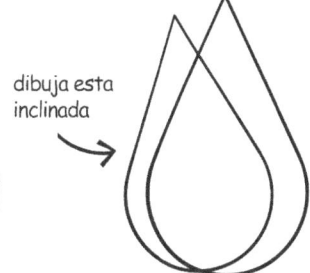
dibuja esta inclinada

5. Borra el área dentro de la primera "gota".

6. Agrega otra "gota".

7. Añade dos puntas.

8. Añade líneas curvas para los pistilos.

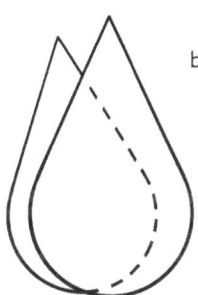
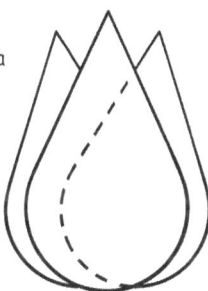
borra el área punteada
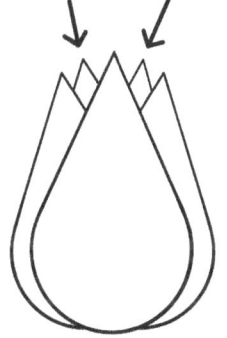
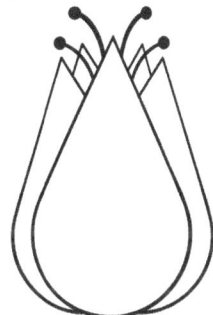

9. Agrega medio círculo para la base del tallo.

10. Agrega 2 líneas para el .

11. Añade una hoja inclinada.

12. Sombrea.

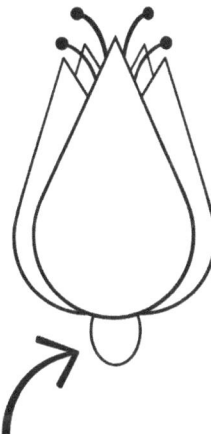
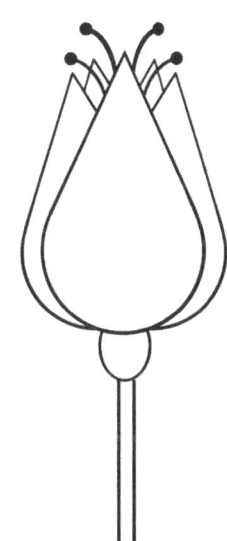
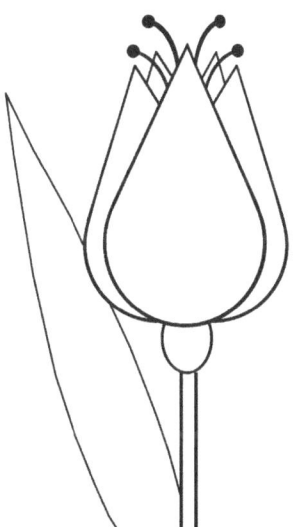
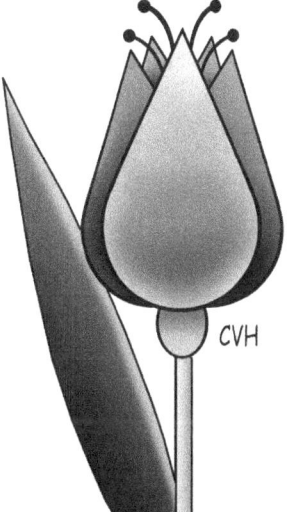

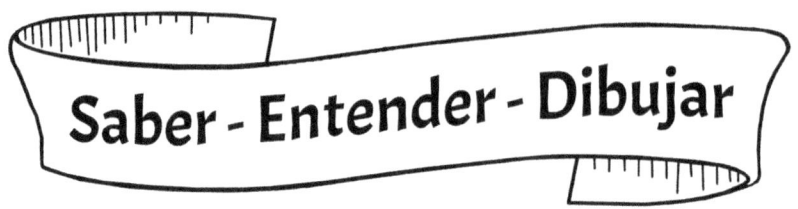

FLOR DE CEREZO

SABER:
Equilibrio, forma orgánica, patrón, perspectiva, repetición, simetría/asimetría.

ENTENDER:
• La superposición de formas simples puede ser el primer paso para crear formas complejas.
• Simplificar una ilustración consiste en dividir las partes principales de un objeto en formas simples. Una vez que se descubren las formas simples, se pueden añadir más detalles.

DIBUJAR:
• Sigue los pasos proporcionados para crear un dibujo original de flores de cerezo.
• Comienza con líneas de contorno y formas geométricas simples y superpón según sea necesario para crear realismo.
• Sombrea con lápiz (o lápices de acuarela y úsalos según las instrucciones).

VOCABULARIO:

Orgánico - Una forma irregular que podría encontrarse en la naturaleza, en lugar de una forma regular, mecánica.

Perspectiva - La técnica utilizada para crear la ilusión de 3D en una superficie 2D. La perspectiva ayuda a crear una sensación de profundidad o espacio de retroceso.

Naturaleza muerta - Un dibujo, pintura o foto de objetos inanimados colocados en una mesa (tradicionalmente recipientes, frutas, verduras, etc.)

Simetría - Un objeto que es igual a ambos lados.

Flores de cerezo

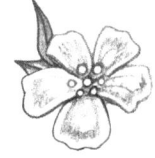

1. Comienza con una gran "Z" al revés.
2. Agrega círculos en cada esquina.
3. "Engrosa" la rama agregando líneas a cada lado.
4. Borra el centro punteado (guías originales).

dibuja suavemente, esta es una guía que tendrás que borrar

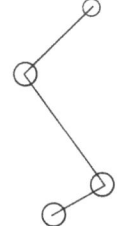

deja un borde abierto

óvalo

5. Agrega un círculo de guía en la primera flor.
6. Agrega los pétalos.

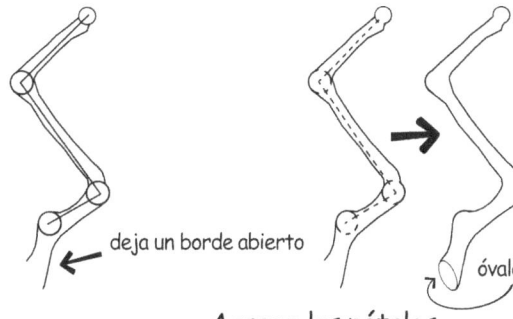

círculo — dibuja suavemente 5 triángulos dentro del círculo — borra el borde externo de cada triángulo — curva los bordes y agrega puntos centrales — borra las líneas de guía — conecta con un tallo — agrega más guías para más flores

7. Convierte los círculos en flores.
8. Agrega brotes de flores en los extremos.
9. Sombrea.

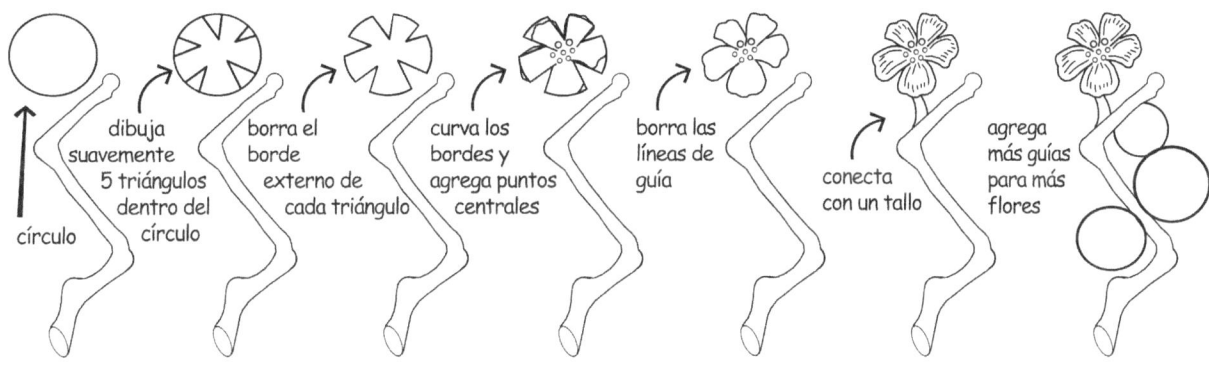

dibuja otro círculo

dibuja otra rama

dibuja otra rama

agrega hojas donde las ramas doblan

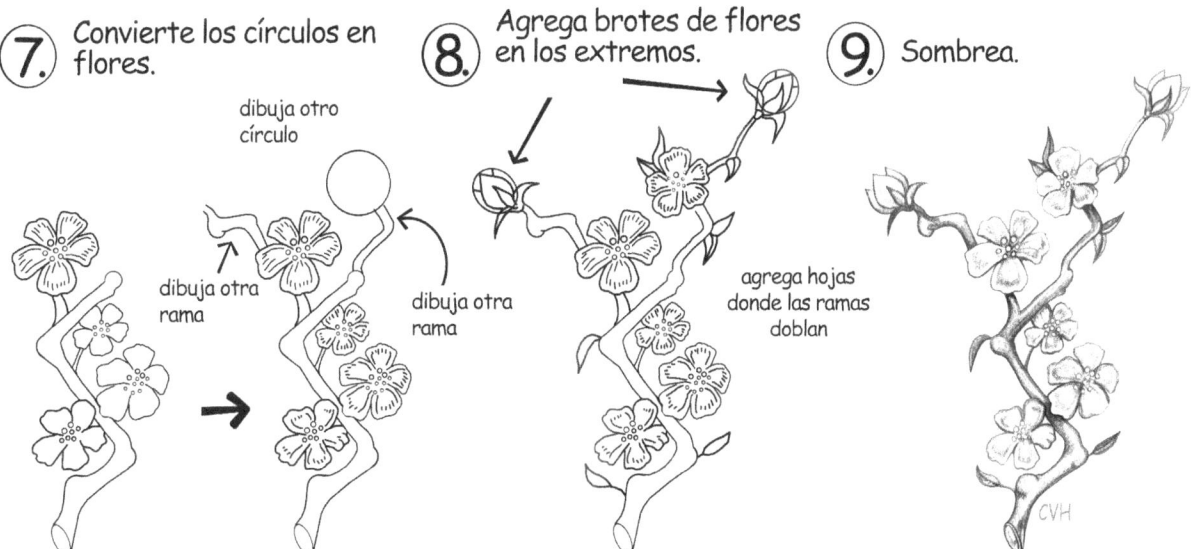

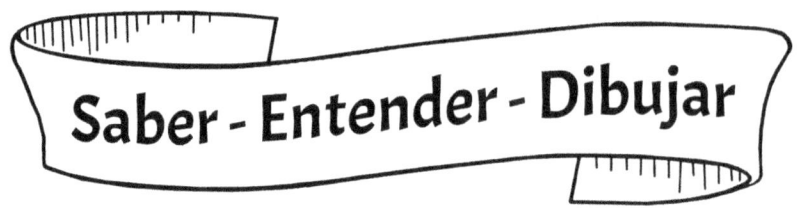

CRIATURAS DE HALLOWEEN

SABER:
Puedes crear criaturas simples y originales al estilo caricatura usando formas simples y geométricas.

ENTENDER:
• Para que una obra sea original, esa obra debe tener elementos que no sean copiado ni calcados.
• Las cualidades expresivas en tu dibujo añaden un sentimiento, estado de ánimo o idea a tu personaje.

DIBUJAR:
Practica la creación de un personaje original al estilo caricatura con temática de Halloween usando las pautas geométricas proporcionadas. Dibuja suavemente para que las guías se puedan borrar si es necesario. Agrega o cambia ciertos elementos según sea necesario para que sean únicos. Trata de crear un personaje QUE NO aparezca en la ficha. Usa tu imaginación y añade un montón de "extras".

VOCABULARIO:
Caricatura - Un dibujo generalmente simple creado para hacer que la gente piense, se enoje, se ría o se divierta de otra manera. Una caricatura generalmente tiene líneas simples, utiliza colores básicos y cuenta una historia en una o una serie de imágenes llamadas cuadros o viñetas.

Cualidades expresivas - Los sentimientos, estados de ánimo e ideas comunicados al espectador a través de una obra de arte.

Original - Cualquier obra considerada como un auténtico ejemplo de las obras de un artista, en lugar de una reproducción, imitación o una copia.

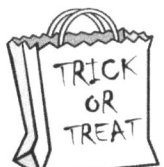 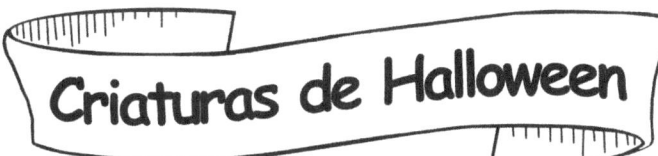 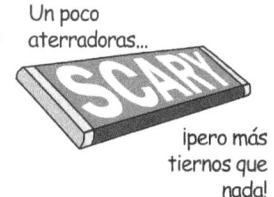

1. Comienza con un cuerpo hecho de figuras simples...

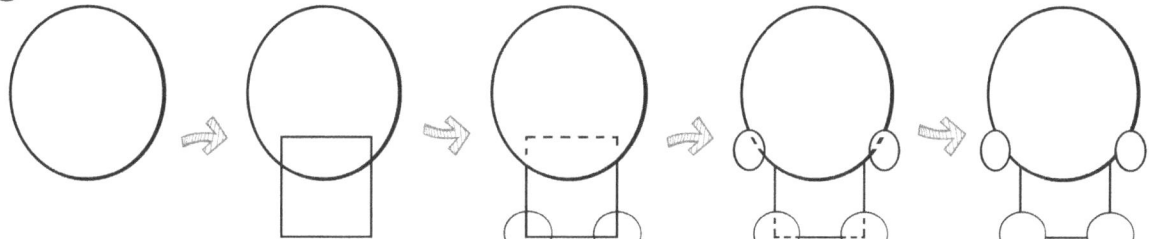

2. A continuación, elige un conjunto expresivo de ojos...

 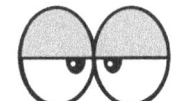  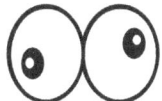 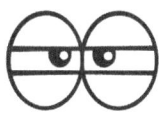 

3. Por último, agrega tantos detalles como necesites para construir un personaje único e interesante.

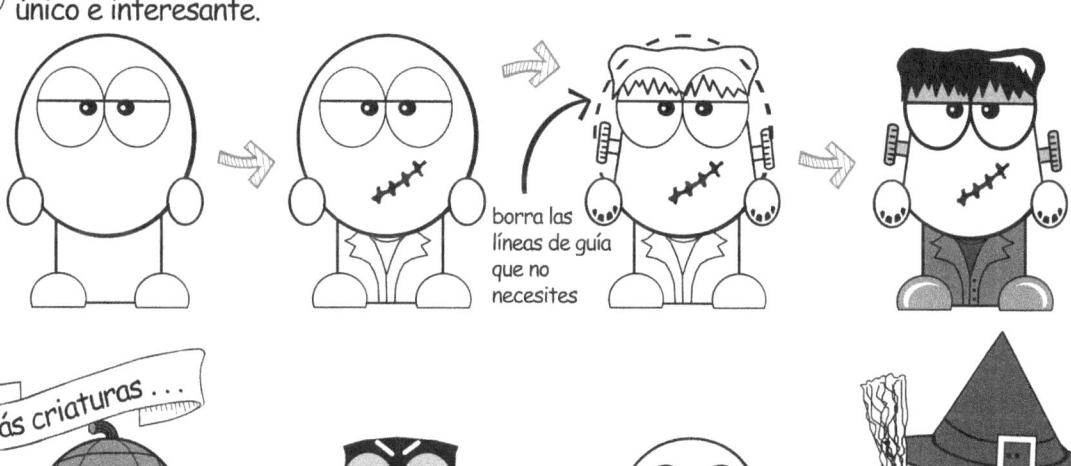

borra las líneas de guía que no necesites

Más criaturas...

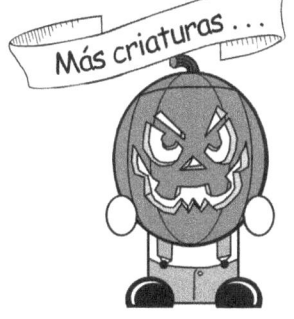 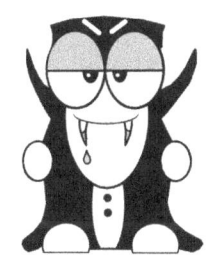 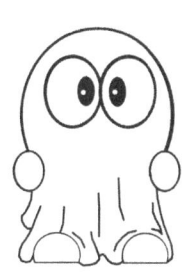 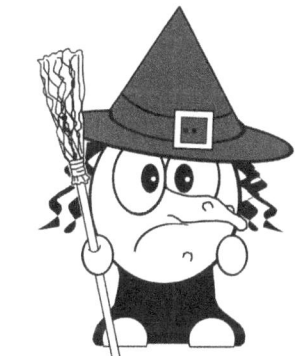

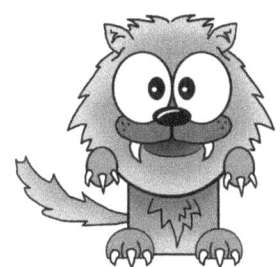 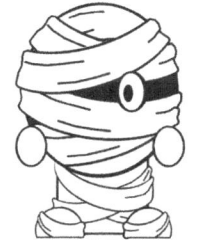 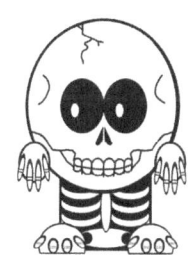 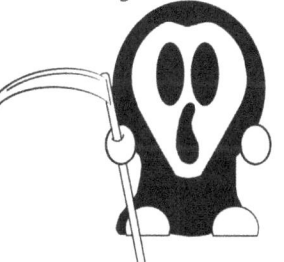

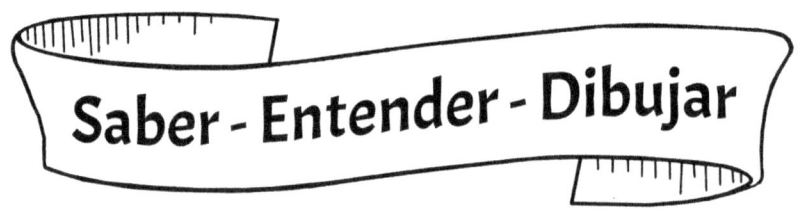

HOJA DE OTOÑO

SABER:
Forma orgánica, simetría, asimetría

ENTENDER:
La superposición de formas simples puede ser el primer paso para crear formas complejas.

DIBUJAR:
• Sigue los pasos indicados (o coloca una selección de hojas reales) para crear un dibujo de naturaleza muerta original.
• Comienza con líneas de contorno y formas geométricas simples y superpone según sea necesario para crear guías.
• Sombrea con lápiz (o lápices de acuarela y úsalos según las instrucciones).

VOCABULARIO:
Orgánico - Una forma irregular que podría encontrarse en la naturaleza, en lugar de una forma regular, mecánica.

Naturaleza muerta - Un dibujo, pintura o foto de objetos inanimados colocados en una mesa (tradicionalmente recipientes, frutas, verduras, etc.)

Simetría - (o equilibrio simétrico): las partes de una imagen u objeto organizados de modo que un lado duplique o se la imagen especular del otro. También conocido como equilibrio formal, su opuesto es la asimetría o el equilibrio asimétrico.

La simetría es una de las diez clases de patrones.

¿Tienes una hoja real? Calca el contorno y salta al **paso 6**.

Hoja otoñal

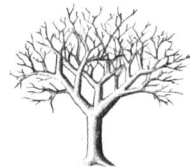

1. Comienza con una figura de lágrima.

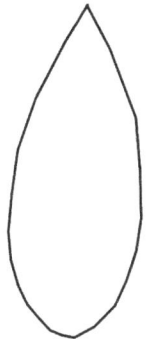

2. Agrega 2 "lágrimas" más abiertas a cada lado.

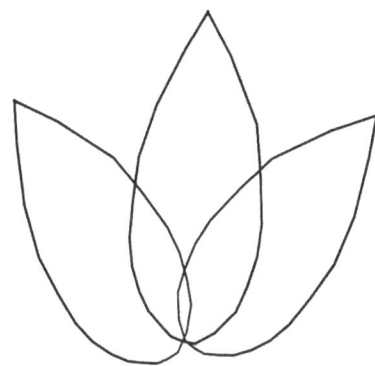

3. Dibuja puntas alrededor de las "lágrimas" como se ve abajo.

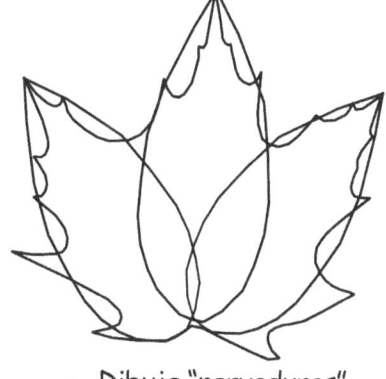

4. Borra la figura de lágrima original que aparece punteada.

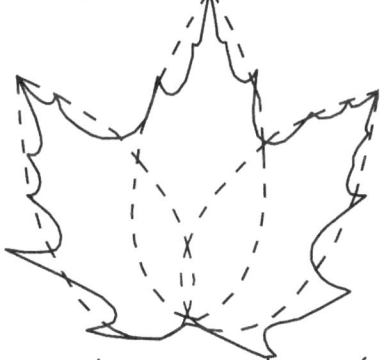

5. Debería verse similar a la figura orgánica que aparece abajo.

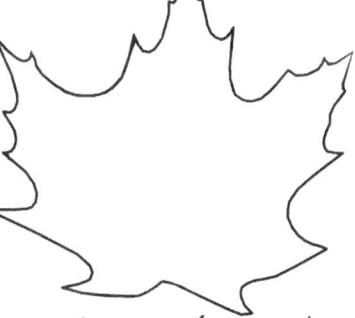

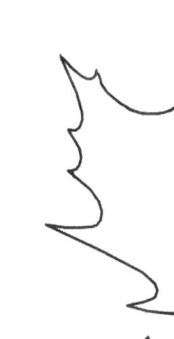

6. Dibuja "nervaduras" desde las puntas grandes hacia el centro de la base.

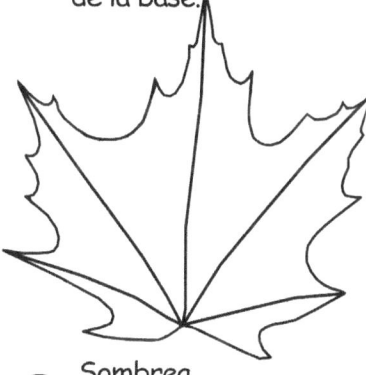

7. Agrega nervaduras más pequeñas.

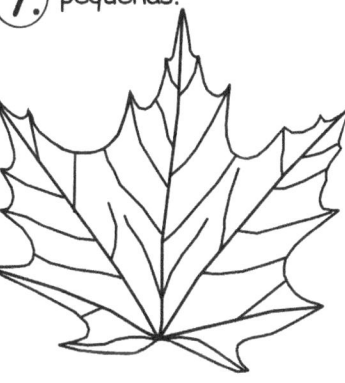

8. Agrega más nervaduras y un tallo.

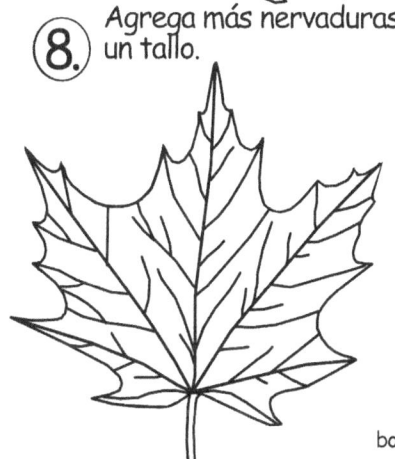

9. Sombrea.

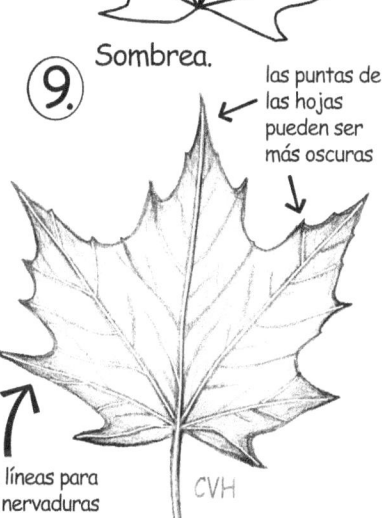

las puntas de las hojas pueden ser más oscuras

borra líneas para crear nervaduras

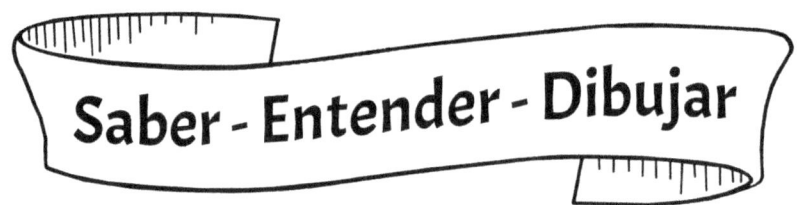

NATURALEZA MUERTA DE ACCIÓN DE GRACIAS

SABER:
Línea de contorno, superposición, perspectiva, "naturaleza muerta"

ENTENDER:
• Superponer formas simples es el primer paso para crear formas complejas.
• Los objetos grandes deben dibujarse más abajo en la página para que aparezcan cerca. Los objetos pequeños deben dibujarse más arriba en la página para que parezcan más lejos (frutas en el tazón).

DIBUJAR:
• Observa y analiza ejemplos de superposiciones e imágenes que tienen elementos cercanos y lejanos, centrándote en cómo la superposición y la diferencia de tamaño ayudan a lograr una ilusión de profundidad.
• Sigue los pasos indicados (o coloca una selección de frutas y verduras reales) para crear un dibujo original de naturaleza muerta con un tema "Día de Acción de Gracias".
• Comienza con líneas de contorno y formas geométricas simples y superpone según sea necesario para crear guías.
• Sombrea con lápiz o lápices de acuarela (utilízalos según se indica).

VOCABULARIO:
Línea de contorno - Líneas que rodean y definen los bordes de un sujeto.
Superponer - Cuando una cosa se encuentra sobre otra o cubriendo en parte otra cosa para transmitir la ilusión de profundidad.
Sombreado - Mostrar el cambio de claro a oscuro u oscuro a claro en una imagen
Forma - Un espacio cerrado.
Naturaleza muerta - Un dibujo, pintura o foto de objetos inanimados colocados en una mesa (tradicionalmente recipientes, frutas, verduras, etc.).

La naturaleza muerta es un dibujo o pintura de objetos inanimados.

Acción de Gracias

Naturaleza muerta
CONSEJOS:
- Dibuja suavemente
- Dibuja grande
- Comienza con el paso 1 a la derecha de tu hoja

1. Comienza con una figura de círculo a la DERECHA de la hoja.

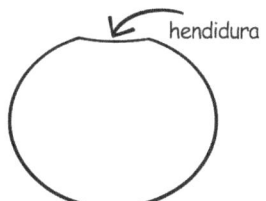
hendidura

2. Añade un círculo con un óvalo inclinado.

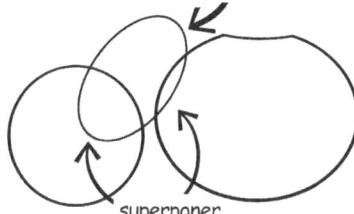
superponer

3. Añade otra figura circular.

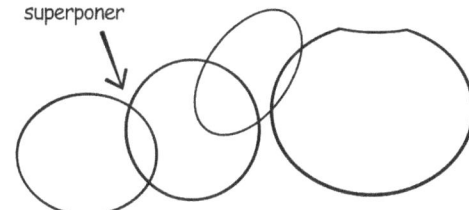
superponer

4. Borra las áreas punteadas indicadas.

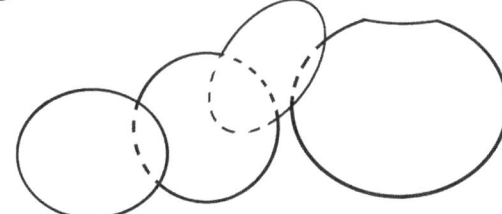

5. Añade tallos.

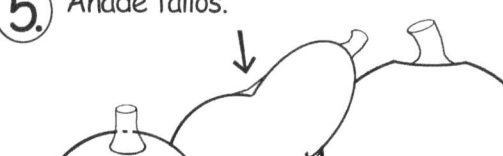
conecta los lados

6. Agrega un óvalo.

borra las líneas interiores de la calabaza

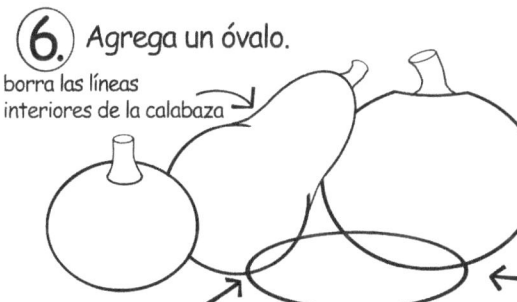
superponer

7. Borra las áreas.

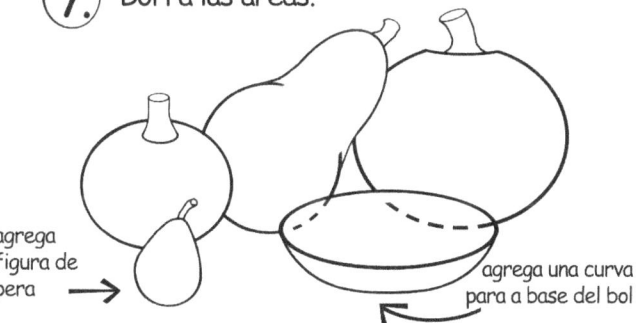
agrega figura de pera
agrega una curva para a base del bol

8. Llena el óvalo con óvalos/círculos.

9. Sombrea con lápices de color.

dibuja líneas para los segmentos de las calabazas

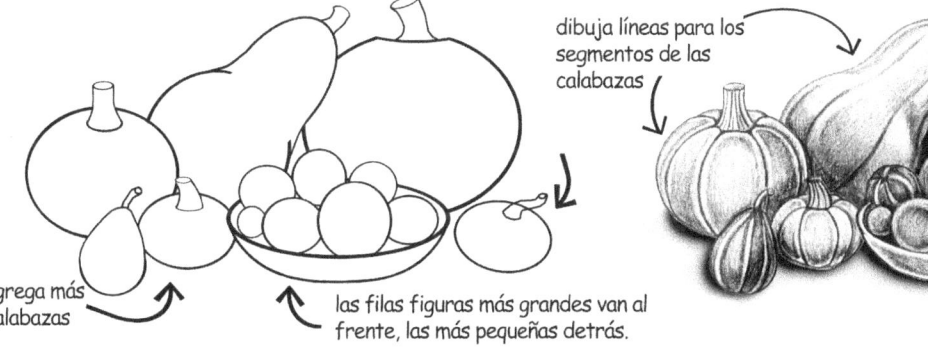

agrega más calabazas

las filas figuras más grandes van al frente, las más pequeñas detrás.

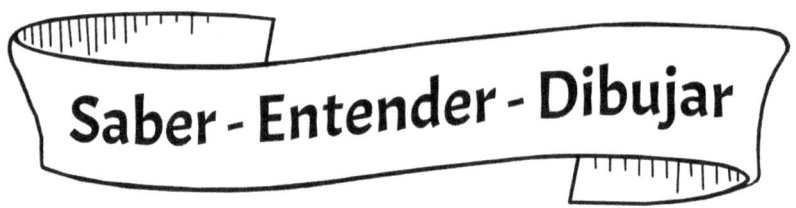

LATA DE ARÁNDANOS

SABER:
Cilindros, Arte Pop

ENTENDER:
• Los cilindros en el arte dan la apariencia de un tubo circular 3D
• Warhol hizo de la pintura "Sopa de tomate Campbell" un icono del arte Pop en 1962

DIBUJAR:
Crea una lata cilíndrica usando el estilo "Pop Art" de Warhol. "Envuelve" una etiqueta y un texto alrededor de la lata para denotar 3D. Sombrea.

VOCABULARIO:
Andy Warhol (6 de agosto de 1928 - 22 de febrero de 1987) fue un artista estadounidense que fue una figura destacada en el movimiento de arte visual conocido como arte pop. Sus obras exploran la relación entre la expresión artística, la cultura de las celebridades y la publicidad que floreció en la década de 1960.

Cilindro - Un tubo que parece tridimensional.

Óvalo - Una forma bidimensional que parece un círculo que se ha estirado para que sea más largo.

Arte Pop - Un movimiento artístico que centra la atención en imágenes familiares de la cultura popular como vallas publicitarias, tiras cómicas, anuncios de revistas y productos de supermercado.

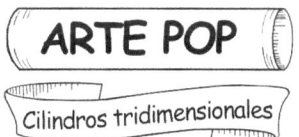 **ARTE POP** — Cilindros tridimensionales

Lata de arándanos

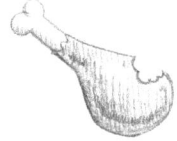

1. Comienza con un óvalo.
2. Agrega otro óvalo.
3. Conéctalos con 2 líneas verticales.

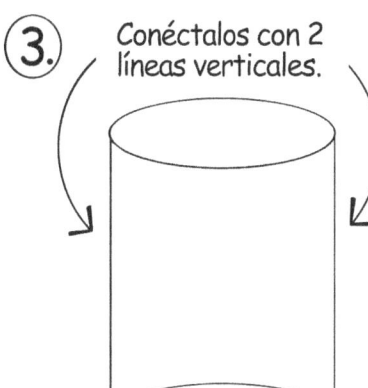

4. Dibuja un fino óvalo dentro de la tapa superior para denotar grosor.

   sigue el contorno del borde inferior

5. Llena la tapa con una serie de finos óvalos.
6. Dibuja una línea curva para indicar la etiqueta.

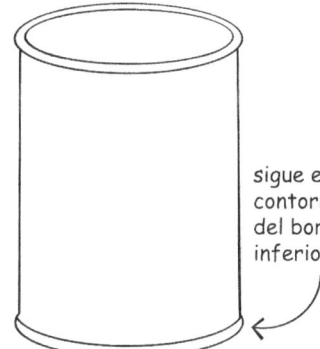
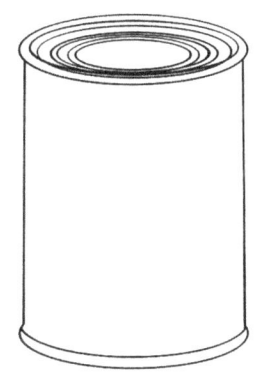
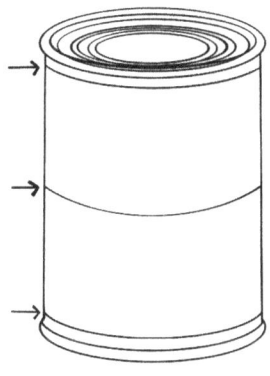

7. Dibuja finas líneas curvas para marcar donde irán las palabras.
8. Esboza el texto.
9. Sombrea.

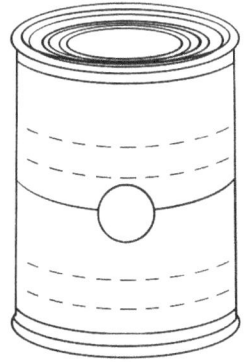
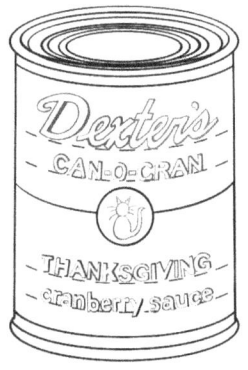
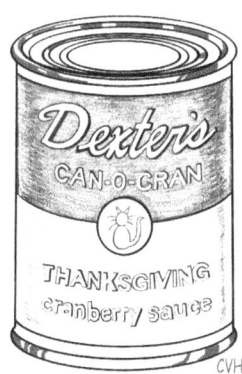

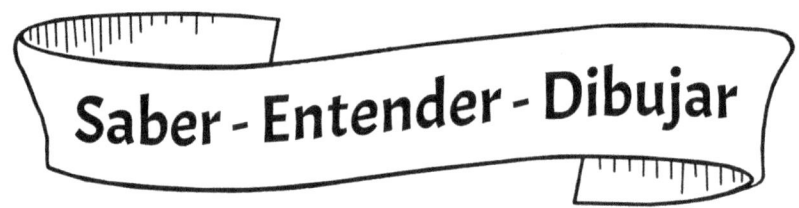

CALABAZA

SABER:
Sombreado, capas, escorzo, superposición

ENTENDER:
• Añadir valor a una forma (2D) al dibujar crea figura (3D).
• La claridad u oscuridad de un valor indica una fuente de luz en un objeto.

DIBUJAR:
Dibuja tu versión de una calabaza usando los consejos y trucos proporcionados. El centro de la calabaza debe ser más bajo en la página y los lados deben aparecer retrocediendo para mostrar el escorzo. No lo calques. Sombrea.

VOCABULARIO:

Mezcla – Fusión de los tonos aplicados a una superficie de modo que no haya una línea nítida que indique el principio o el final de un tono.

Escorzo - Una forma de representar un objeto para que transmita la ilusión de profundidad, que parece acercarse o alejarse en el espacio. El éxito del escorzo a menudo depende de un punto de vista o perspectiva en el que los tamaños de las partes cercanas y lejanas de un sujeto contrastan en gran medida.

Superposición - Cuando una cosa se encuentra sobre otra, cubriéndola parcialmente.

Sombreado - Mostrar el cambio de la luz a la oscuridad u oscura a la luz en una imagen.

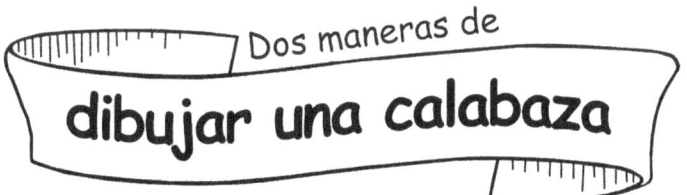
Dos maneras de dibujar una calabaza

1. Comienza con un óvalo largo.

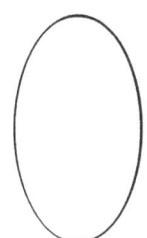

2. Agrega 2 óvalos más a los lados y atrás.

borra el área punteada   superposición

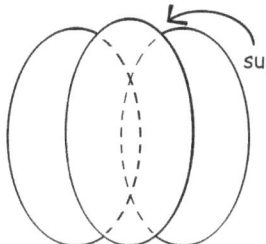

3. Agrega 2 óvalos más a los lados y atrás de esos.

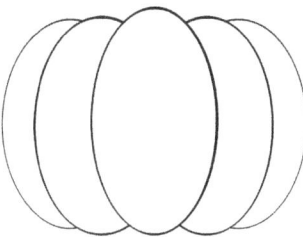

4. Agrega un tallo.

elipse

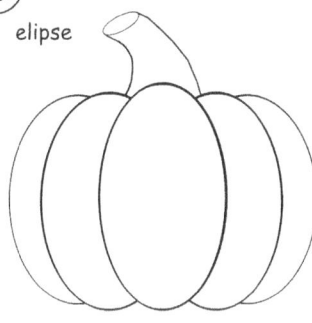

5. Agrega detalles.

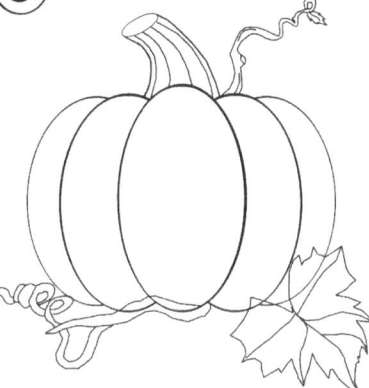

6. Sombrea.

más oscuro en los pliegues

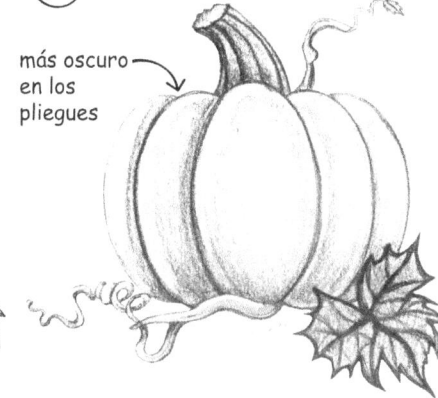

o prueba esta...

1. Comienza con un óvalo más circular.

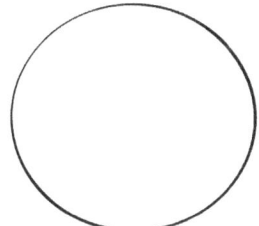

2. Añade un óvalo arriba en el centro.

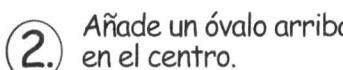

3. Dibuja líneas curvas "( )" saliendo del óvalo.

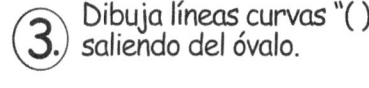

4. Agrega 2 curvas más.

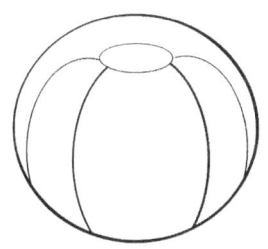

5. Continúa haciendo curvas alrededor.

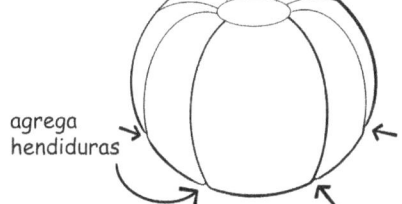

agrega hendiduras

6. Agrega un tallo en el ovalo y sombrea.

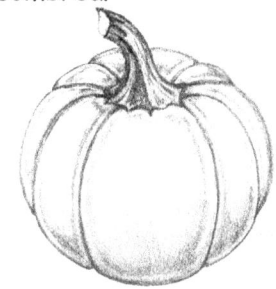

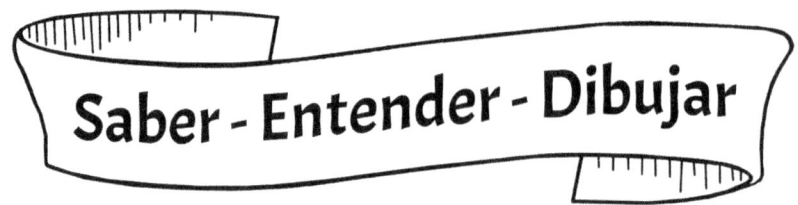

JACK O'LANTERN

SABER:
Equilibrio, figura, 3D

ENTENDER:
• Agregar patrón y sombreado a un objeto le da forma y dimensión.
• El uso de líneas de retroceso para mostrar perspectiva.

DIBUJAR:
Comienza con una calabaza básica y luego "talla" un diseño en ella utilizando los consejos y trucos indicados. Añade un montón de "extras" y asegúrate de que todas las partes "talladas" están conectadas, ¡sin partes flotantes! ¡Sé original! No lo calques. Sombrea.

VOCABULARIO:
Equilibrio - La forma en que los elementos del arte se organizan en una obra de arte para crear una sensación de estabilidad, una disposición agradable, o proporción de partes en una composición.
Figura - Una forma tridimensional (alto, ancho y profundidad) que encierra un volumen.
Tridimensional – Que tiene, o parece tener, alto, ancho y profundidad.

Jack O' Lantern

1. Comienza con un diseño básico de calabaza.

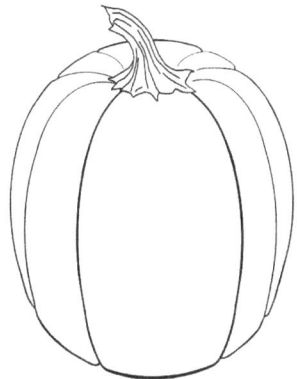

2. Dibuja el contorno de los ojos, la nariz y la boca.

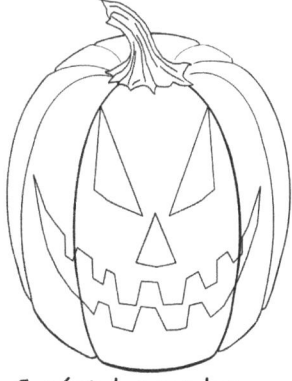

3. Borra cualquier línea dentro de los ojos, la nariz y la boca.

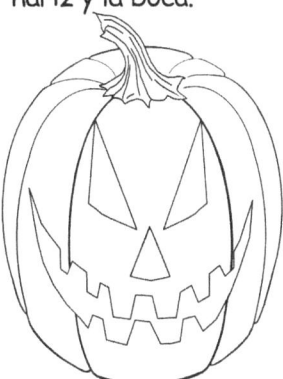

4. Dibuja líneas cortas inclinadas en las esquinas de los ojos, la nariz y la boca.

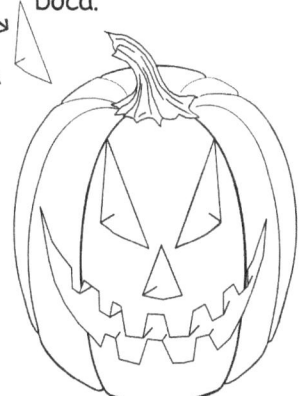

5. Conéctalas con los vértices para crear la ilusión de grosor.

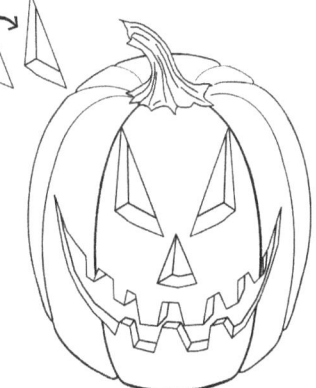

6. Sombrea. ¡Los valores más claros deben estar en las partes "talladas" para denotar que la calabaza tiene una vela dentro!

Ponte creativo

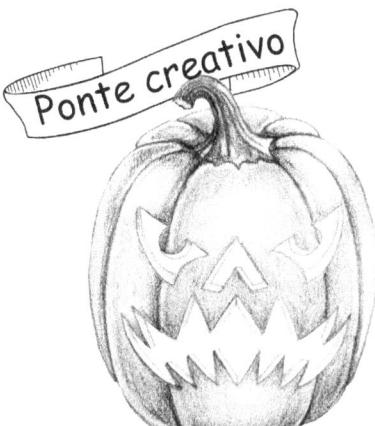

todas las partes "talladas" deben estar conectadas, ¡sin partes flotantes!

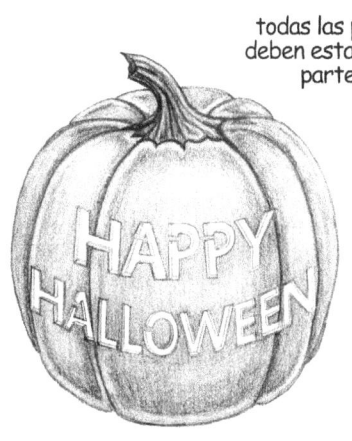

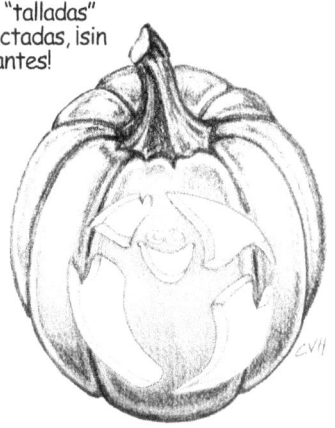

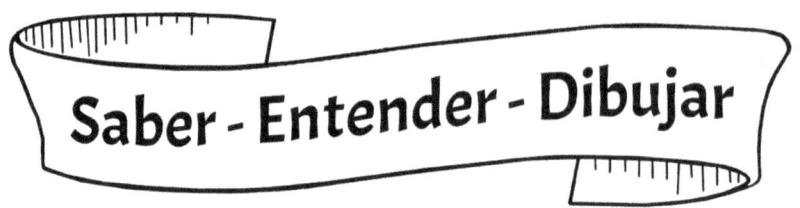

GRANERO DE NAVIDAD

SABER:
Pasos sencillos para crear una vista 3/4 de una casa

ENTENDER:
Una forma de crear la apariencia de una casa 3D que muestra la perspectiva en una vista 3/4

DIBUJAR:
Crea un granero de navidad original en una escena de paisaje que muestre la perspectiva. Añade árboles y sombrea.

VOCABULARIO:
Paisaje - Una obra de arte que representa el paisaje. Por lo general hay algo de cielo en la escena.
Perspectiva - La ilusión de 3D en una superficie 2D, creando una sensación de profundidad y espacio de retroceso.
Vista de tres cuartos (3/4) - Una vista de una cara o cualquier otra cosa que esté a medio camino entre una vista completa y una vista lateral.

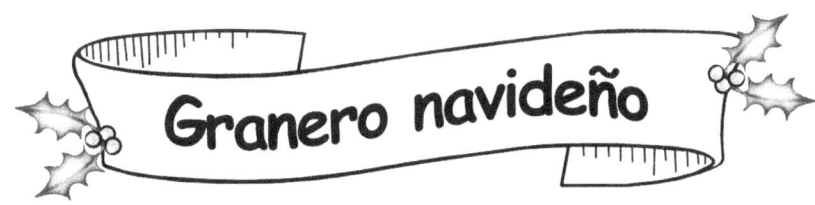
Granero navideño

1. Dibuja un rectángulo (con formas dentro, como se ve aquí).
- ángulo hacia arriba →
- más angosto aquí
- más ancho aquí

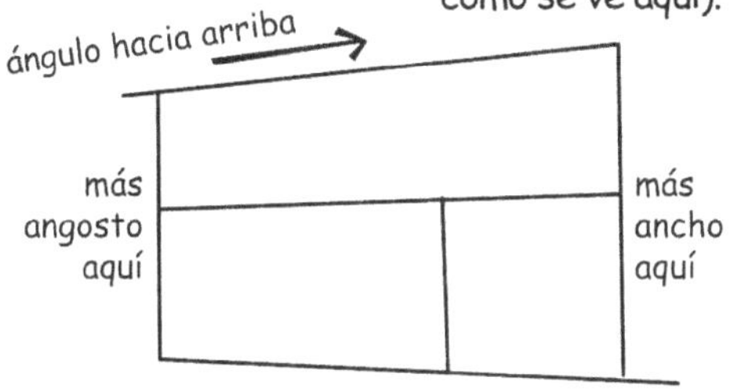

2.
- agrega 3 líneas de techo inclinadas 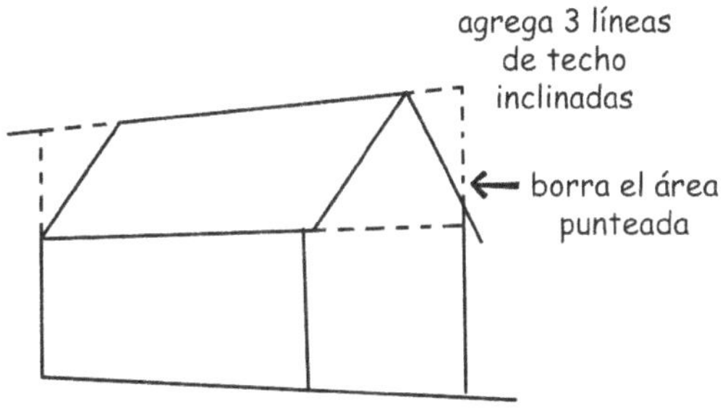
- borra el área punteada

3.
- agrega "grosor"
- inclinada hacia arriba
- borra lo punteado
- ventana
- puerta

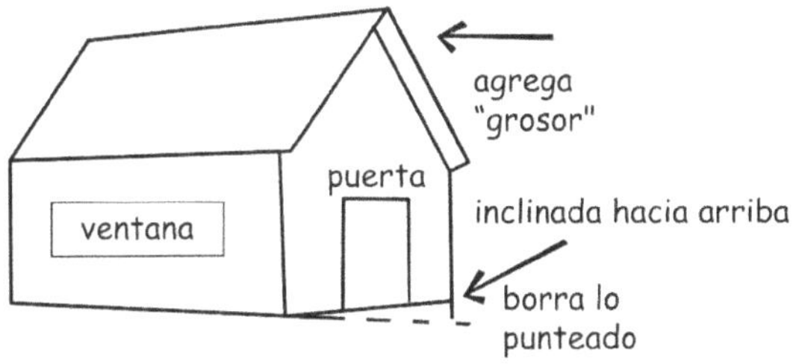

4.
- 3 líneas para la chimenea
- agrega líneas para puertas y ventanas

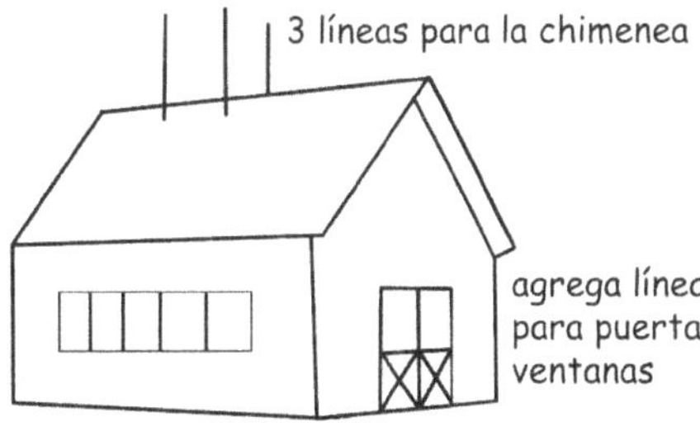

5.
- parte superior de la chimenea
- círculo para la corona de flores
- termina las puertas y ventanas

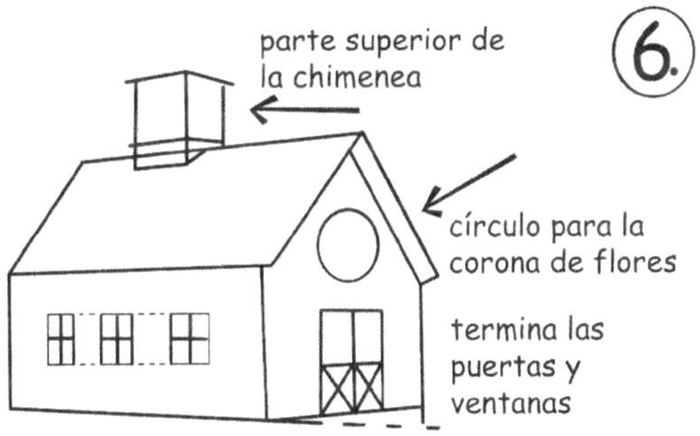

6.
- agrega ventanas y un pequeño techo

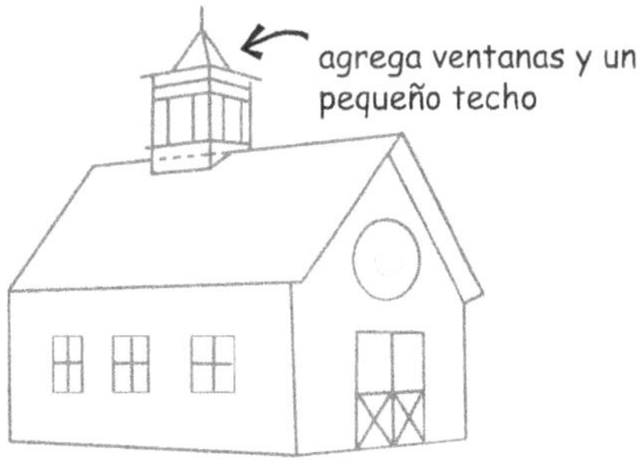

7. Agrega árboles.

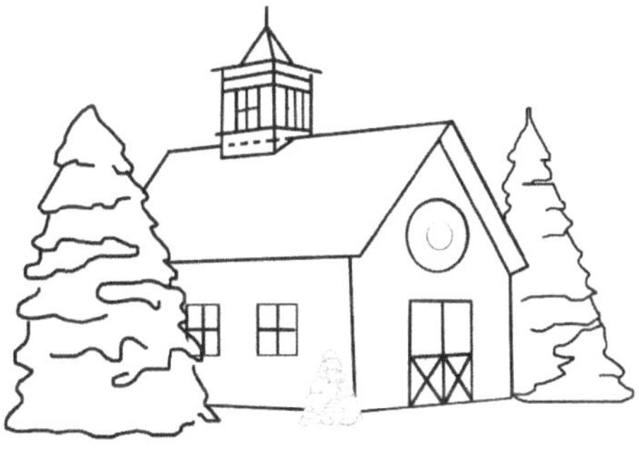

8. Sombrea.
- deja parches blancos al azar para denotar nieve

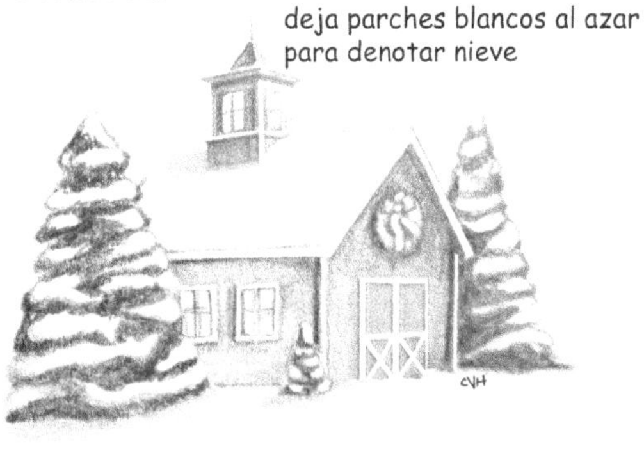

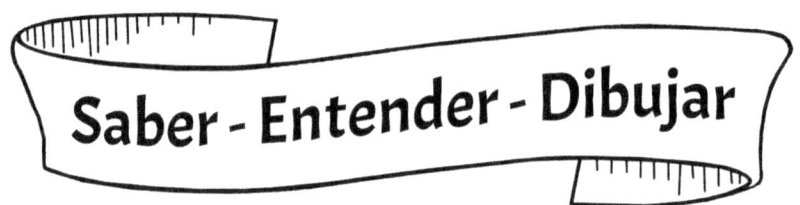

ADORNOS NAVIDEÑOS

SABER:
Formas geométricas, brillos, repetición, textura

ENTENDER:
• La diferencia entre forma y figura
• Cómo organizar los elementos de una ilustración para que parezcan simétricos o igualmente equilibrados
• Cómo crear un diseño eficaz utilizando formas simples
• Cómo crear la apariencia de la textura

DIBUJAR:
• Sigue los pasos indicados para crear un adorno de bola original que comience con un círculo simple conectado para crear una forma compleja.
• Utiliza técnicas 3D aprendidas que se enfoquen en la superposición y el sombreado para transmitir la ilusión de profundidad.

VOCABULARIO:

Equilibrio - Un principio de diseño, el equilibrio se refiere a la forma en que los elementos del arte están dispuestos para crear una sensación de estabilidad en una obra; una disposición agradable o armoniosa o una proporción de piezas o áreas en un diseño o composición.

Repetición - Continuar un patrón una y otra vez.

Textura - La técnica que un artista utiliza para hacer que un objeto parezca que se siente de cierta manera.

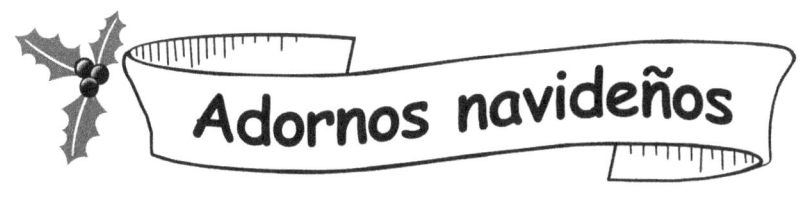 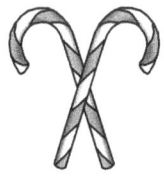

Adornos navideños

1. Comienza con un círculo.

2. Agrega un pequeño óvalo sobre él.

3. Agrega líneas verticales descendiendo desde los bordes del óvalo.

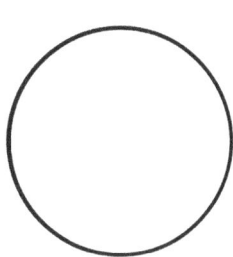 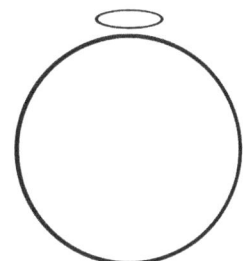 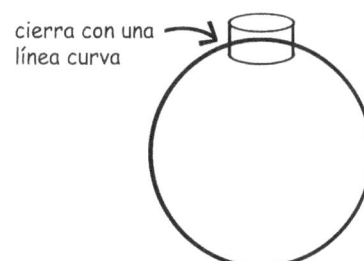

cierra con una línea curva

4. Agrega un lazo en el centro del óvalo

5. Agrega líneas verticales en la tapa para textura

6. Agrega un gancho y un "reflejo" de brillo.

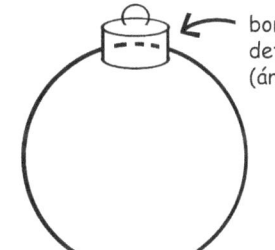 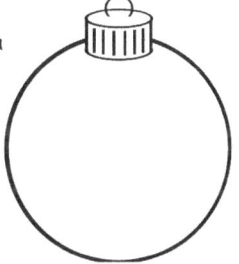 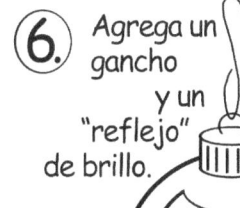

borra el área detrás de la tapa (área punteada)

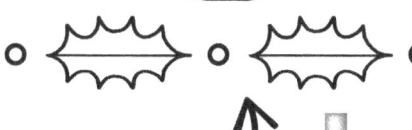 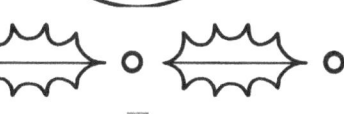 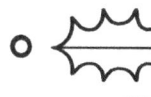 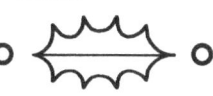

ribete de muérdago de navidad

CONSEJO: Las hojas de muérdago son verdes y las bayas rojas.

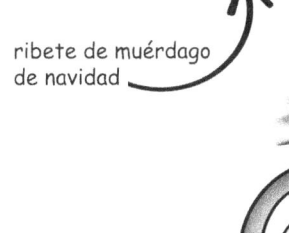 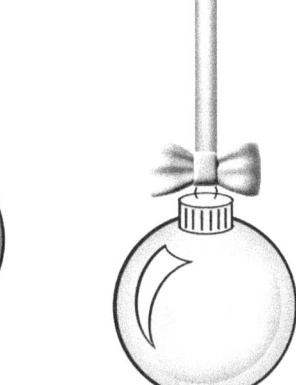 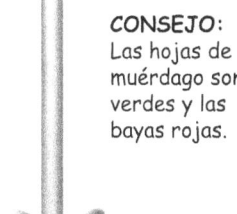

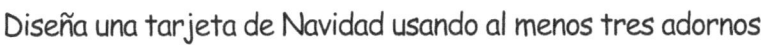

Diseña una tarjeta de Navidad usando al menos tres adornos.

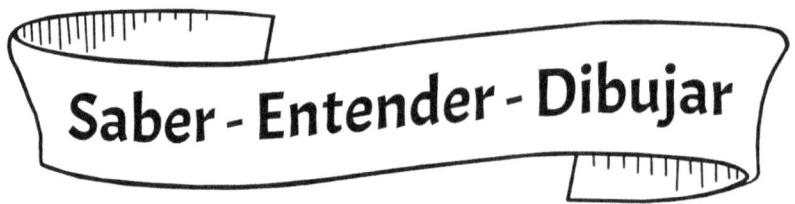

COPO DE NIEVE SIMPLE

SABER:
Ángulos de 45 y 90 grados, repetición, simetría rotacional

ENTENDER:
• No hay dos copos de nieve iguales.
• La variación en el tamaño de los objetos al dibujarlos crea interés y profundidad.

Opcional: En bellas artes, un punto focal resalta una parte específica de interés en una obra de arte.

DIBUJAR:
• Sigue los pasos indicados para crear un diseño original de copo de nieve centrado en la simetría rotacional.
• El estudiante combinará una variedad de estilos y tamaños de copos de nieve para crear una escena de invierno.

Opcional: Agrega un punto focal utilizando un color mínimo (lápiz de color) en una o dos zonas de la escena para crear interés.

VOCABULARIO:

Punto focal - La parte de la composición de una obra de arte en la que se centra el interés o la atención. El punto focal puede ser más interesante por cualquiera de varias razones: se le puede dar énfasis formal; su significado puede ser controvertido, incongruente o convincente.

Simetría rotacional - Un objeto que se ve igual después de cierto movimiento circular alrededor de su centro.

Simetría - Un objeto que es igual a ambos lados.

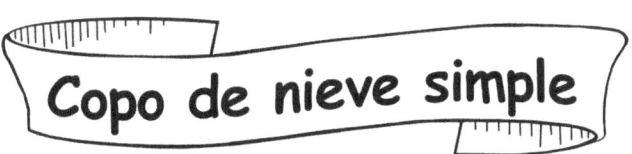

Copo de nieve simple

1. Usa una regla para crear una cruz.

2. Dibuja una "X" más pequeña en el centro.

3. Dibuja una línea sobre cada extremo de la "X" y la cruz.

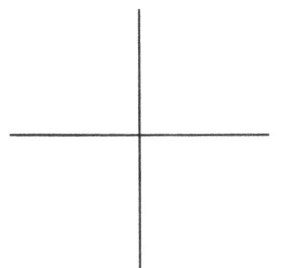

esto creará 8 ángulos iguales de 45°

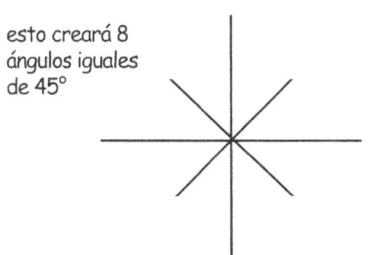

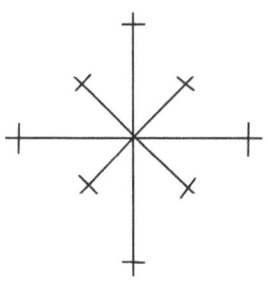

4. Dibuja un pequeño círculo en los extremos.

5. Agrega una 2da línea más larga en los extremos de la "X" y la cruz.

6. Agrega un círculo pequeño en el centro.

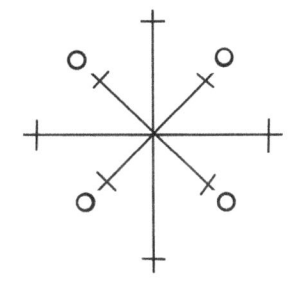

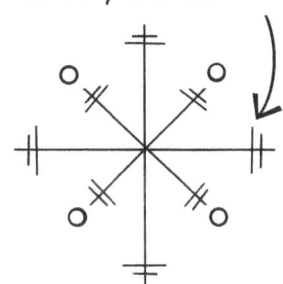

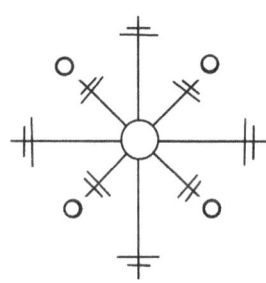

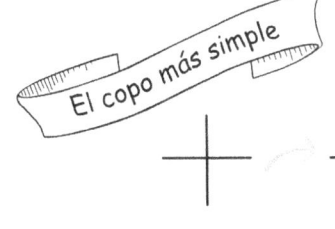

El copo más simple

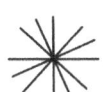

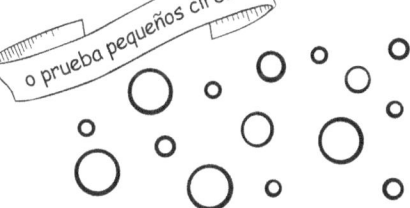

o prueba pequeños círculos

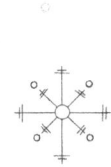
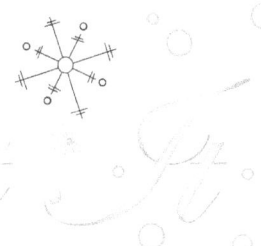
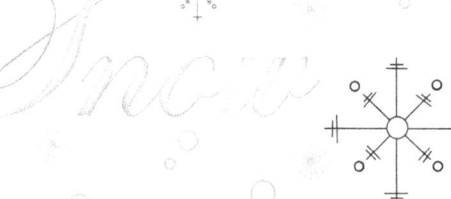

Capítulo 5

Animales

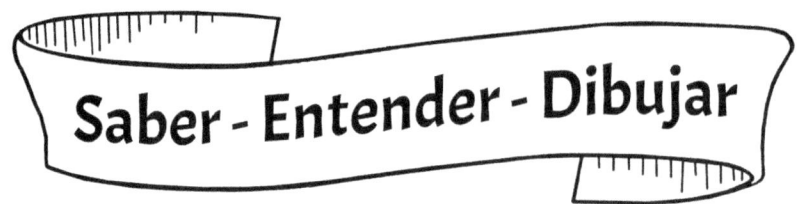

CARICATURAS DE ANIMALES

SABER:
Puedes crear casi CUALQUIER criatura original en caricatura siguiendo los pasos indicados.

ENTENDER:
Los pasos básicos y generales que se pueden cambiar o agregar para crear un personaje de caricatura ORIGINAL.

DIBUJAR:
Crea una vista frontal Y lateral de un personaje que NO esté en la ficha. Usa tu imaginación y añade un montón de "extras".

VOCABULARIO:

Caricatura - Un dibujo generalmente simple creado para hacer que la gente piense, se enoje, se ría o se divierta de otra manera. Una caricatura generalmente tiene líneas simples, utiliza colores básicos y cuenta una historia en una o una serie de imágenes llamadas cuadros o viñetas.

Original - Cualquier obra considerada como un auténtico ejemplo de las obras de un artista, en lugar de una reproducción o imitación.

Animales de caricatura

¡Sigue estos pasos para crear una vista frontal de CUALQUIER criatura en caricatura!

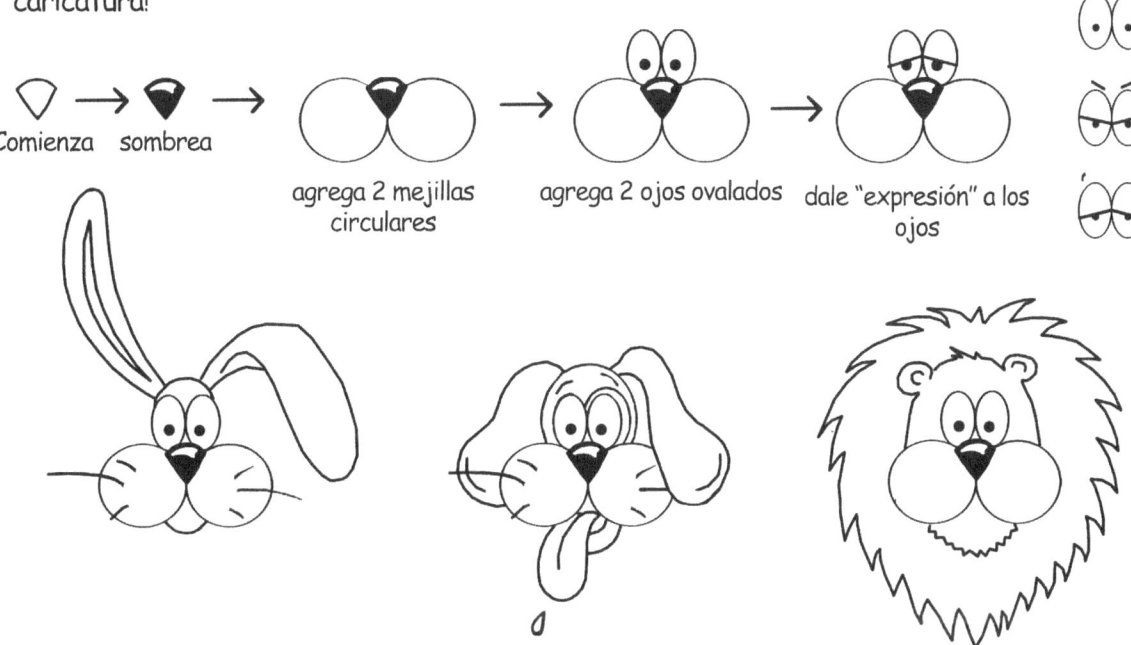

¡Sigue estos pasos para crear una vista lateral de CUALQUIER criatura en caricatura!

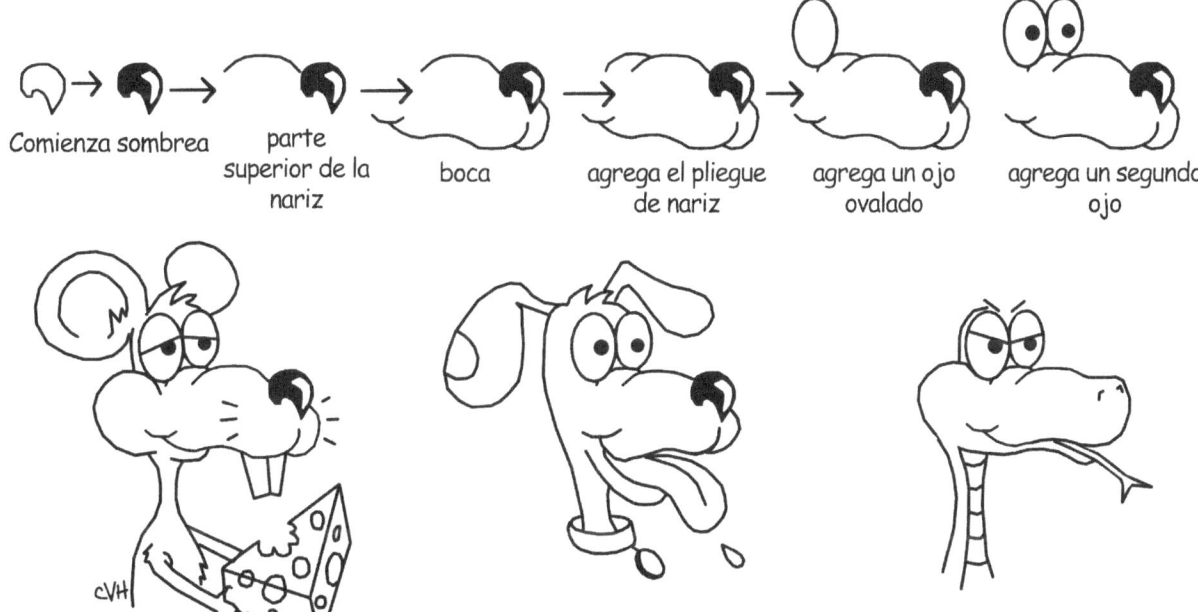

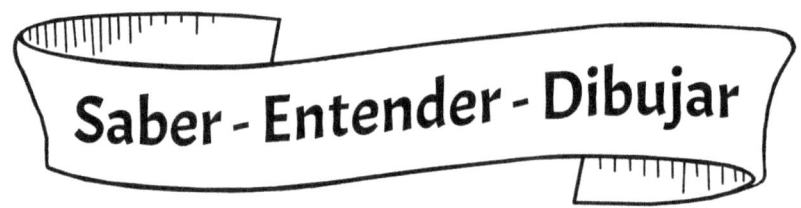

FAMILIA DE PATOS

SABER:
- Cómo crear una sensación de profundidad en una obra de arte
- Cómo tomar algunas formas simples y combinarlas para crear un pato reconocible

ENTENDER:
- La superposición y las diferencias en el tamaño y la colocación de los objetos en una escena pueden ayudar a lograr la ilusión de profundidad.
- Las líneas, formas, texturas y sombras se pueden dibujar para indicar una sensación de movimiento en una obra de arte.

DIBUJAR:
Crea una obra de arte original de una familia de patos que incluya al menos 1 pato grande, 4 pequeños patos y ondas de agua para mostrar movimiento en una escena paisajística.

VOCABULARIO:

Paisajismo - Una obra de arte que representa el paisaje. Por lo general, la escena incluye cielo.

Perspectiva - La técnica utilizada para crear la ilusión de 3D en una superficie 2D. La perspectiva ayuda a crear una sensación de profundidad o espacio de retroceso.

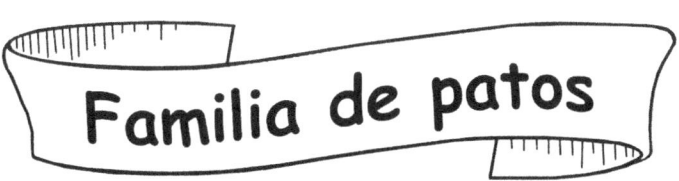

Familia de patos

1. Comienza con un círculo pequeño.

2. Agrega un pico redondeado.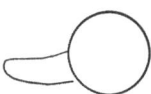

3. Un cuello levemente curvado.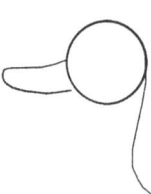

4. Agrega un cuerpo ovalado.

5. Cola con forma de triángulo.

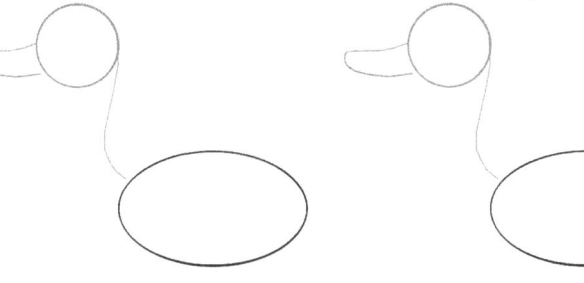

6. Detalles de la cola...

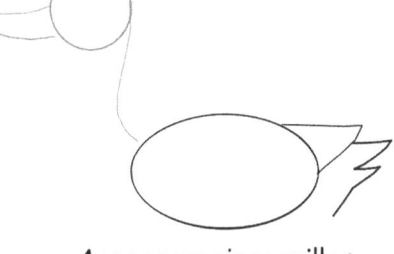

7. Agrega el frente del cuello y el pecho.

8. Borra las áreas punteadas

9. Agrega un ojo y anillos de agua para denotar movimiento.

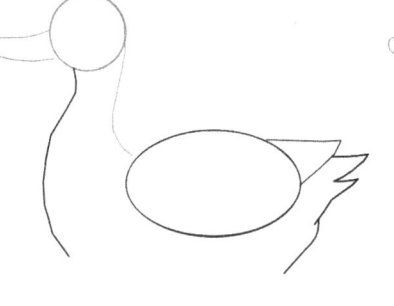
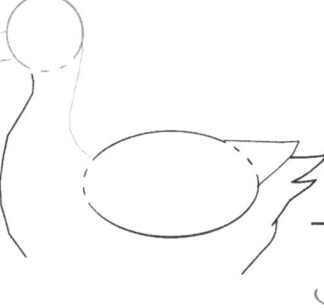
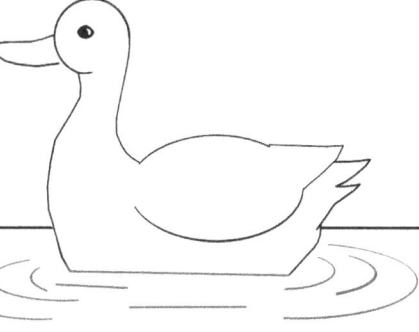

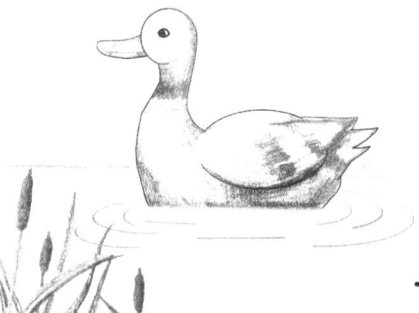
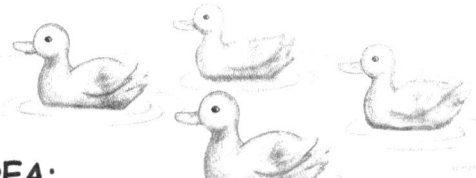

TAREA:
Dibuja un pato grande y cuatro patos pequeños en un charco.

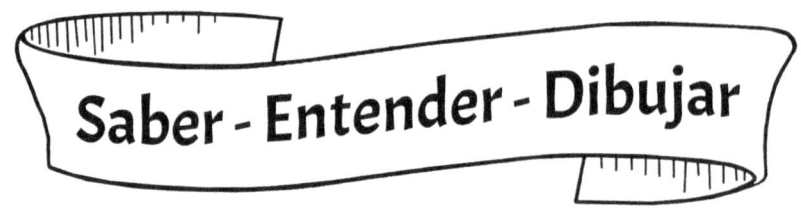

CONEJITO

SABER:
Textura

ENTENDER:
Las técnicas que un artista utiliza en una obra de arte para mostrar cómo se puede sentir o de qué está hecho algo

DIBUJAR:
Crea una obra de arte original de un conejo que denote una textura "peluda" con líneas rayadas cortas. Sombrea.

VOCABULARIO:

Rayado - Líneas paralelas estrechamente espaciadas.

Textura - La forma en que algo se ve como si se sintiera en una obra de arte. La representación de texturas es sugerida por un artista con diferentes pinceladas, líneas de lápiz, etc.

Algunas palabras que describen texturas son: plana, lisa, brillante, satinada, resplandeciente, aterciopelada, emplumada, suave, húmeda, pegajosa, peluda, arenosa, coriácea, crujiente, espinosa, áspera, irregular, corrugada, esponjosa, oxidada, viscosa, etc.

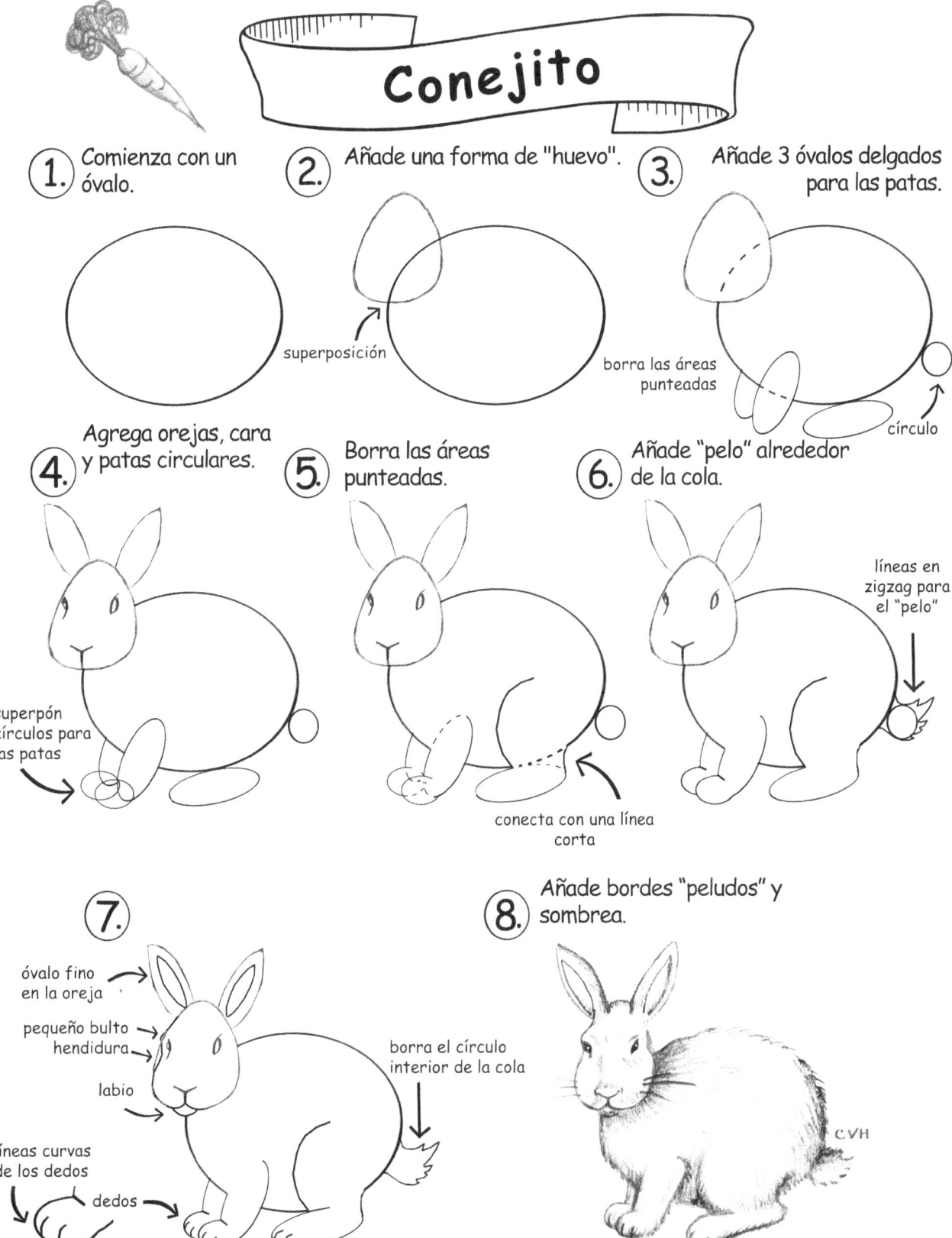

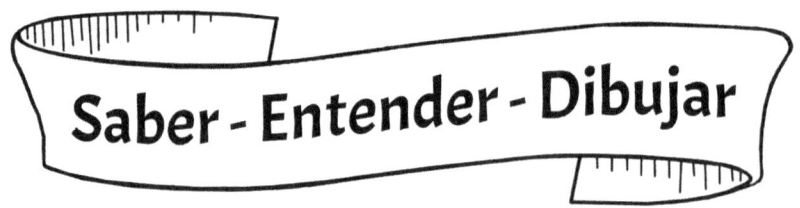

DIBUJA UN PINGÜINO

SABER:
• Las formas simples combinadas pueden crear objetos más complejos.
• Agregar otros elementos a un dibujo puede crear interés, contar una historia y detalles (consulta el capítulo de Perspectiva en las instrucciones para un témpano).

ENTENDER:
Los elementos superpuestos y estratificados ayudan a crear una sensación de profundidad y realismo.

DIBUJAR:
Crea una obra de arte original de un pingüino siguiendo los pasos indicados. Colócalo "encima" de un témpano y en una escena.

VOCABULARIO:
Detalle - Una parte de un todo. Una característica distintiva de un objeto o escena que se puede ver más claramente de cerca.
Capa - Algo colocado sobre otra superficie
Superposición - Cuando una cosa se encuentra cubriendo parcialmente a otra cosa.

Dibuja un pingüino

1. Comienza con un óvalo. 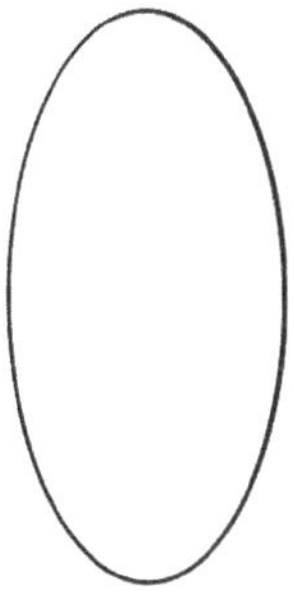
2. Agrega un pequeño círculo. 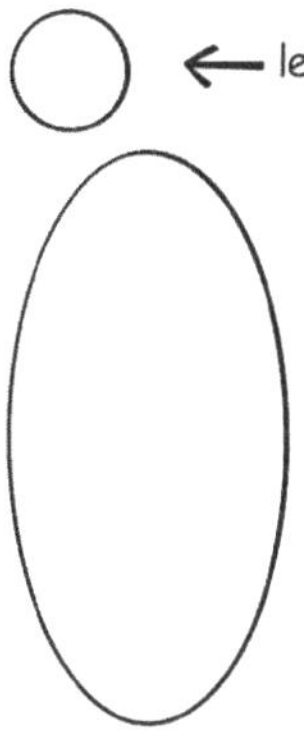 ← levemente descentrado
3. Conecta con líneas curvas para el cuello. 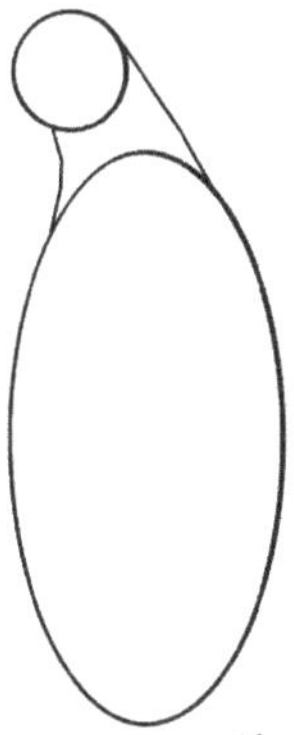
4. Agrega un óvalo delgado para las aletas. 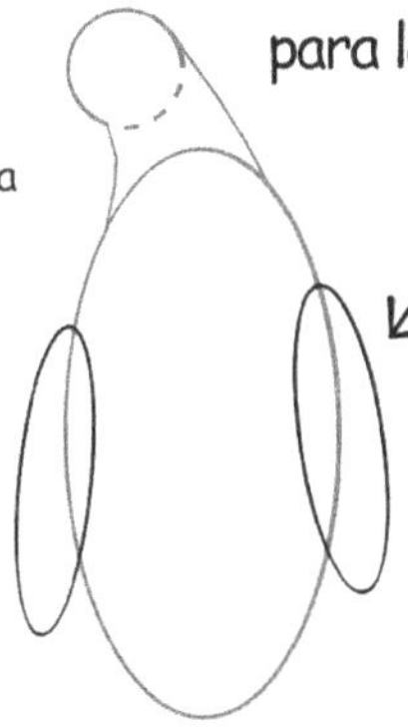 — borra el área punteada
5. borra el área punteada — "engrosa" la base — agrega una forma de aleta de tiburón
6. Conecta con líneas curvas para el cuello. — borra el área punteada — agrega patas triangulares
7. detalle del cuello — las curvas hacen patas palmeadas — agrega patas palmeadas
8. Sombrea.

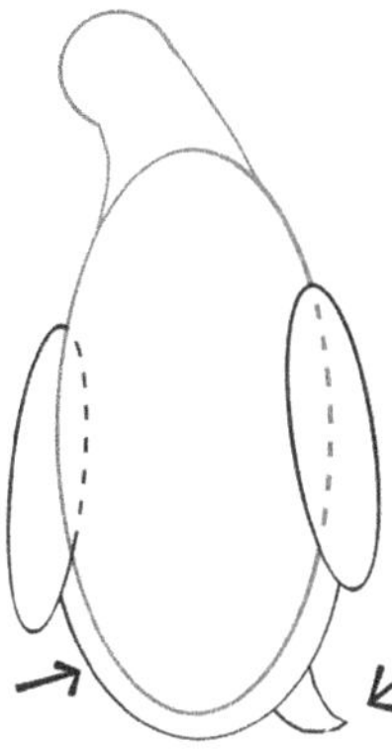

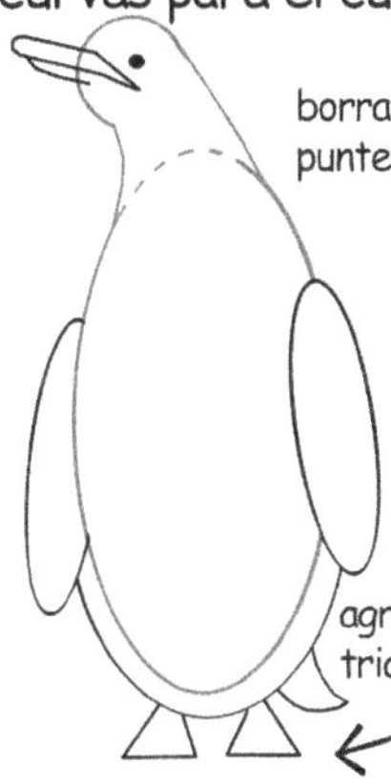

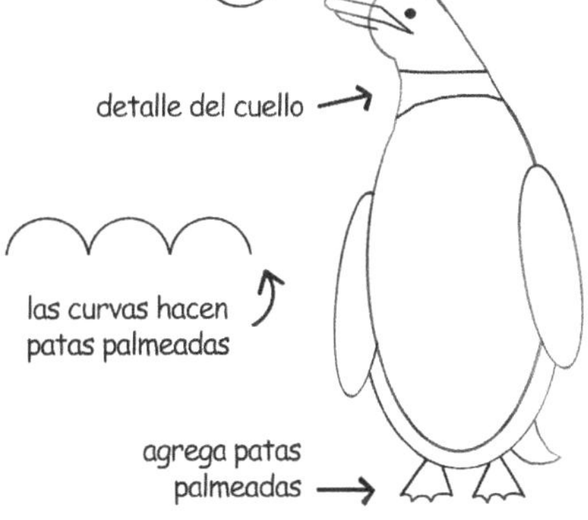

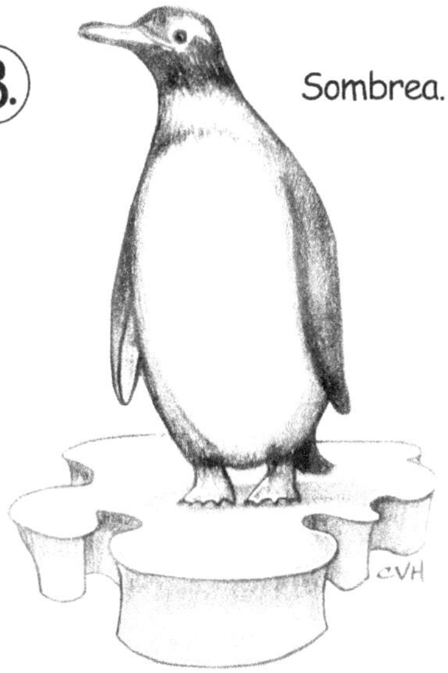

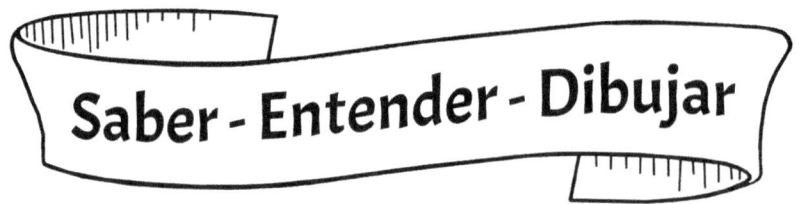

CÓMO DIBUJAR ALAS

SABER:
Simetría y asimetría

ENTENDER:
El equilibrio ayuda a crear interés o diseño en una ilustración. La simetría y la asimetría ofrecen dos tipos de equilibrio.

DIBUJAR:
• Practica la simetría dibujando una criatura con alas que tienen la misma forma en ambos lados usando las ideas indicadas.
   O
• Practica la asimetría dibujando una criatura con alas que estén en diferentes posiciones a ambos lados utilizando las ideas proporcionadas.
• Añade "extras" como un halo, cuernos o tridente.

VOCABULARIO:
Asimetría - Un objeto diferente a ambos lados.
Equilibrio - Un principio de diseño, el equilibrio se refiere a la forma en que los elementos del arte están dispuestos para crear una sensación de estabilidad en una obra.
Simetría - Un lado de un objeto es igual que el otro.

Dibuja alas

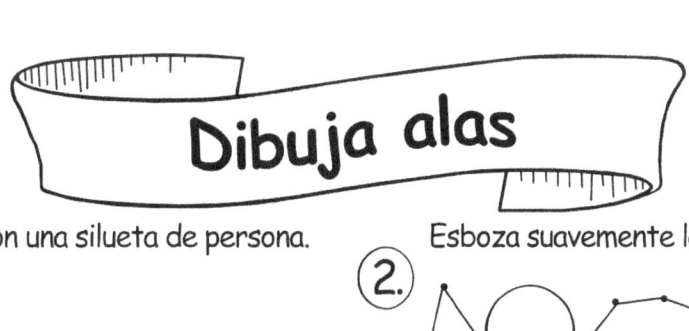

1. Comienza con una silueta de persona.

Alas de ángel

2. Esboza suavemente las alas en ángulo.

los puntos indican los ángulos

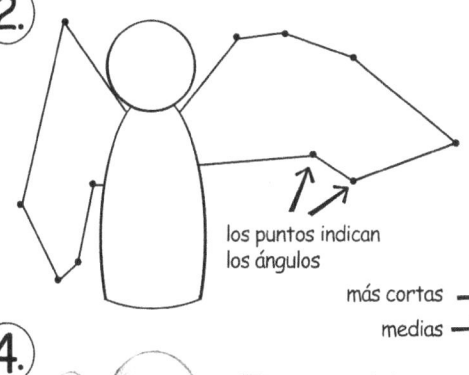

más cortas →
medias →
más largas →

3. redondea los ángulos — dibuja 5 plumas cortas — dibuja 4 plumas largas

4. Dibuja capas de plumas y sombrea.

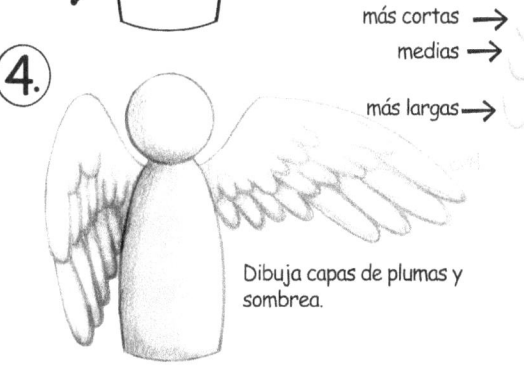

1. Comienza con una silueta de persona.

Alas de demonio

2. Esboza suavemente las alas en ángulo.

3.

4.

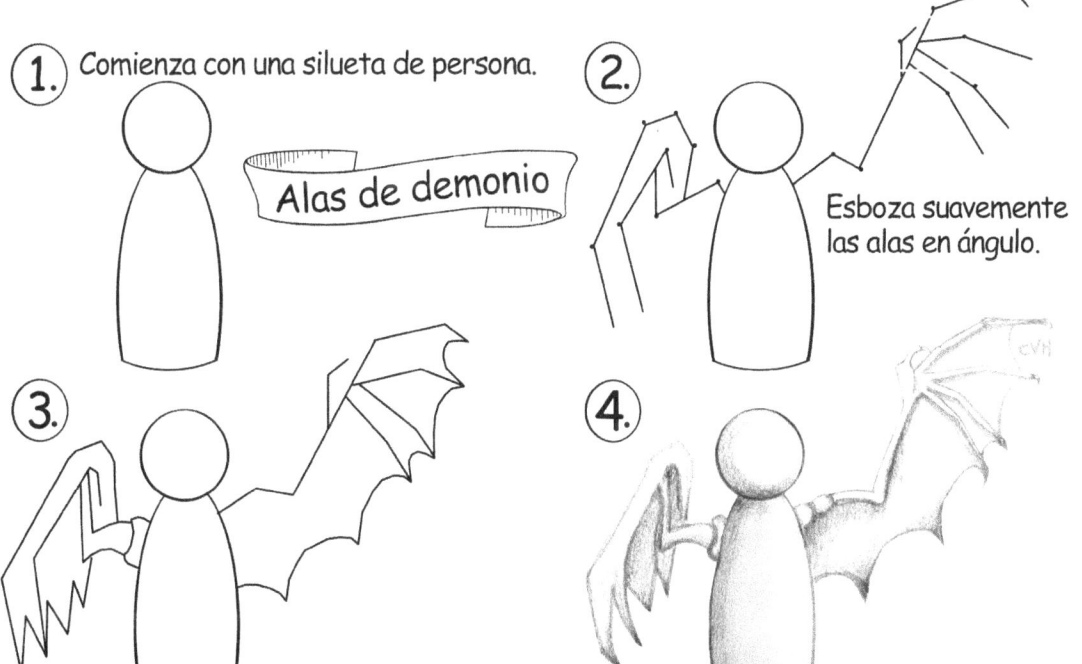

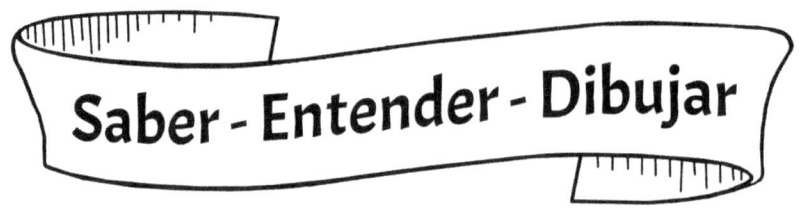

AVES EN VUELO

SABER:
Silueta y contorno

ENTENDER:
• Las siluetas son contornos detallados, pero no tienen detalles en el interior, solo un color liso.
• Cómo hacer una silueta reconocible.

DIBUJAR:
Crea una escena paisajística original centrándote en al menos 3 siluetas de aves en vuelo. Asegúrate de que haya un contorno detallado de cada ave, incluyendo detalle de plumas, cabeza, cuerpo o cola.

CONSEJO: ¡Tu silueta salió bien si otras personas pueden entender lo que es!

VOCABULARIO:
Contorno - El contorno y otros bordes visibles de un objeto dibujado.
Silueta - Un contorno detallado relleno de un color liso, típicamente negro sobre fondo blanco y, a menudo, para un retrato.

Una silueta es un contorno detallado.

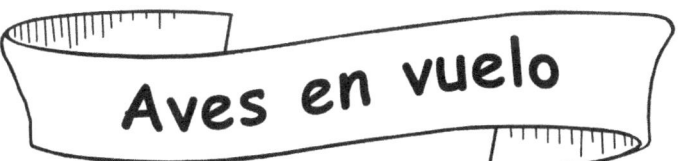
Aves en vuelo

Debajo hay muestras de 3 tipos de siluetas de aves que puedes dibujar.

1. Comienza con una forma de "V" bien amplia.

3. Engrosa la "V" y añade una cola triangular pequeña.

2. Agrega un pequeño círculo en el centro de la .

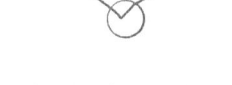

4. Rellena con un color liso y agrega detalles de plumas a los extremos de las alas.

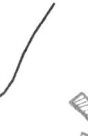

---

1. Comienza con una forma amplia de "W" .

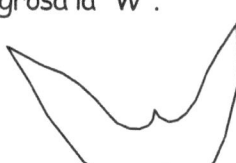

3. Agrega una cabeza circular y una cola triangular.

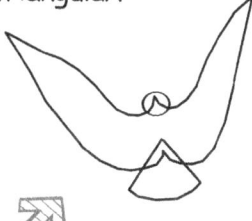

2. Engrosa la "W".

4. Rellena con un color liso y agrega detalles de plumas.

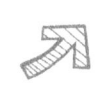

---

1. Comienza con una forma amplia de "V".

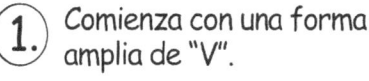

3. Agrega una cabeza con forma de aleta y una cola triangular.

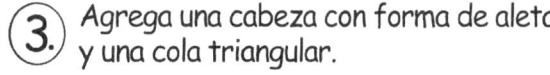

2. Engrosa la "V" y cierra los bordes con líneas inclinadas.

4. Rellena con un color liso y agrega detalles de plumas.

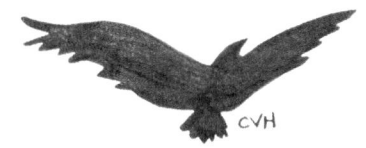

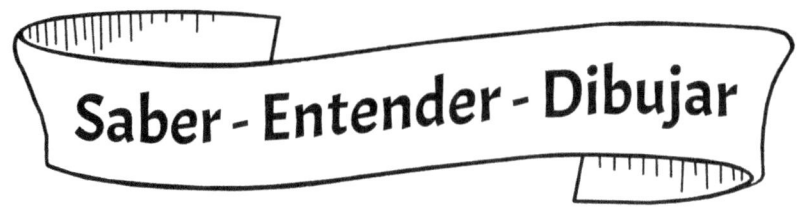

DIBUJA UN PITBULL

SABER:
Las formas simples combinadas pueden crear objetos más complejos.

ENTENDER:
Cada objeto complejo se puede simplificar en una serie de formas geométricas y orgánicas conectadas.

DIBUJAR:
Crea una obra de arte original de un perro pitbull. Utiliza líneas de contorno y sombreado para indicar las estrías musculares. Sombrea.

VOCABULARIO:

Complejo - Una forma de combinar los elementos del arte de maneras complejas, para crear relaciones intrincadas y complicadas. Una imagen compuesta por muchas formas de diferentes colores, tamaños y texturas se llamaría compleja.

Líneas de contorno - El contorno y otros bordes visibles de una masa, figura u objeto.

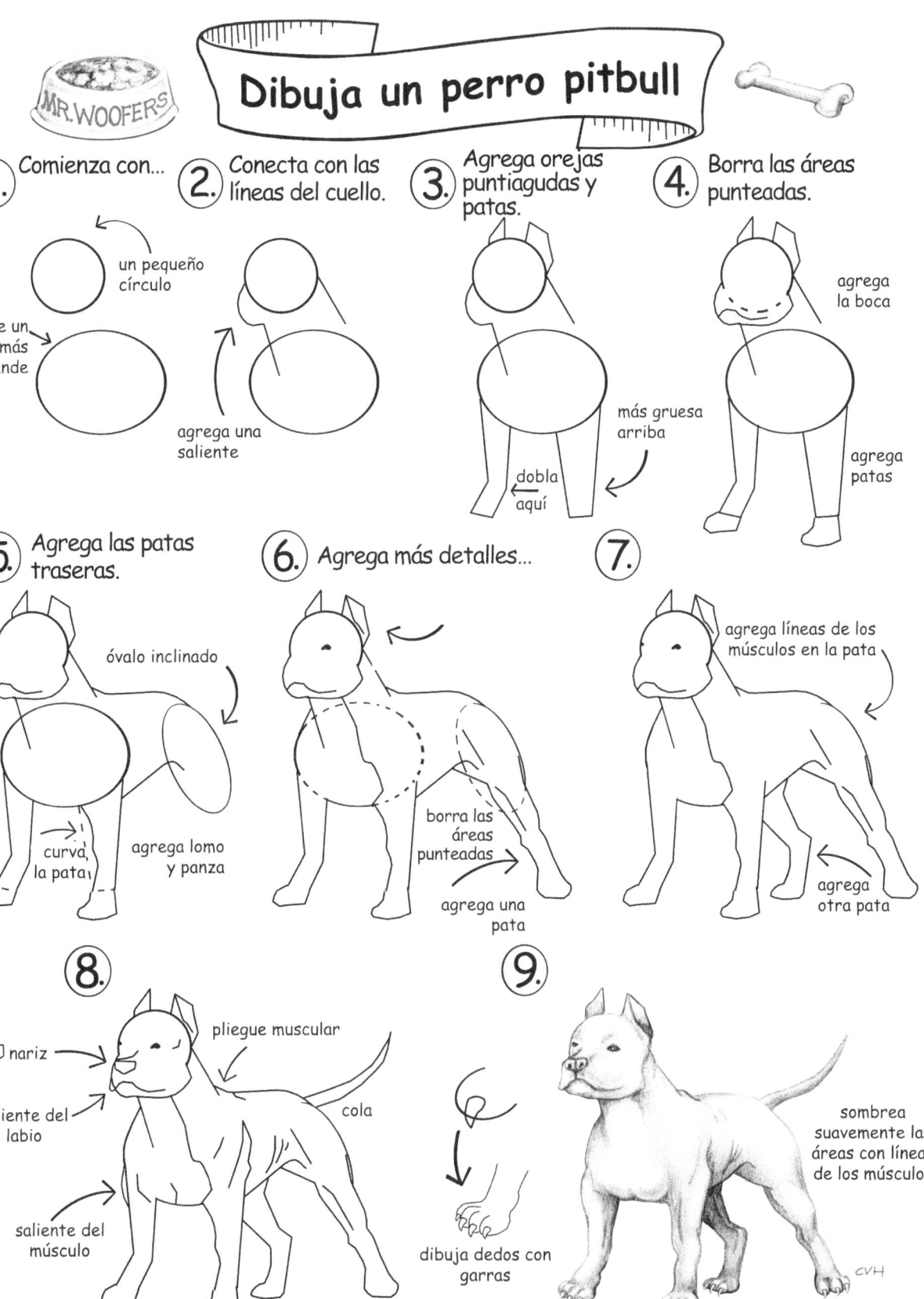

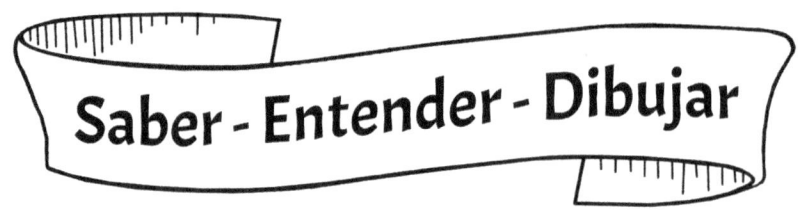

EN LA CASA DEL PERRO

SABER:
Pasos sencillos para crear una vista 3/4 de una casa

ENTENDER:
Una forma de crear la apariencia de una casa 3D desde una perspectiva de vista 3/4

DIBUJAR:
Crea una casa original con paneles en una escena de paisaje que muestre la perspectiva. Añade un perro a tu elección y sombrea.

VOCABULARIO:

Paisaje - Una obra de arte que representa el paisaje. Por lo general hay algo de cielo en la escena.

Perspectiva - La ilusión de 3D en una superficie 2D, creando una sensación de profundidad y retroceso del espacio

Vista de tres cuartos (3/4) - Una vista de una cara o cualquier otro objeto que esté a medio camino entre una vista completa y una vista lateral.

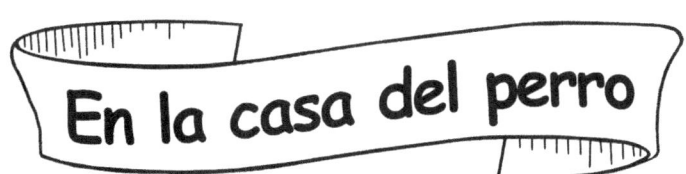

En la casa del perro

1. Comienza con 3 líneas verticales.

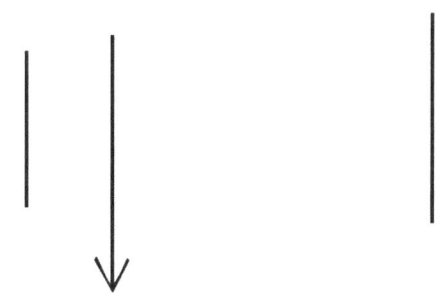

2. Conéctalas arriba y abajo.

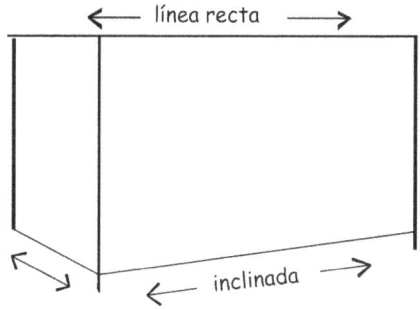

línea recta

inclinada

3. Dibuja una flecha hacia arriba.

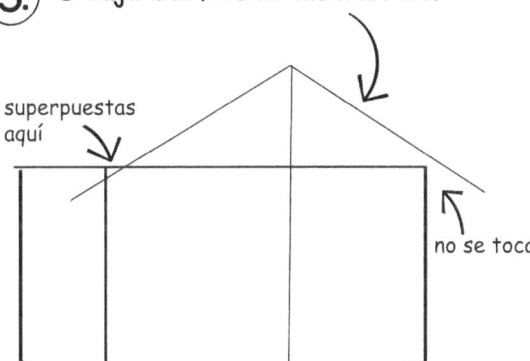

superpuestas aquí

no se tocan

4. Agrega "grosor" al techo.

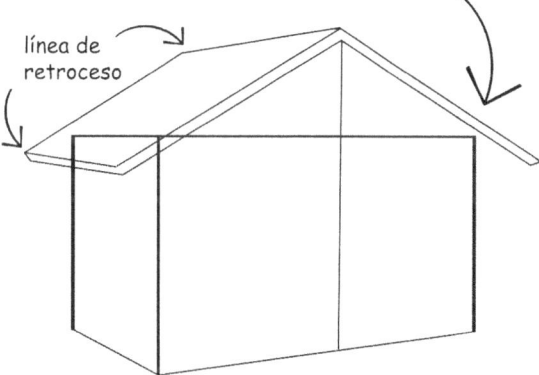

línea de retroceso

5.

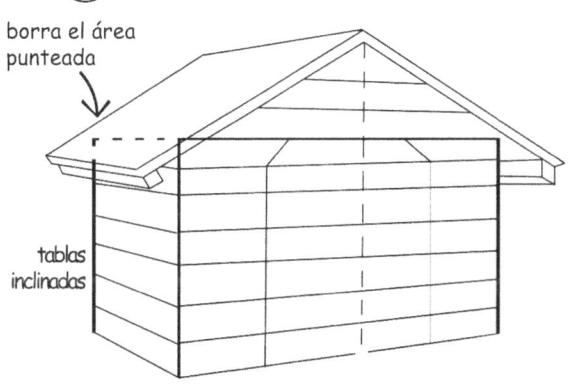

borra el área punteada

tablas inclinadas

6. Agrega un perro y sombrea.

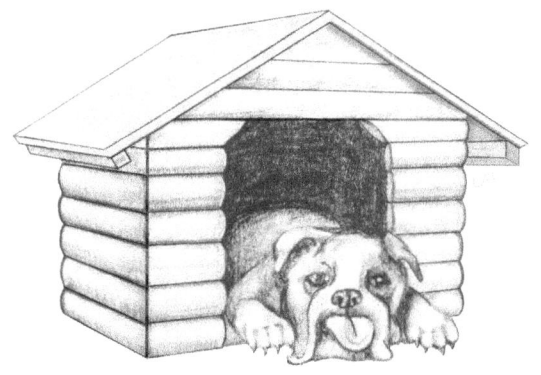

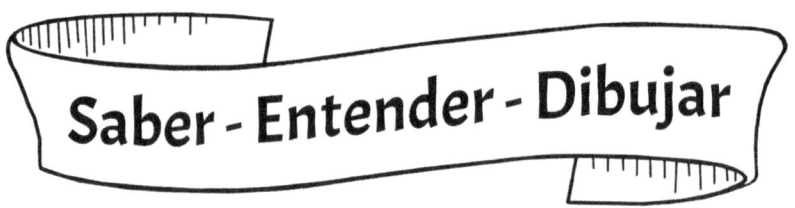

CABEZA DE LEÓN

SABER:
Los pasos para crear una cabeza de león

ENTENDER:
• Una cuadrícula simple puede ayudar en el dibujo de una cara de león proporcional.
• Las técnicas que un artista utiliza en una obra de arte para mostrar cómo se puede sentir algo o de qué está hecho.

DIBUJAR:
Practica dibujar una cabeza de león siguiendo los pasos indicados. Resalta la textura en la melena con una serie de líneas curvas. Sombrea.

VOCABULARIO:
Cuadrícula - Un marco o patrón de líneas entrecruzadas o paralelas que se pueden utilizar como guías para la ubicación de objetos dibujados.
Proporción - los tamaños comparativos y la ubicación de algo respecto a otra cosa.
Textura - La forma en una obra de arte se representa cómo se sentiría algo.

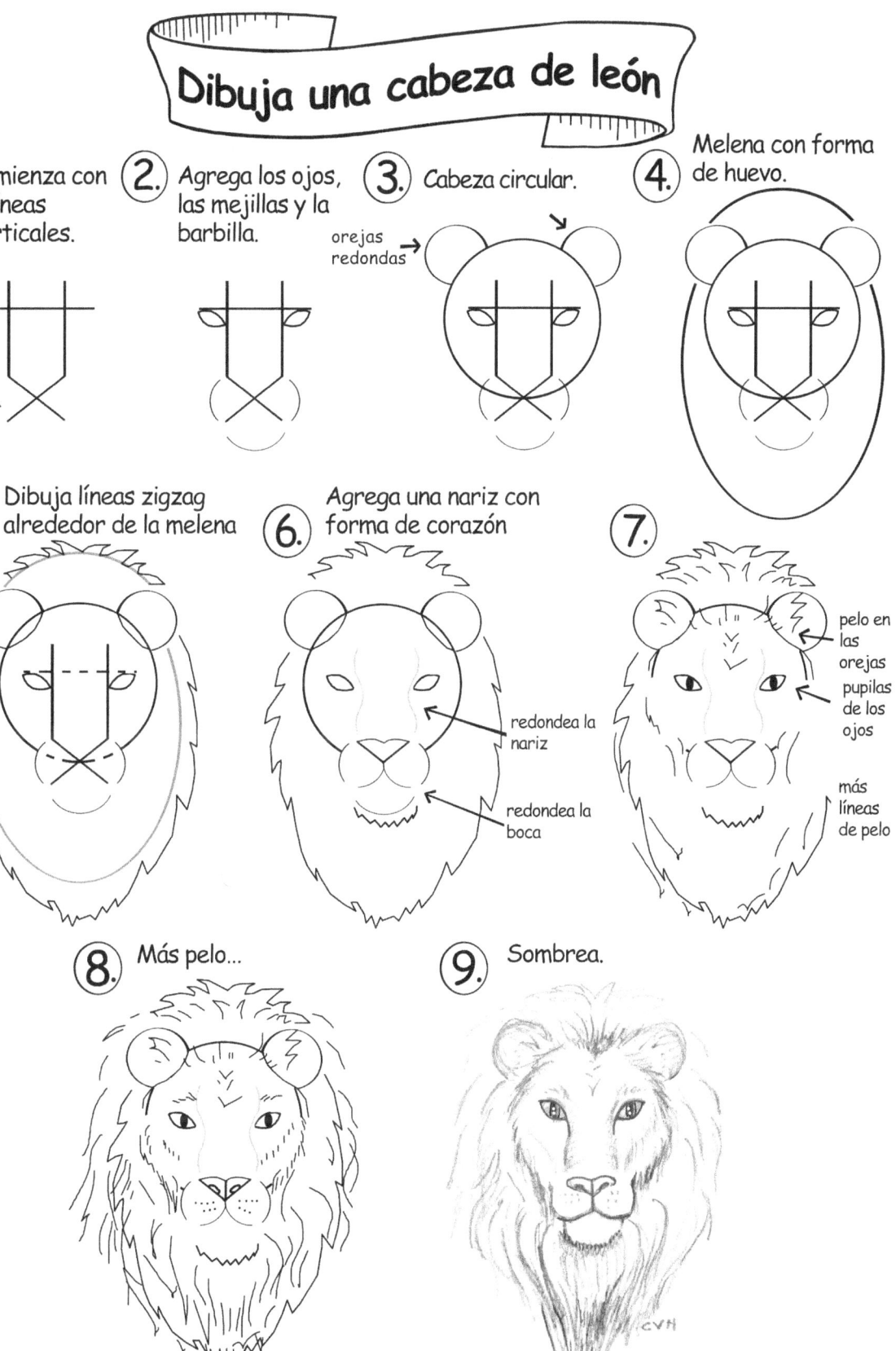

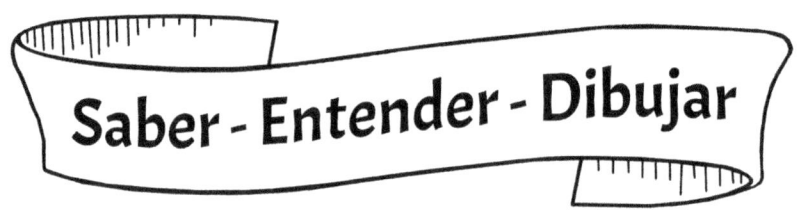

CRÁNEO DE VACA

SABER:
Las formas simples combinadas pueden crear objetos más complejos

ENTENDER:
Combinar formas simples en capas, conectarlas con líneas y borrar el interior es un truco utilizado por los artistas para crear un parecido

DIBUJAR:
• Practica descomponer objetos en formas simples mirando alrededor de la habitación a los elementos y simplificándolos visualmente.
• Sigue los pasos indicados y crea tu propia versión de un cráneo de vaca.

VOCABULARIO:
Combinar – Juntar dos o más objetos.
Capa - Algo colocado sobre otra superficie.

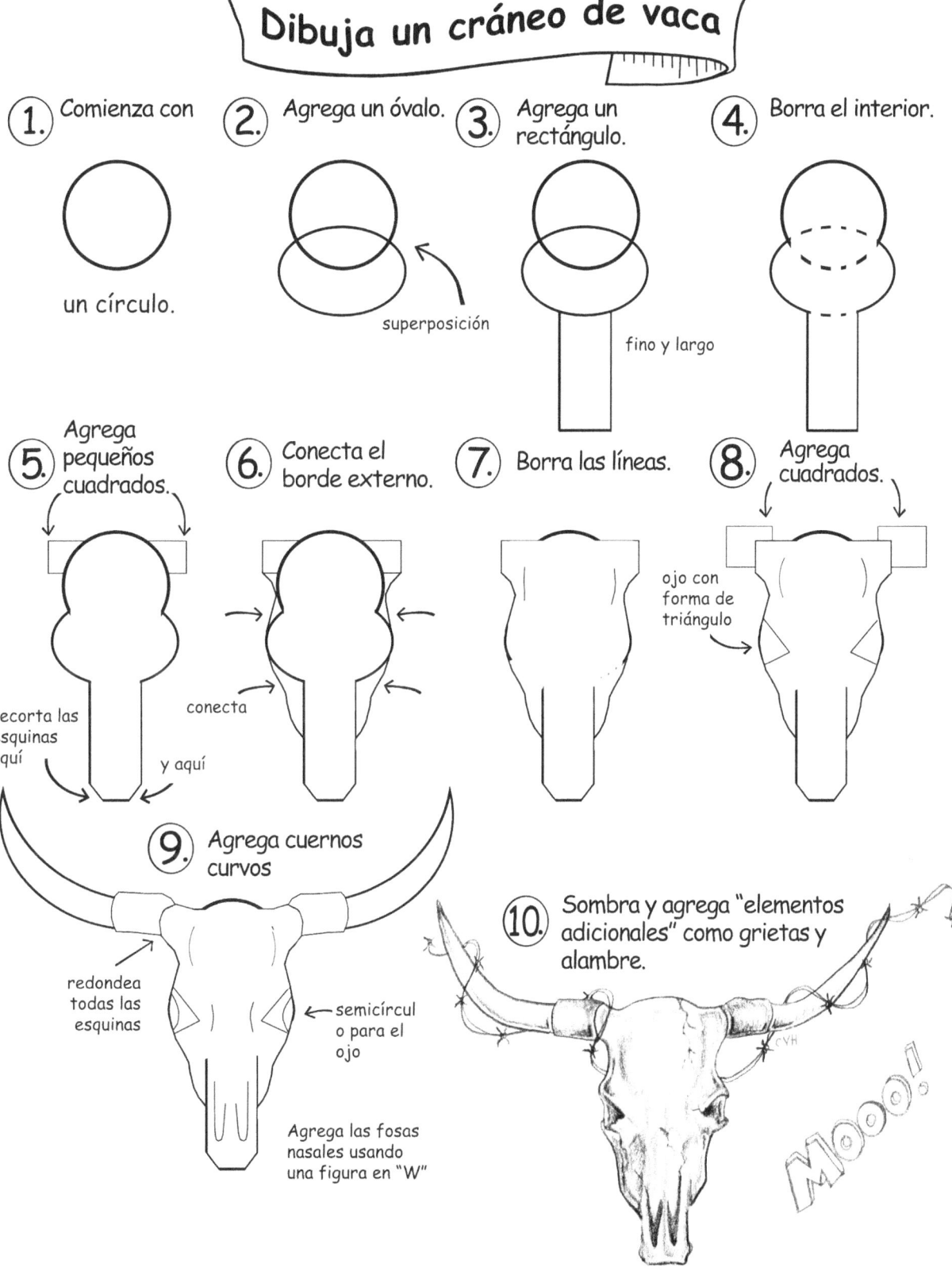

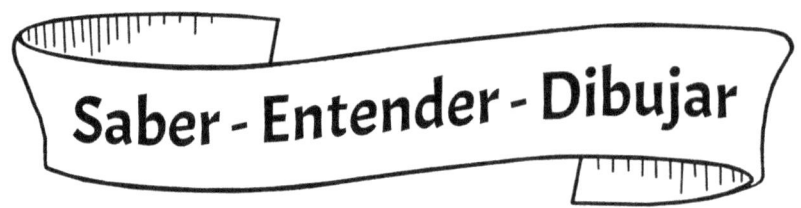

DIBUJA UNA COBRA

SABER:
Las formas simples combinadas pueden crear objetos más complejos.

ENTENDER:
La adición de líneas de contorno "envolviendo" alrededor de tubos da la apariencia de detalle y 3D.

DIBUJAR:
• Sigue los pasos indicados y crea tu propia versión de una serpiente de cobra enrollada.
• Sombrea.

VOCABULARIO:
Líneas de contorno - El contorno o las líneas de detalle internas de un objeto que resaltan la figura.
Volumen - Se refiere al espacio dentro de una figura.

Dibuja una cobra

1. Pequeño círculo. 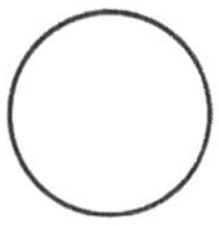
2. Agrega línea de la ceja. 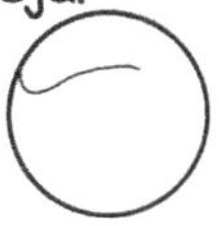
3. Agrega línea de la boca. 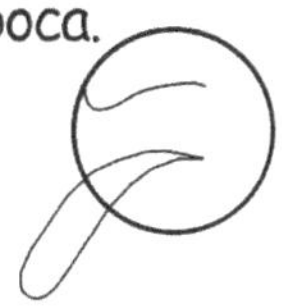
4. Agrega la nariz. 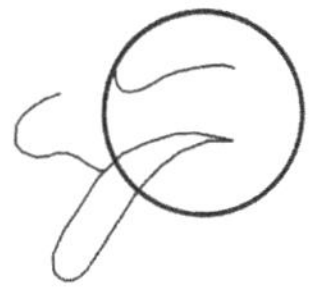
5. Dibuja una "S" al revés. 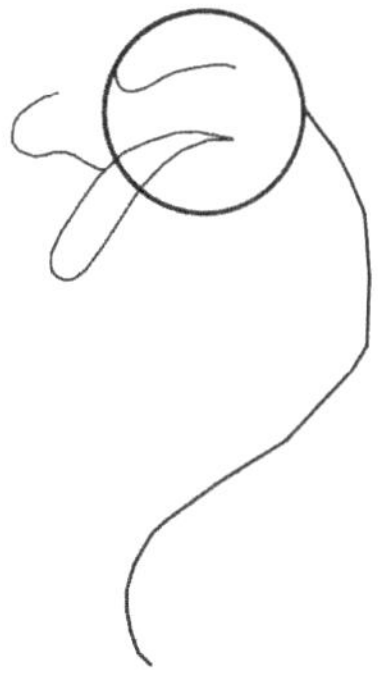
6. Añade la línea de la boca. 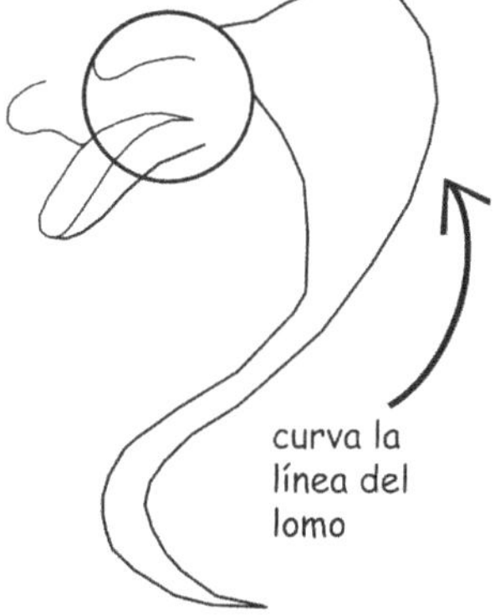 — curva la línea del lomo
7. Agrega colmillos. — otra "S" al revés aquí
8. Borra el área punteada. — agrega una curva
9. Agrega la parte de atrás. — otra curva
10. haz las líneas alrededor del cuerpo como espiral — pequeña curva — una curva más
11. Termina el ojo, la lengua y las fosas nasales.
12. Sombrea.

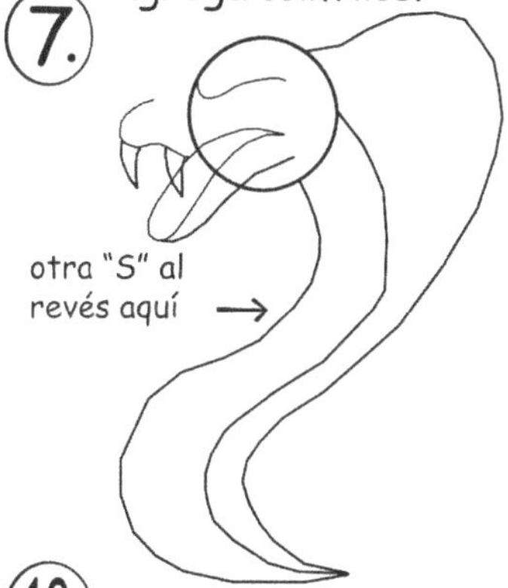

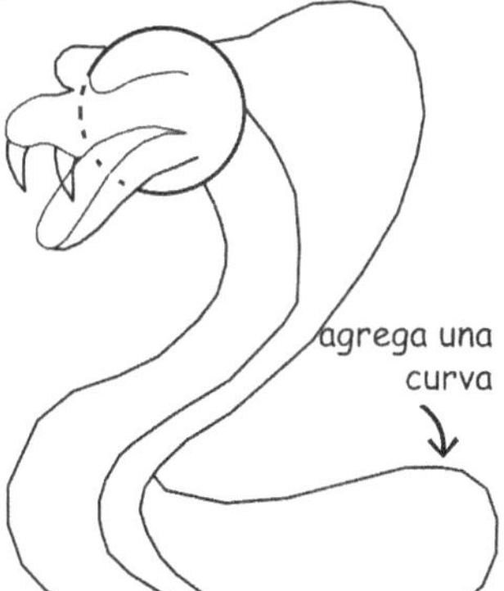

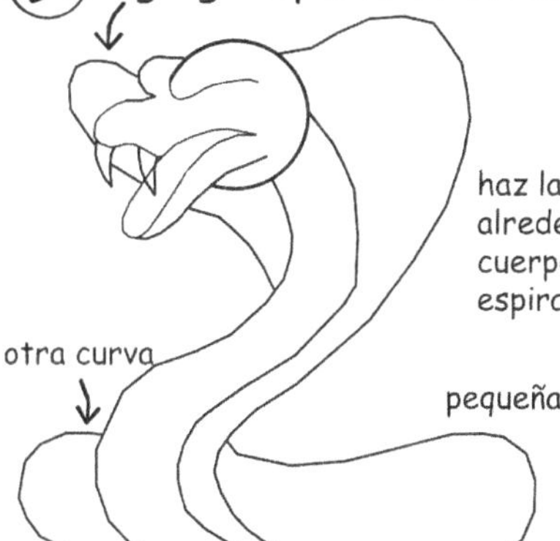

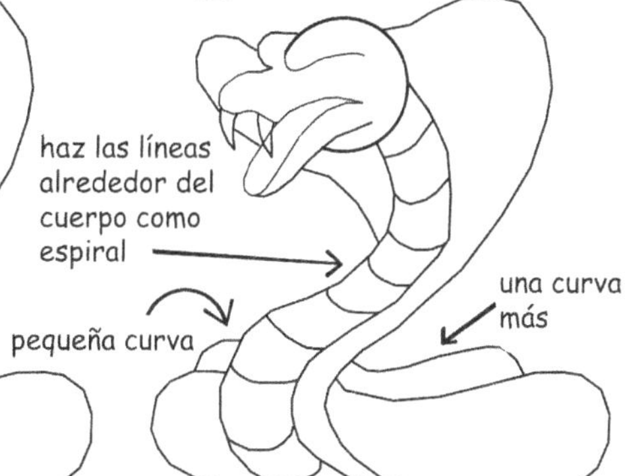

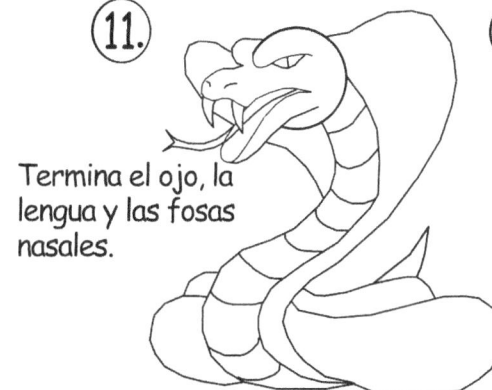
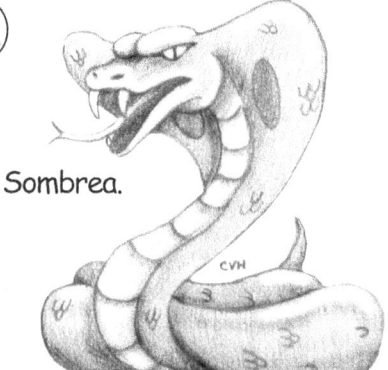

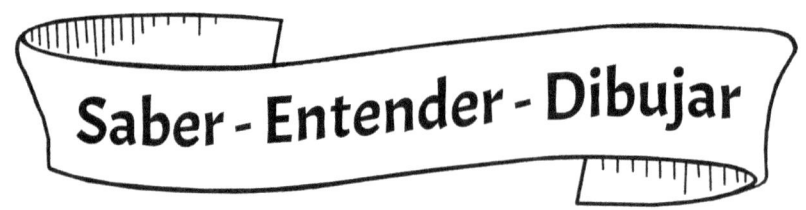

TIGRE ESCALANDO

SABER:
Superposición, capas, patrón

ENTENDER:
La superposición de formas simples puede ser el primer paso para crear formas complejas.

DIBUJAR:
Sigue los pasos indicados para crear un tigre escalando. Hazlo único creando un patrón de rayas original que "envuelva" su cuerpo. La "envoltura" denota la figura. Sombrea.

VOCABULARIO:
Superponer en capas - Colocar algo sobre otra superficie u objeto.
Superposición - Cuando una cosa se encuentra sobre otra y la cubre parcialmente.
Patrón - La repetición de formas, líneas o colores en un diseño.

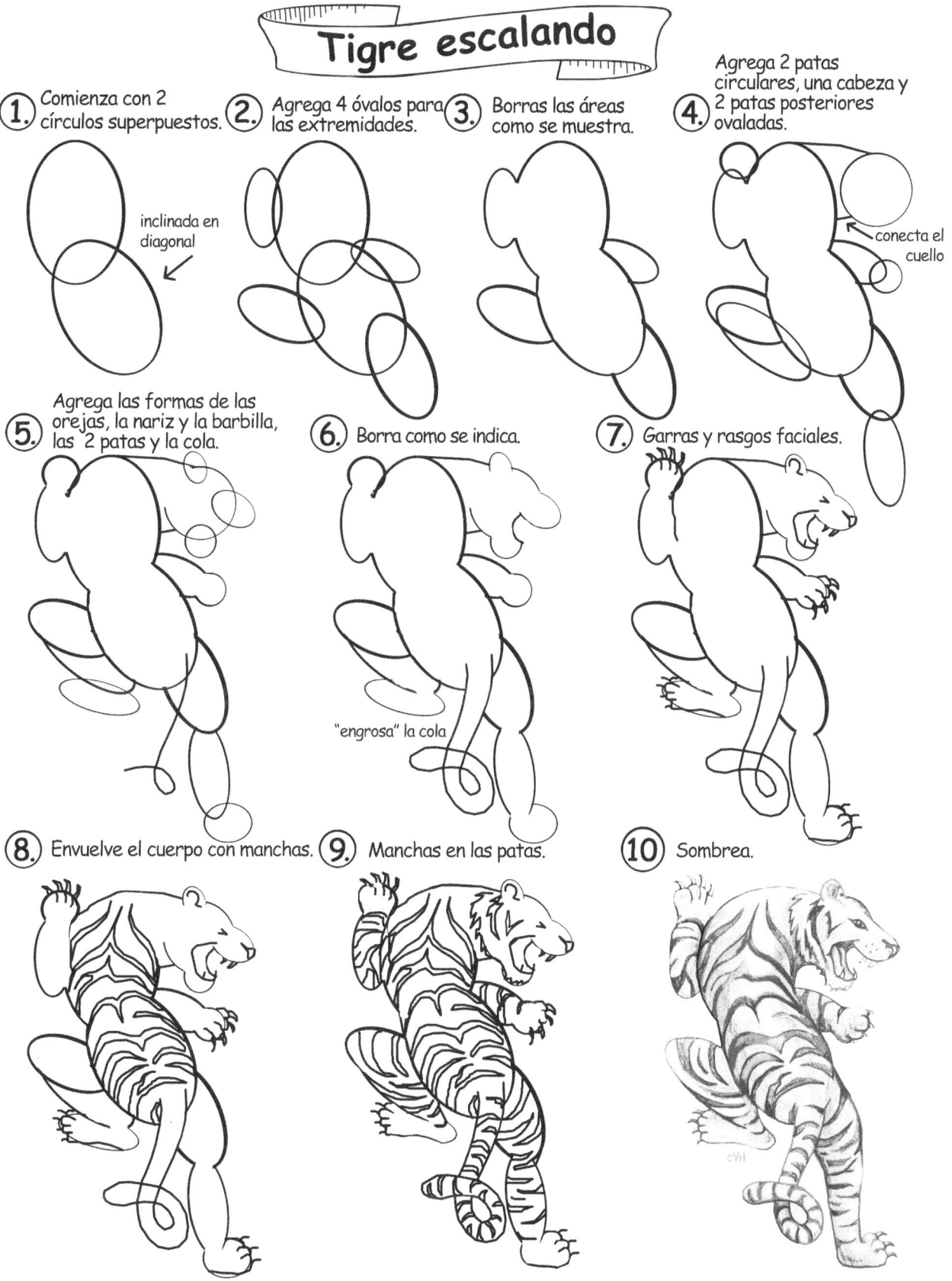

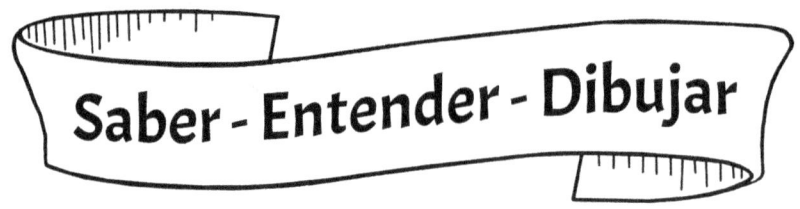

DRAGÓN

SABER:
Líneas de contorno, superpuestas, patrón, estilizar

UNDERSTAND:
Cómo empezar con una línea espiral simple y construir sobre ella hasta que se convierte en una obra de arte única que representa a un dragón.

DIBUJAR:
- Sigue los pasos indicados para crear un dragón estilizado.
- Utiliza líneas de patrón y contorno para mostrar detalles y formas.
- Sombrea.

VOCABULARY:

Líneas de contorno - El contorno o las líneas de detalle internas de un objeto que evidencian la figura.

Superposición - Cuando una cosa se encuentra sobre otra y la cubre parcialmente.

Patrón - La repetición de formas, líneas o colores en un diseño.

Estilizar - Alterar formas, figuras, colores o texturas naturales con el fin de hacer una representación en un estilo preestablecido o modo, en lugar de acuerdo con la naturaleza o la tradición.

Dragón oriental

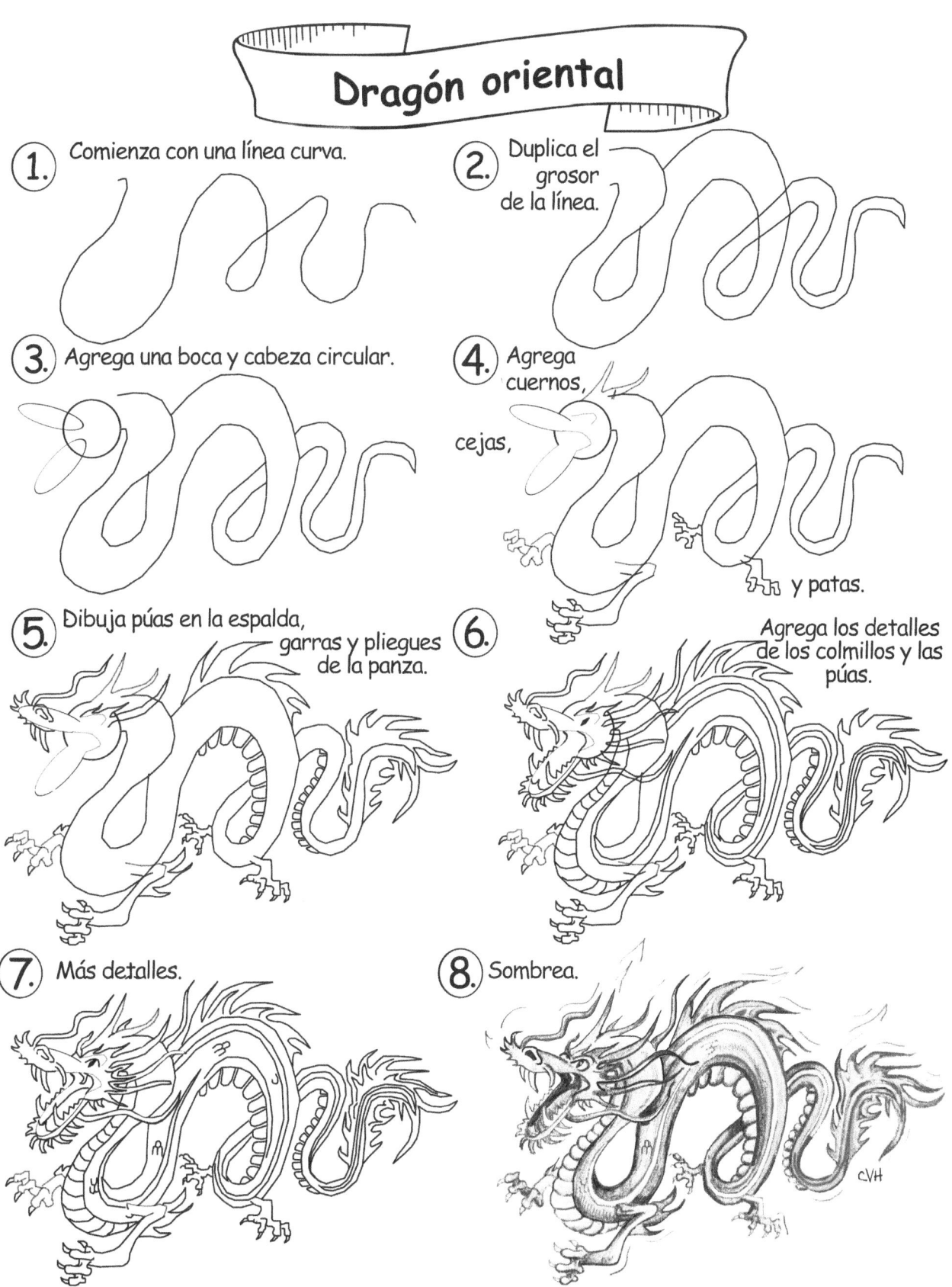

1. Comienza con una línea curva.
2. Duplica el grosor de la línea.
3. Agrega una boca y cabeza circular.
4. Agrega cuernos, cejas, y patas.
5. Dibuja púas en la espalda, garras y pliegues de la panza.
6. Agrega los detalles de los colmillos y las púas.
7. Más detalles.
8. Sombrea.

Capítulo 6
Cosas geniales

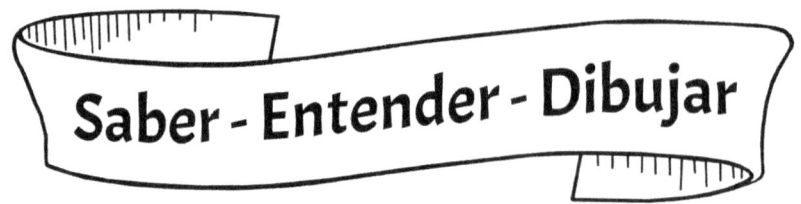

MANOS ORANDO

SABER:
Simetría de una forma orgánica

ENTENDER:
• Cómo representar manos orando realistas usando líneas de contorno, sombreado y pequeños detalles
• Cómo descomponer las formas orgánicas en líneas simples y angulares

DIBUJAR:
Crea un par de manos orando realistas siguiendo los pasos proporcionados. Añade "extras" como cuentas de Rosario, esposas, etc. para que sea único. No te preocupes por tratar de hacer ambas manos iguales, las cosas rara vez son exactamente simétricas en la naturaleza. Sombrea.

VOCABULARIO:
Líneas de contorno - El contorno o líneas de detalle interior de un objeto que evidencian la figura.
Forma orgánica - Una forma irregular que podría encontrarse en la naturaleza, en lugar de una forma mecánica o angular.
Simetría - Un objeto igual a ambos lados.

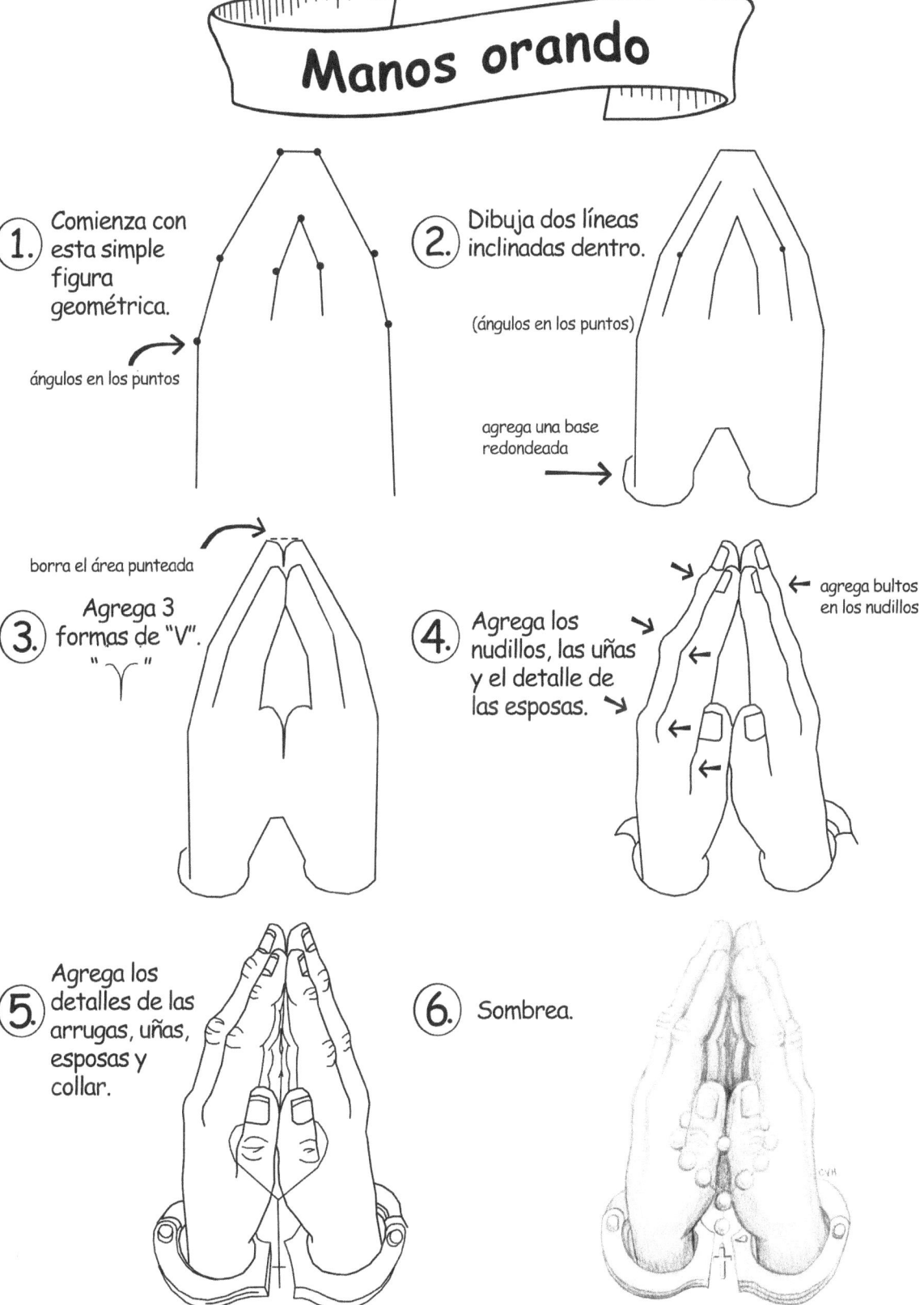

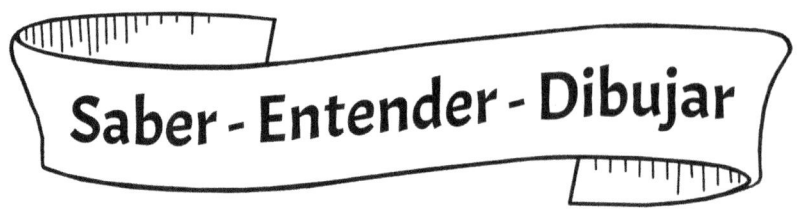

MANO DE ESQUELETO

SABER:
Huesos de la mano, línea de contorno y observación

ENTENDER:
Dibujar un retrato por medio de la observación

DIBUJAR:
Basado en tu propia mano, dibuja una mano de esqueleto mientras aprendes los nombres de cada sección ósea usando los consejos y trucos proporcionados. Mientras dibujas, observa tu mano y nota dónde están los nudillos. Estos representan las secciones entre los huesos.

CONSEJO: Sostén el lápiz en un ángulo de 90 grados al calcar la mano.

VOCABULARIO:
Contorno - El perímetro y otros bordes visibles de una masa, figura u objeto.
Observación - Recibir conocimiento del mundo exterior a través de los sentidos.

CONSEJO: Esto se ve muy bien cuando se dibuja en papel de construcción negro utilizando óleo pasteles blanco. Usa lápiz para el contorno de la mano. No es tan fácil de ver, pero no es necesario borrarlo después para el efecto de la mano del esqueleto.

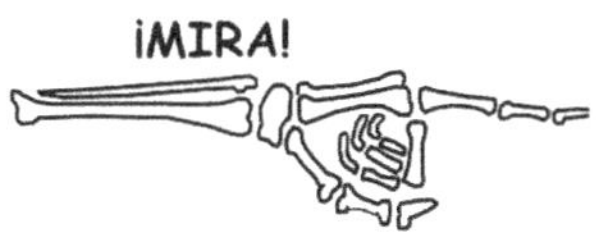

¡Mira! Mano de esqueleto

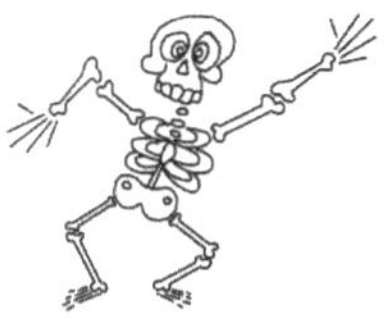

1. 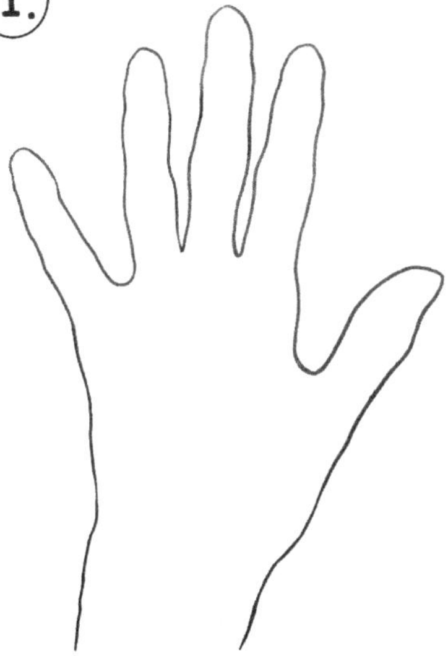 Comienza calcando tu mano. Si eres derecho calca la izquierda y viceversa (para un mejor resultado, mantén el lápiz en 90°).

2. Luego, agrega las falanges por encima del primer nudillo.
NOTA: Este hueso parece una punta de flecha redondeada en el área de la uña.

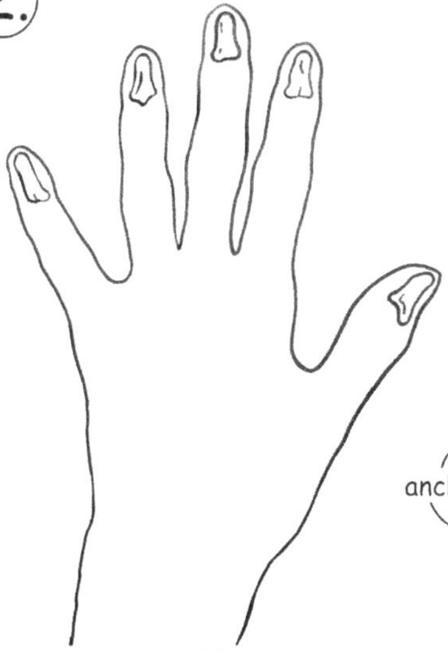

3. Agrega las falanges intermedias. Estos huesos son anchos en los extremos y finos en el centro.

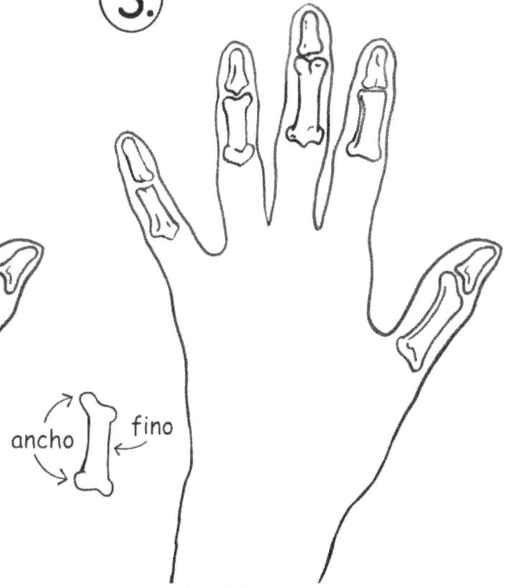

ancho — fino

4. Luego, agrega las falanges proximales.
Esto completará la parte del dedo de la mano del esqueleto.

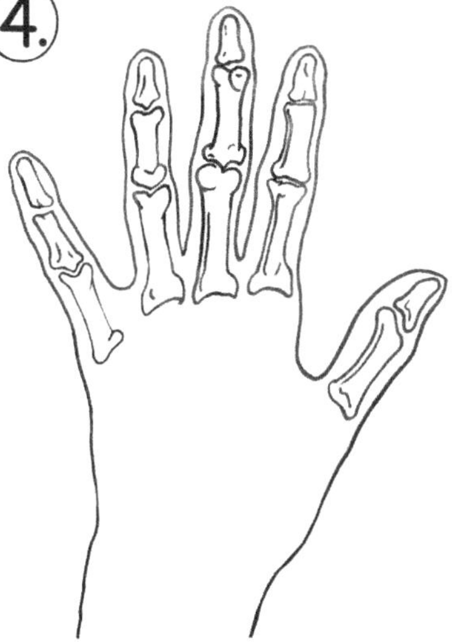

5. Luego, dibuja los metacarpianos. Estos casi llegan a la zona de la muñeca.

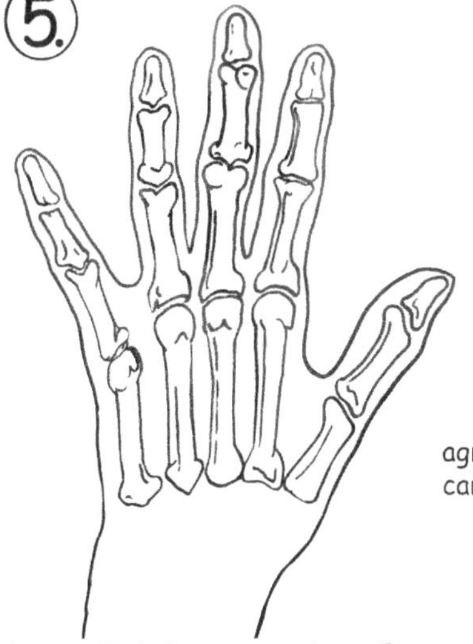

6. borra el contorno de la mano — agrega los carpianos — cúbito — radio

171

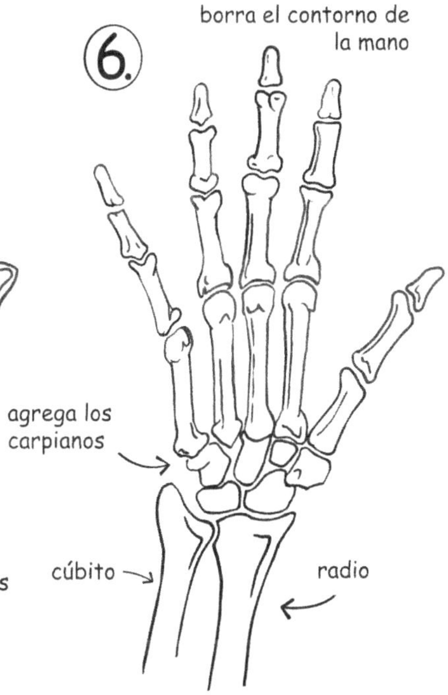

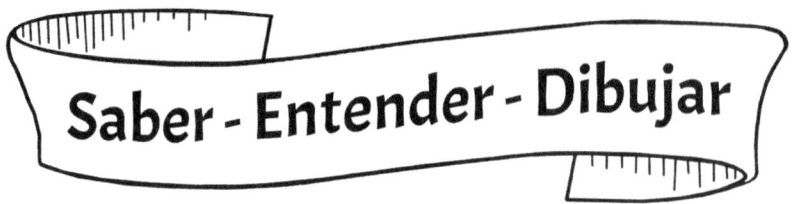

TRES CRÁNEOS

SABER:
- Simetría/equilibrio de espejos
- Principales huesos de la cabeza

ENTENDER:
- Los conceptos básicos de la proporción para crear un cráneo.
- Simetría de espejo es cuando las partes de una imagen u objeto están organizadas para que un lado duplique (refleje) el otro.
- La simetría perfecta rara vez se encuentra en la naturaleza.
- Las formas complejas se pueden simplificar en formas.

DIBUJAR:
El estudiante discutirá los huesos principales de la cabeza y las proporciones básicas de un cráneo humano. A continuación, creará una obra de arte original de "Tres cráneos" usando formas geométricas simples adornadas con formas complejas e indicará la simetría de espejo.

VOCABULARIO:
Equilibrio - La forma en que los elementos del arte están dispuestos para crear una sensación de estabilidad en una obra; una disposición agradable o armoniosa de las piezas en un diseño o composición.
Neurocráneo - Porción del cráneo que encierra el cerebro.
Cráneo humano - Apoya las estructuras faciales y forma una cavidad para el cerebro.
Mandíbula - La mandíbula inferior.
Simetría especular - Las partes de una imagen u objeto organizado para que un lado duplique (o refleje) el otro.
Proporción - Los tamaños comparativos y la ubicación de una parte respecto a otra.

Tres cráneos

1. Comienza con un círculo.

2. Agrega 2 círculos más a cada lado.

más abajo que el círculo central

superposición

3. Agrega figuras debajo de los círculos como se ve abajo.

borra las áreas punteadas

4. Agrega narices triangulares, recorta la barbilla y borra las áreas punteadas.

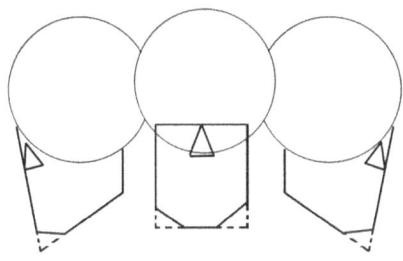

5. Agrega óvalos para los ojos cerca del tercio inferior del círculo, como se ve abajo.

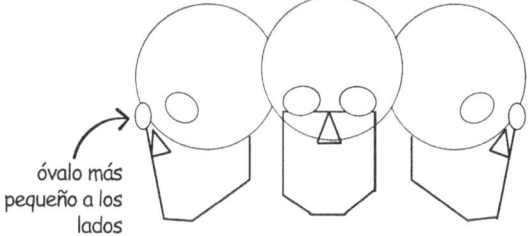

óvalo más pequeño a los lados

6. Agrega las crestas de las cejas y los huesos de las mejillas según se ve abajo.

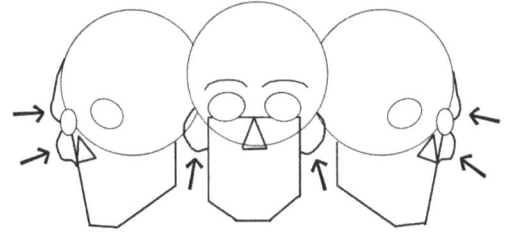

7. Agrega las líneas de los dientes y los detalles en los lados.

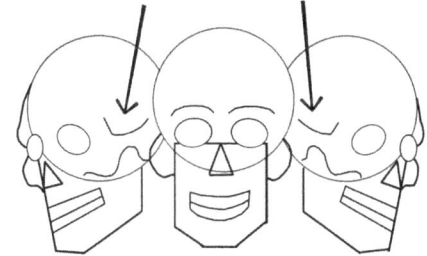

8. Agrega el detalle de los dientes, redondea la mandíbula y borra las áreas punteadas.

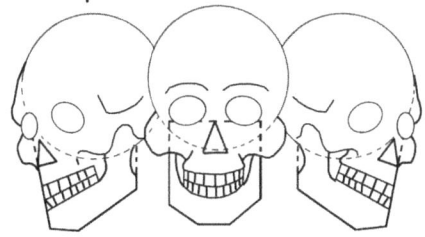

9. Suaviza los bordes y sombrea.

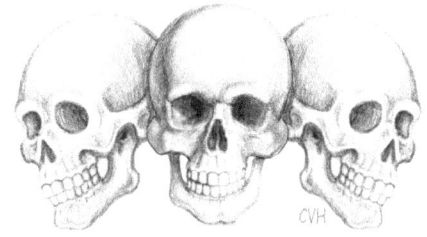

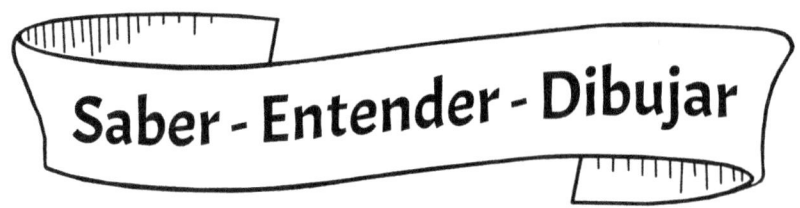

MANOS EN POSICIÓN
(Dedo señalando)

SABER:
Escorzo, perspectiva

ENTENDER:
Cómo crear la ilusión de 3D en la que los tamaños de partes cercanas y lejanas de un objeto contrastan en gran medida.

DIBUJAR:
Crea un dibujo original de una mano señalando como se vería de frente. Asegúrate de que el dedo señalador sea mucho más grande que el resto de la mano para dar la apariencia de escorzo. No lo calques. Sombrea.

CONSEJOS: Al sombrear, haz los valores más oscuros entre los dedos y los pliegues de los nudillos. Borra algunos puntos en los nudillos superiores, los centros de los dedos y entre los pliegues para crear un efecto de luz natural.

VOCABULARIO:

Escorzo - Una forma de representar un objeto para que transmita la ilusión de profundidad, que parece acercarse o alejarse en el espacio. El éxito del escorzo a menudo depende de un punto de vista o perspectiva en el que los tamaños de las partes cercanas y lejanas de un sujeto contrastan en gran medida.

Resaltado - El área en cualquier superficie que refleja la mayor cantidad de luz; para dirigir la atención o enfatizar un área de un dibujo a través del uso del valor.

Perspectiva - Técnica utilizada para crear una sensación de profundidad o espacio de retroceso en una obra de arte; la ilusión de 3D sobre una superficie 2D.

Punto de vista - Una posición o ángulo desde el cual se observa o se considera algo; la dirección de la mirada del espectador.

Manos en posición
señalándote

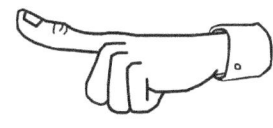

1. Comienza con un círculo.
2. Agrega un óvalo inclinado. — superposición
3. Agrega otro óvalo inclinado. — niedriger / leve superposición
4. Agrega otro óvalo largo. — dibuja inclinado hacia abajo
5. Agrega un óvalo inclinado más.
6. Agrega un óvalo para el pulgar.
7. Conecta la parte superior de los nudillos con curvas. — borra el área interior del dedo / agrega un óvalo para el meñique
8. Agrega una uña. — conecta con curvas aquí / borra el área punteada del meñique
9. Agrega las arrugas de los nudillos. Borra las áreas punteadas. — agrega un saliente / conecta
10. Sombrea.

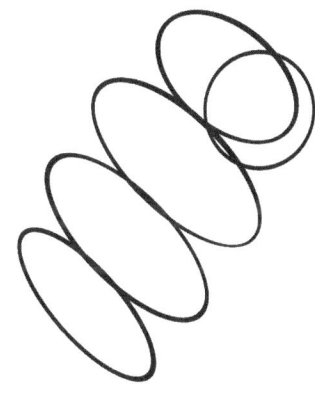
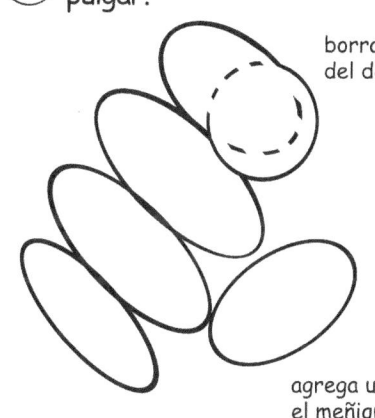
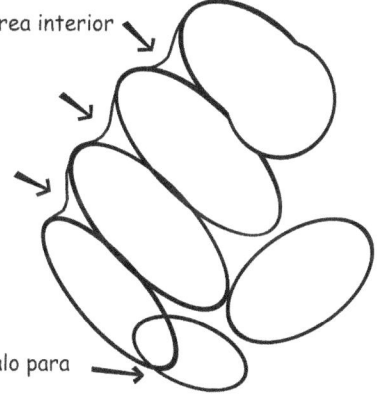
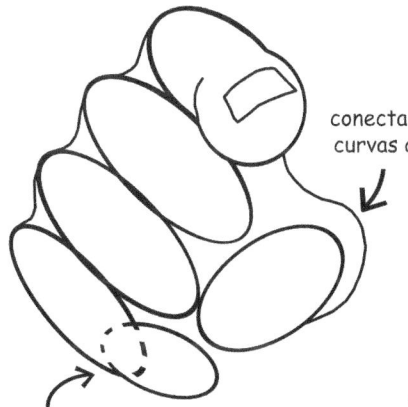
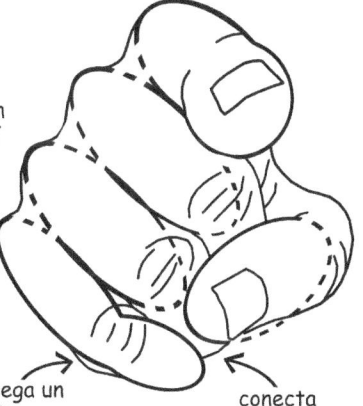
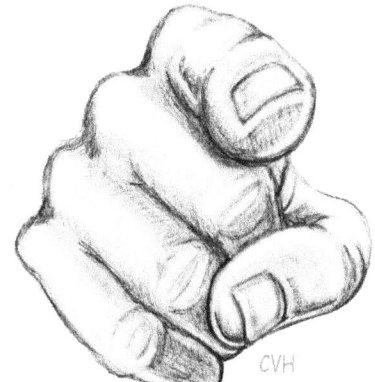

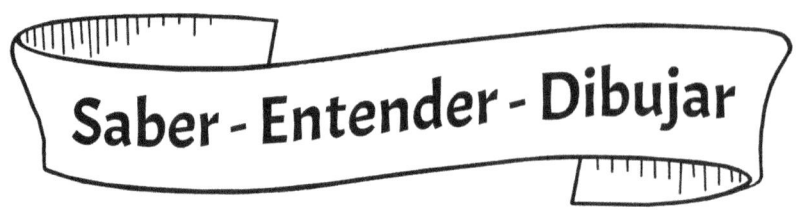

MANOS EN POSICIÓN
(Manteniendo un reloj fundido)

SABER:
Perspectiva, proporción

ENTENDER:
• El uso de la proporción, la perspectiva y la observación para crear una mano que sostiene un objeto.
• Las sutiles diferencias de forma y tamaño hacen que nuestras manos sean únicas.

DIBUJAR:
Crea un dibujo original de una mano humana sosteniendo un objeto (reloj fundido). Comienza con una serie de óvalos en abanico y construye sobre esas formas, finalmente convirtiéndolas en formas de dedos. Mira tu propia mano cerrada y observa el tamaño natural y los ángulos como referencia. No lo calques. Sombrea.

VOCABULARIO:
Figura - Una forma 3D (alto, ancho y profundidad) que encierra un volumen.

Resaltado - El área en cualquier superficie que refleja la mayor cantidad de luz; para dirigir la atención o enfatizar un área de un dibujo a través del uso del valor.

Perspectiva - La técnica que los artistas utilizan para proyectar una ilusión del mundo tridimensional sobre una superficie bidimensional. La perspectiva ayuda a crear una sensación de profundidad y espacio de retroceso.

Proporción - Un principio de diseño, proporción se refiere a la relación comparativa de una parte de un objeto con otra.

Extensión:
En 1931, Salvador Dalí pintó una de sus obras más famosas, "La persistencia de la memoria", en la cual introdujo una imagen surrealista de relojes de bolsillo suaves y derretidos.

La "Persistencia de la memoria" es una famosa pintura de relojes derretidos realizada en 1931 por Salvador Dalí.

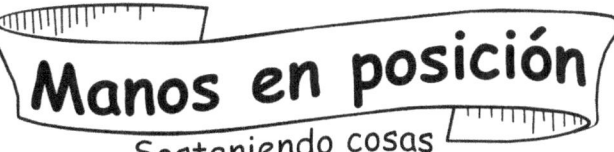

Manos en posición
Sosteniendo cosas

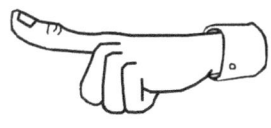

1. Dibuja un óvalo inclinado.

2. Agrega otro. — dibuja líneas suaves para ayudar con la ubicación de los dedos — más abajo

3. Y otro más pequeño aquí. — más arriba

4. Agrega un meñique.

5. Agrega un pulgar.

6. Borra las guías. Agrega las uñas.

7. Agrega arrugas en los nudillos.

8. Agrega una figura circular en el área de la palma para el reloj.

9. Dibuja extensiones a cada dedo y gotas "derretidas". — hendidura

10. Agrega los números del reloj. Sombrea.

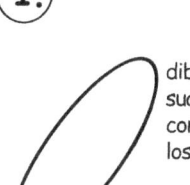
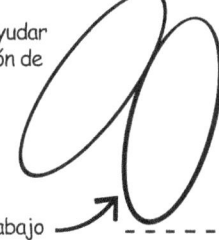
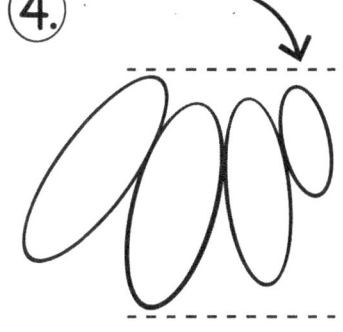
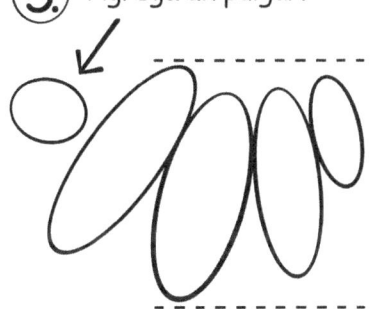
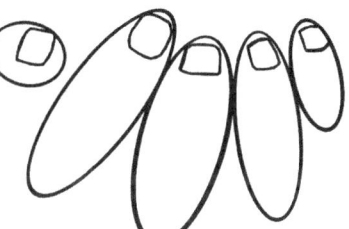
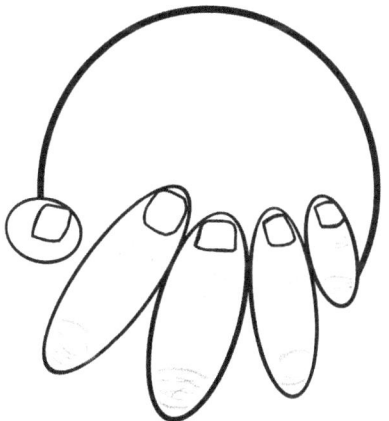
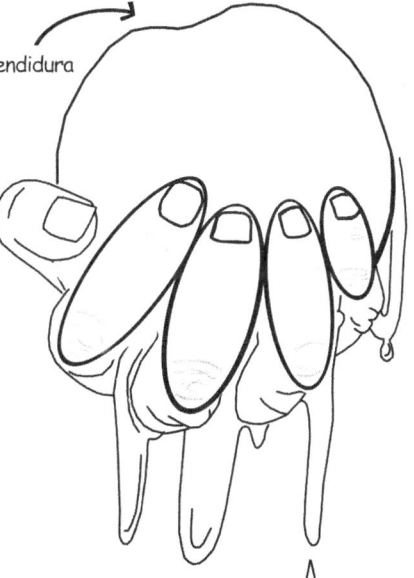
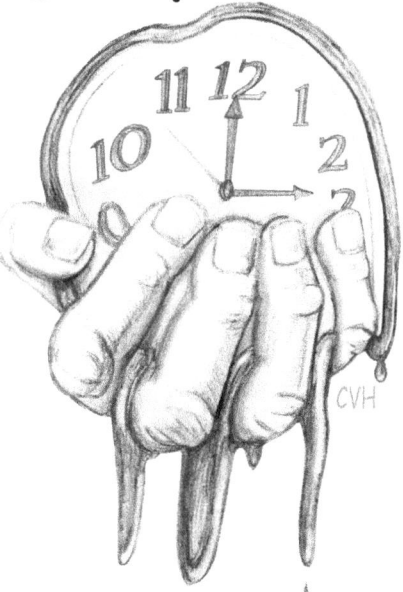

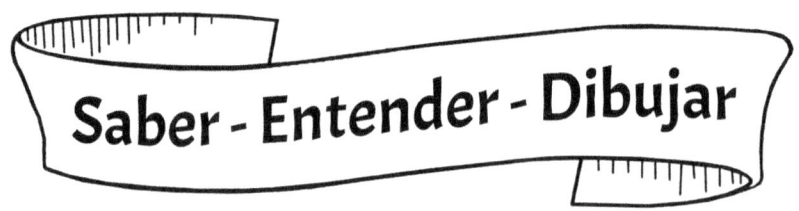

RELOJ DE BOLSILLO

SABER:
Ángulo, equilibrio, patrón, perspectiva, repetición, números romanos

ENTENDER:
Colocar formas geométricas simples en un patrón específico o en un ángulo puede añadir al realismo y detalle de un objeto, así como crear interés y la ilusión de profundidad.

DIBUJAR:
• Sigue los pasos que se indican para crear un reloj de bolsillo "abierto" basado en guías de formas geométricas simples.
• Usando números o números romanos, distribuye esos números por igual y en secuencia alrededor de todo el reloj (es decir, #12 está a 180 grados de #6).
• Utiliza técnicas 3D aprendidas que se enfoquen en la perspectiva para transmitir la ilusión de profundidad. Los estudiantes también tendrán en cuenta el tamaño, la posición, el detalle y el tono.

VOCABULARIO:
Ángulo - La figura formada por dos planos que divergen de una línea común. "Ángulo" puede referirse al espacio entre dichas líneas o superficies, y también puede hacer referencia a una dirección o punto de vista.

Perspectiva - La técnica utilizada para crear la ilusión de 3D en una superficie 2D. La perspectiva ayuda a crear una sensación de profundidad o espacio de retroceso.

Números romanos - El sistema numérico en la antigua Roma, utiliza combinaciones de letras del alfabeto latino para significar valores.

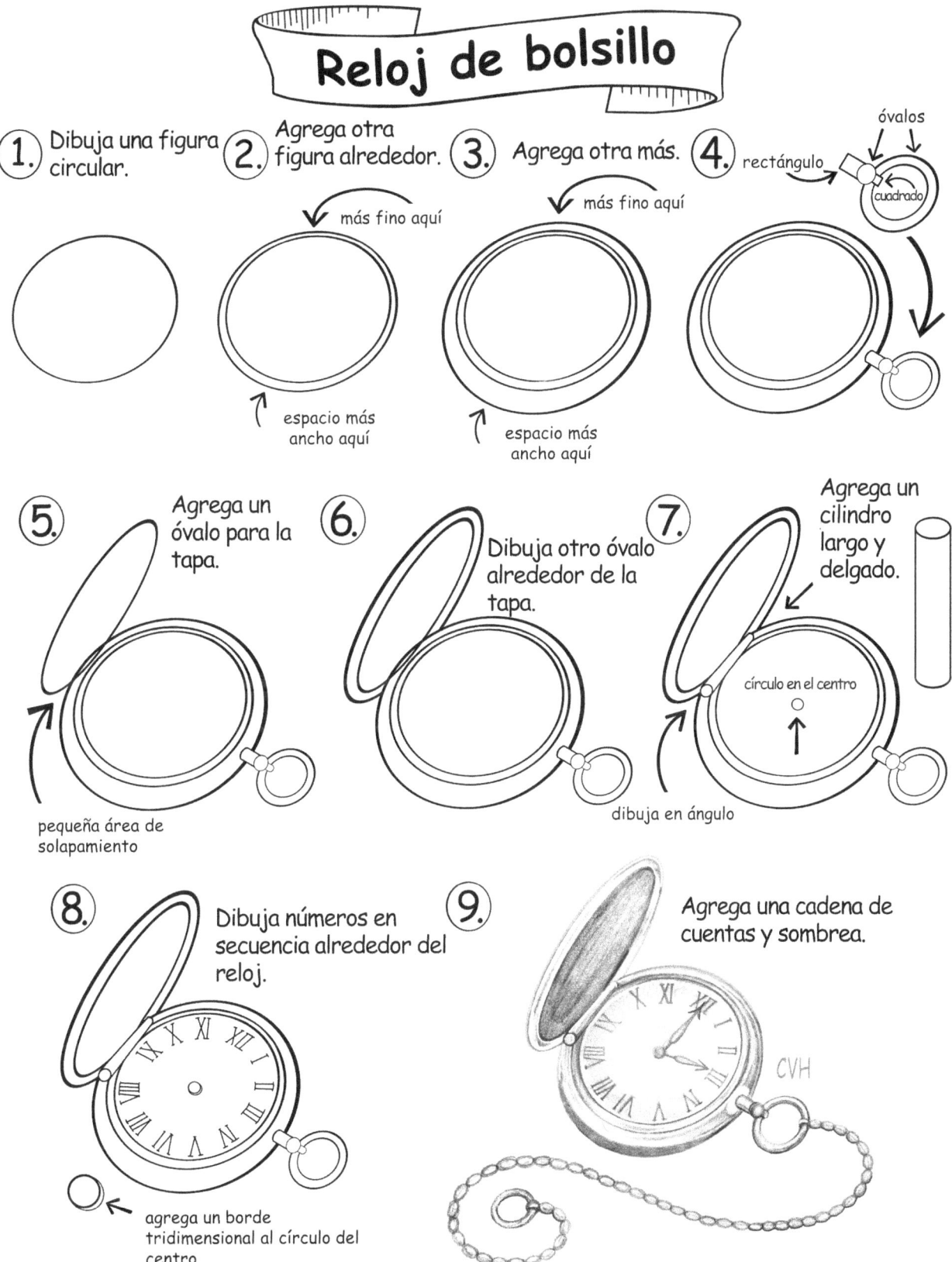

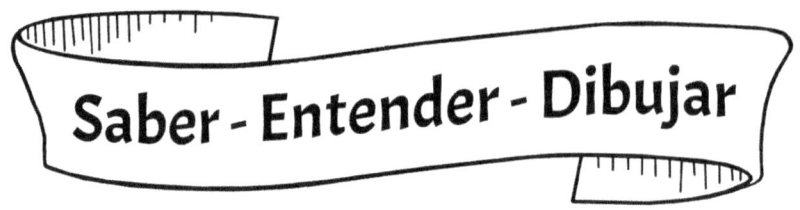

ESLABONES DE CADENA

SABER:
Superposición

ENTENDER:
Cómo crear la apariencia de las formas entrelazadas mediante el uso de técnicas de superposición y sombreado.

DIBUJAR:
• Crea una cadena de eslabones entrelazados realista utilizando los consejos y trucos proporcionados.
• Sombrea.
• Borra algunas áreas de cada enlace para crear un efecto de "brillo" metálico.

VOCABULARIO:
Superposición - Cuando una cosa se encuentra cubriendo parcialmente otra cosa.

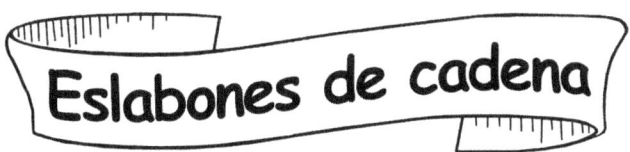

Eslabones de cadena

1. Comienza con un rectángulo.

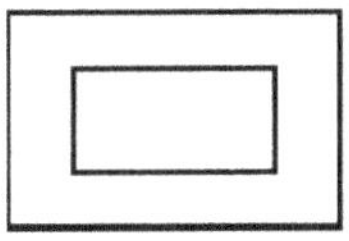

dentro de un rectángulo

2. Redondea las esquinas.

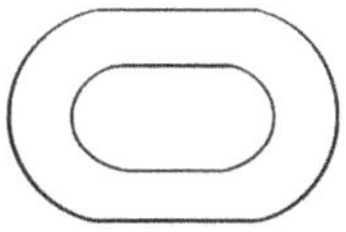

incluso las de adentro

3. Agrega otro rectángulo redondeado pequeño.

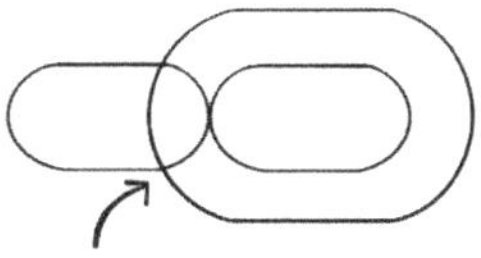

debería tocar el otro rectángulo pequeño

4. Rodea el pequeño rectángulo redondeado

con otro más grande.

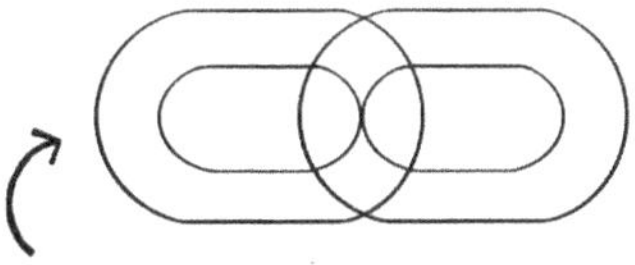

5. Borra las áreas punteadas.

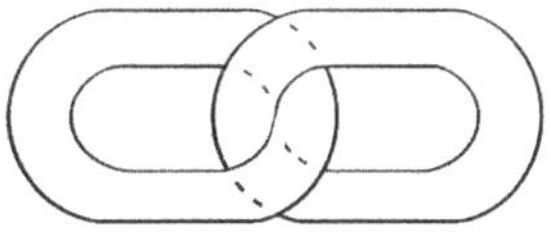

6. Agrega la porción del siguiente eslabón.

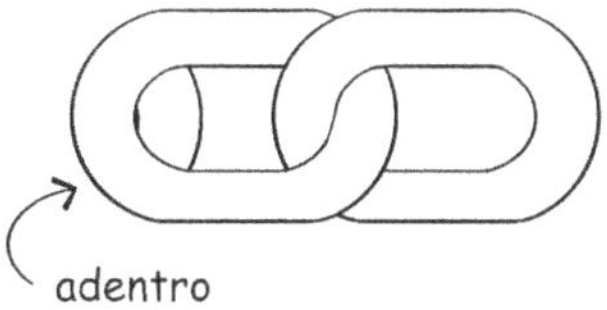

adentro

7. Completa el eslabón.

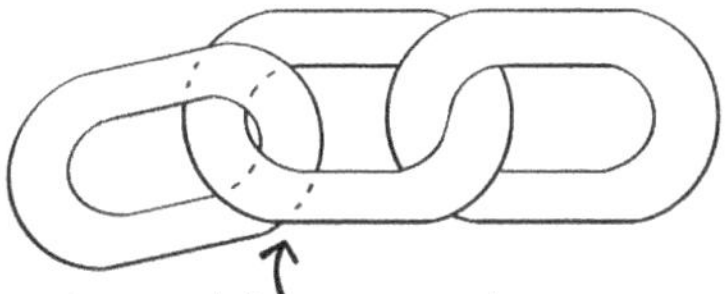

borra el área punteada

8. Agrega otro eslabón.

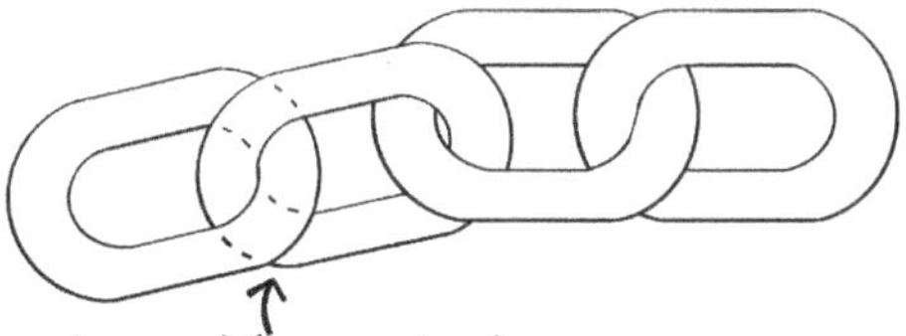

borra el área punteada

9. Intenta voltear el eslabón de lado.

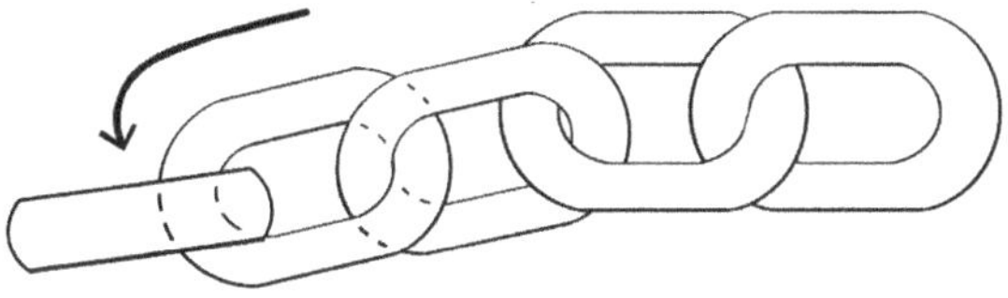

los eslabones no siempre yacen planos

10. Sigue agregando eslabones hasta lograr el efecto deseado.

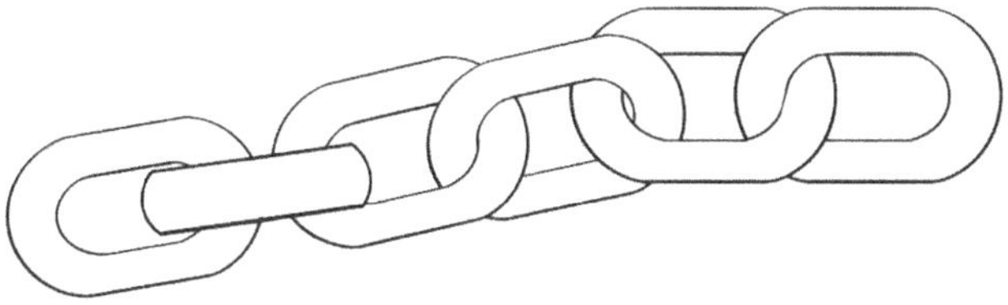

11. Sombrea.

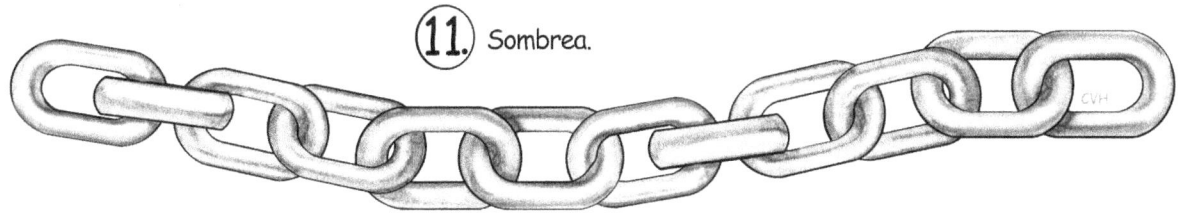

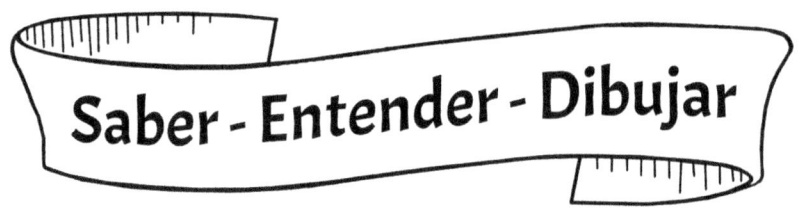

ROSA DE LOS VIENTOS

SABER:
Equilibrio, brújula, repetición, simetría rotacional

ENTENDER:
• Cómo organizar elementos en una ilustración para que aparezcan simétricos o igualmente equilibrados.
• Una rosa de los vientos se utiliza para mostrar la orientación de las direcciones cardinales y sus puntos intermedios

DIBUJAR:
• Sigue los pasos indicados para crear un diseño original de rosa de los vientos centrado en la simetría rotacional.
• Sombrea con lápiz o colorea con marcador.

VOCABULARIO:
Equilibrio - Un principio de diseño, el equilibrio se refiere a la forma en que los elementos del arte están dispuestos para crear una sensación de estabilidad en una obra; una disposición agradable o armoniosa o proporción de partes o áreas en un diseño o composición.

Brújula - Un instrumento de navegación que mide las direcciones en un marco de referencia que es estacionario en relación con la superficie de la tierra. El marco de referencia define las cuatro direcciones cardinales (o puntos): norte, sur, este y oeste.

Rosa de los vientos - es una figura en una brújula, mapa, carta náutica o monumento utilizado para mostrar la orientación de los puntos cardinales y sus puntos intermedios.

Simetría rotacional - Un objeto que se ve igual después de un cierto movimiento circular alrededor del centro de ese objeto.

Simetría - Un objeto que es igual a ambos lados.

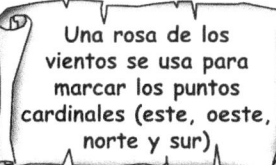
Una rosa de los vientos se usa para marcar los puntos cardinales (este, oeste, norte y sur)

Rosa de los vientos

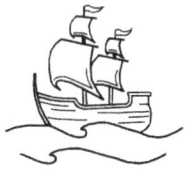

1. Usa una regla y dibuja una cruz simétrica.

2. Dibuja una "X" sobre la cruz.

3. Ubica 4 puntos a igual distancia sobre la "X".

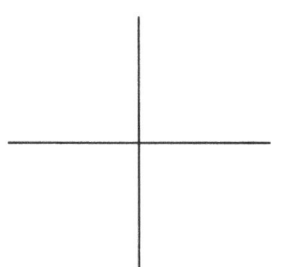

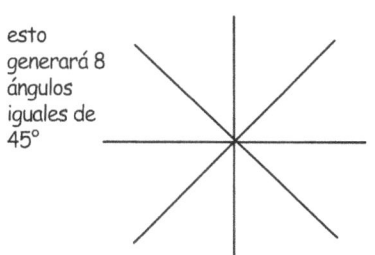

esto generará 8 ángulos iguales de 45°

dibuja un triángulo usando la punta superior de la cruz y los dos puntos más altos

4. Traza una línea desde cada punto al extremo más cercano de la cruz.

5. Marca otro conjunto de puntos desde las nuevas líneas.

6. Traza una línea desde cada punto al extremo más cercano de la segunda cruz.

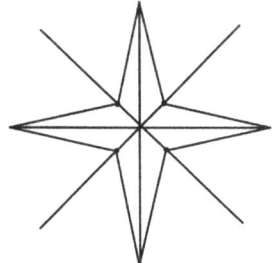

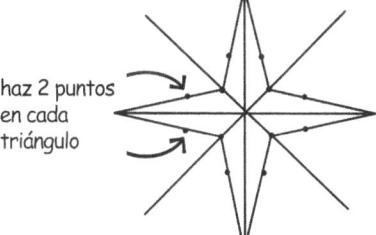

haz 2 puntos en cada triángulo

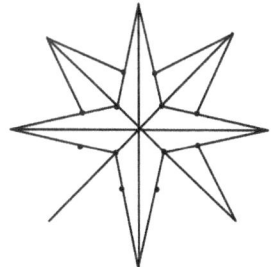

7. Repasa las líneas con un marcador fino y borra las líneas con lápiz.

8. Rellena el lado derecho de cada triángulo con un color.

9. Rellena las restantes áreas con un color más claro.

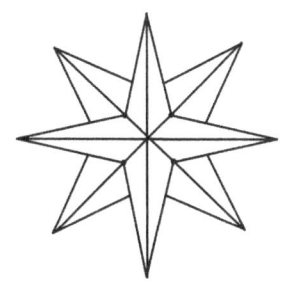

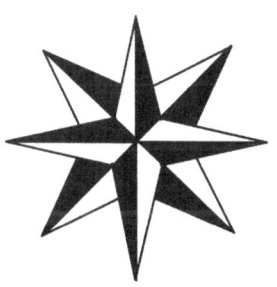

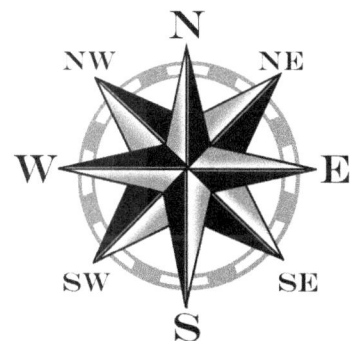

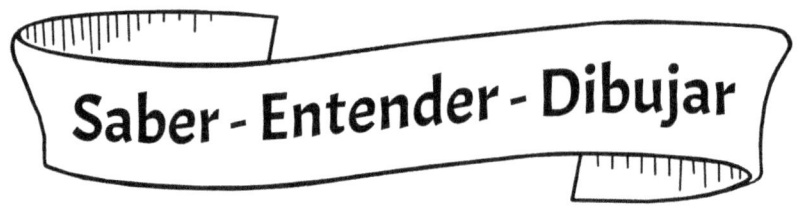

CUPCAKE

SABER:
Equilibrio, elipse, repetición

ENTENDER:
• La diferencia entre forma y figura.
• Cómo organizar elementos en una ilustración para que parezcan simétricos o igualmente equilibrados.
• Las elipses en el arte pueden ayudar a dar la apariencia de un objeto 3D.

DIBUJAR:
• Sigue los pasos indicados para crear un diseño de cupcake original que comience con formas simples que finalmente se conectan para crear formas complejas.

• Utiliza las técnicas 3D aprendidas enfocadas en la superposición para transmitir la ilusión de profundidad. Los estudiantes también tendrán en cuenta el tamaño, la posición, el detalle y el color.

VOCABULARIO:

Equilibrio - Un principio de diseño, el equilibrio se refiere a la forma en que los elementos del arte están dispuestos para crear una sensación de estabilidad en una obra; una disposición agradable o armoniosa o la proporción de partes o áreas en un diseño o composición.

Óvalo - (elipse) Una forma bidimensional que parece un círculo que se ha estirado para que sea más largo.

Magdalena

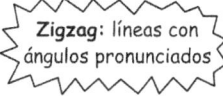
Zigzag: líneas con ángulos pronunciados

1. Comienza con un óvalo delgado.
2. Agrega líneas levemente inclinadas a los lados.

   inclinado hacia adentro
   levemente curvo
3. Haz un patrón de zigzag curvo alrededor del óvalo. 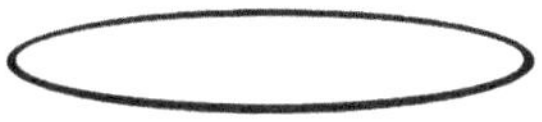 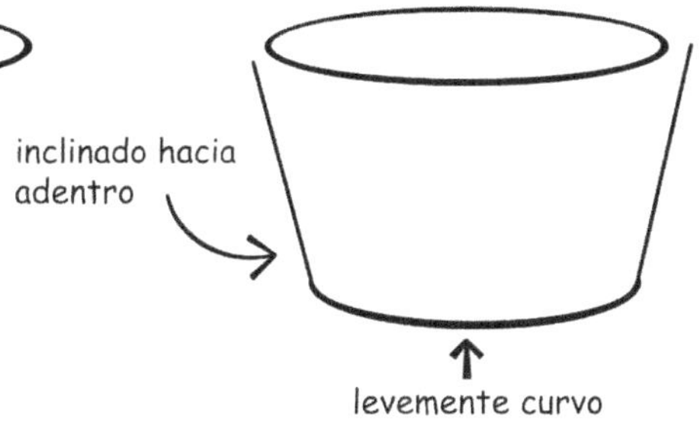 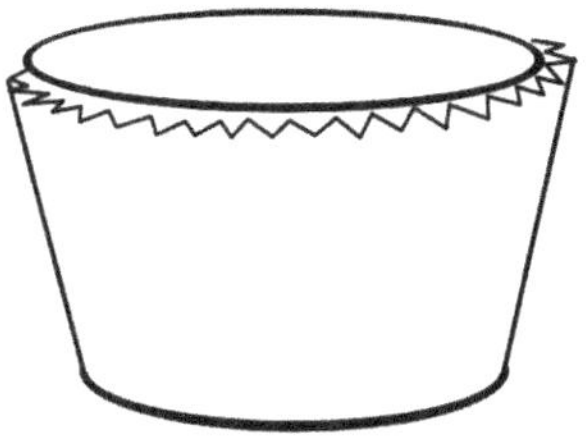
4. Dibuja líneas verticales desde las esquinas del zigzag.

   elimina la tapa del óvalo (línea punteada)
5. Agrega una porción de merengue.
6. Haz los bordes del merengue.

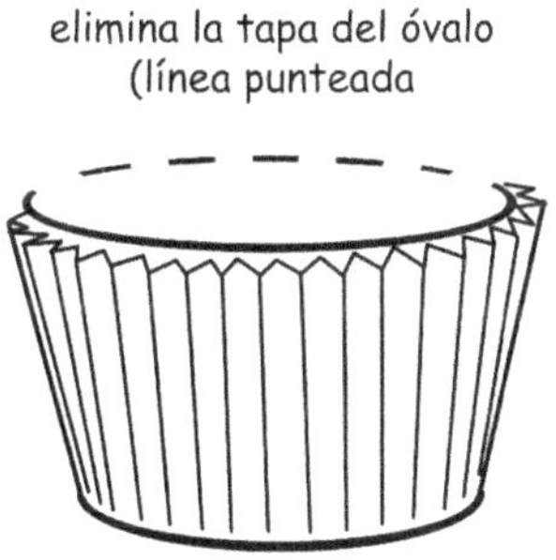

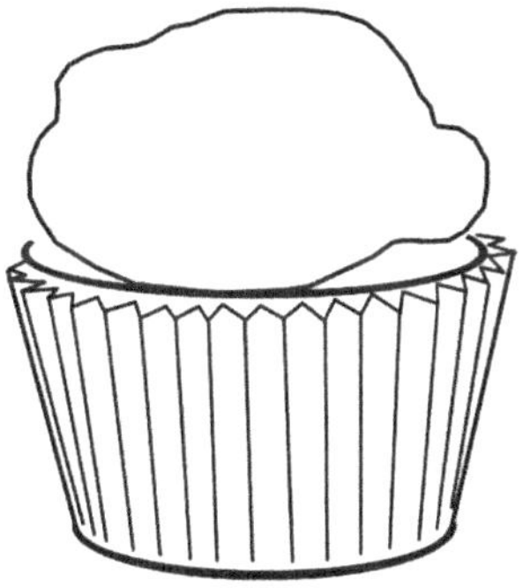

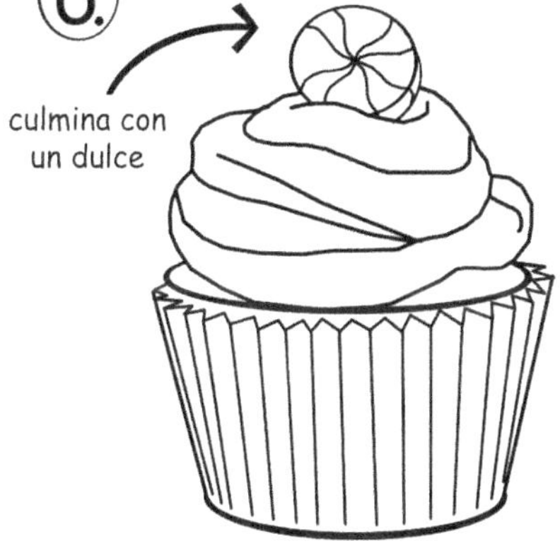

   culmina con un dulce

Decora y sombrea

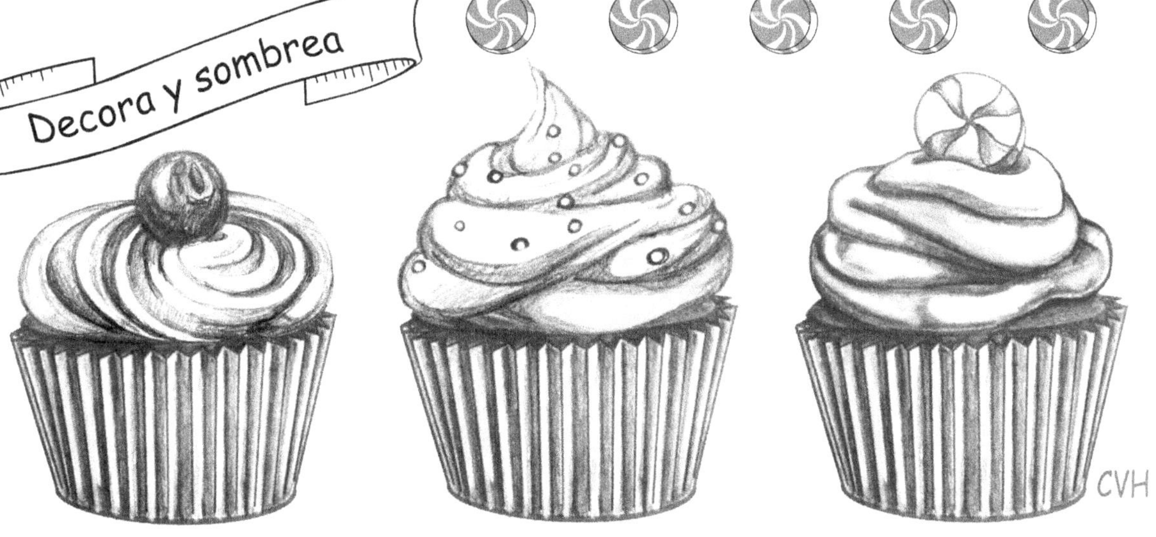

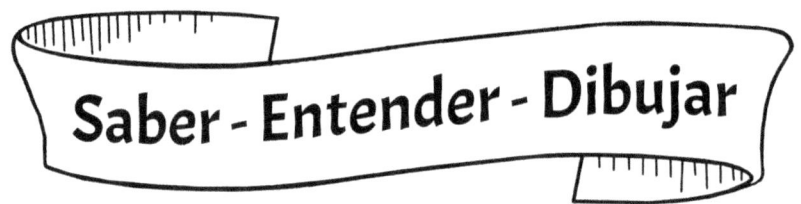

CRÁNEO ALIENÍGENA

SABER:
Forma geométrica, ángulo

ENTENDER:
Un círculo simple puede ser el punto de partida básico para una variedad de creaciones artísticas.

DIBUJAR:
• Crea tu versión de un cráneo alienígena usando los consejos y trucos proporcionados.
• Sombrea el borde exterior más oscuro que el interior para un efecto 3D y redondeado.

VOCABULARIO:

Ángulo - Una figura formada por dos líneas o bordes que divergen o cruzan un punto común.

Geométrico - Cualquier forma o figura que tenga diseño matemático. Los diseños geométricos se hacen típicamente con líneas rectas o formas geométricas.

Cráneo alienígena

1. Comienza con un círculo.

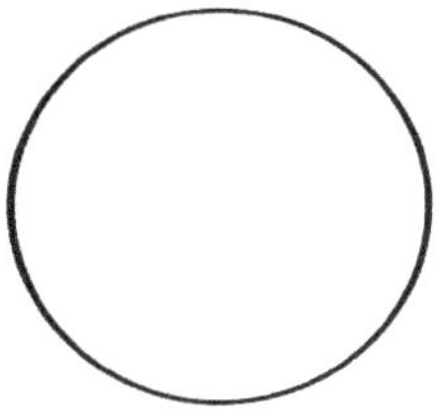

2. Dibuja un rectángulo corto.

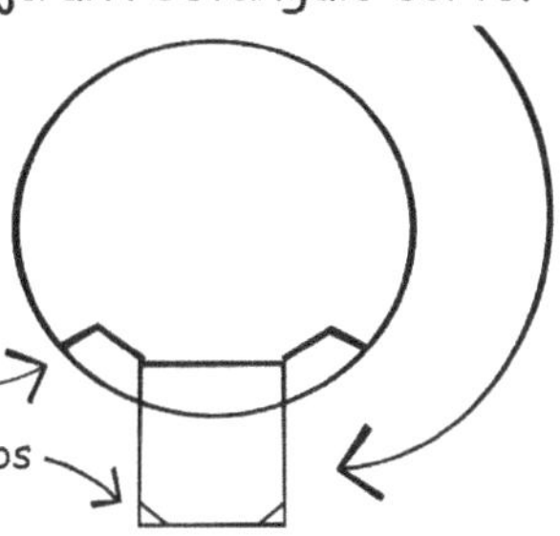

agrega esta forma de punta en ambos lados

pequeños triángulos

3. Dibuja una línea inclinada (cambia la dirección en los puntos).

agrega 2 pequeños triángulos

borra lo punteado

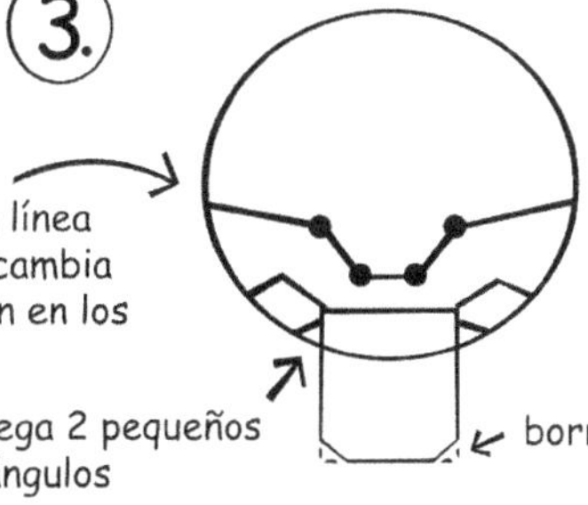

4. agrega pequeños triángulos en ambos lados

2 formas inclinadas en ambos lados

borra el área punteada

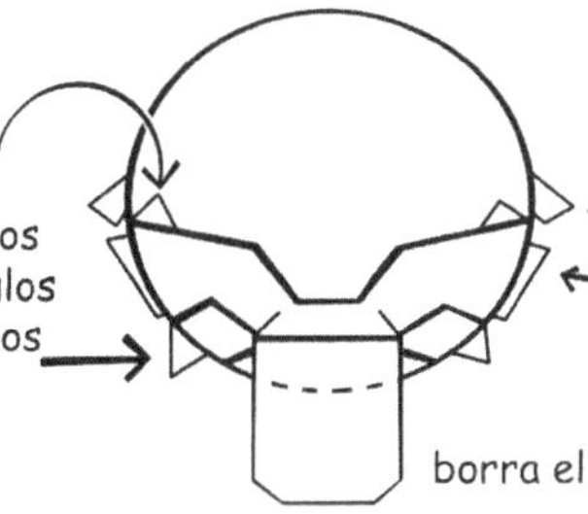

5. borra lo punteado

forma de "MM"

forma de "M"

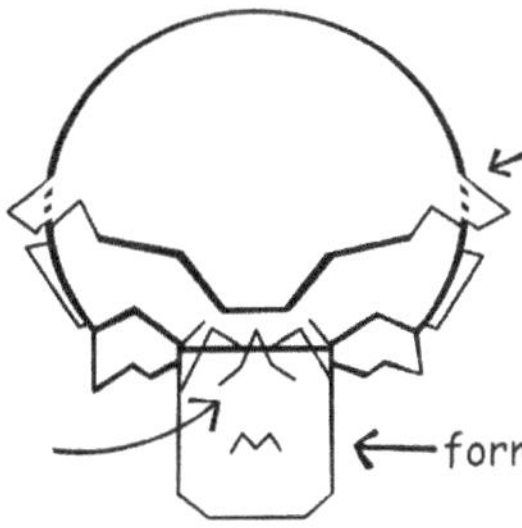

6. dibuja una nariz (parece un cohete)

líneas gruesas para los dientes

agrega 2 puntas

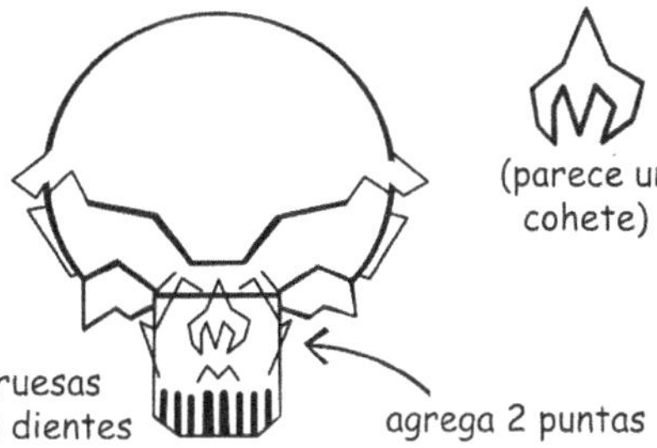

7. más letras "M" arriba de los dientes

borra las líneas de la nariz

esboza los huesos en cruz debajo del cráneo

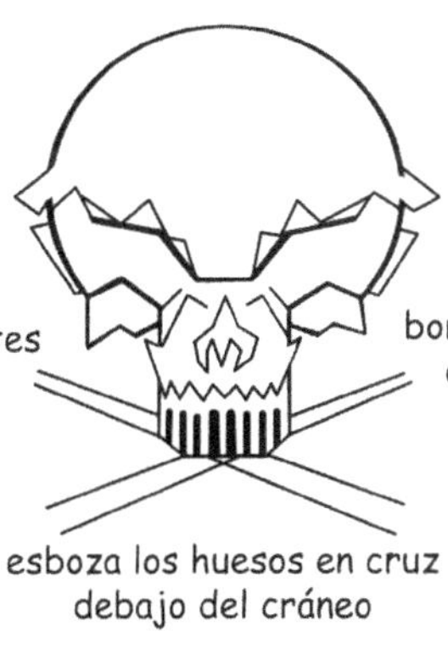

8. Agrega tus propios detalles.

Sombrea.

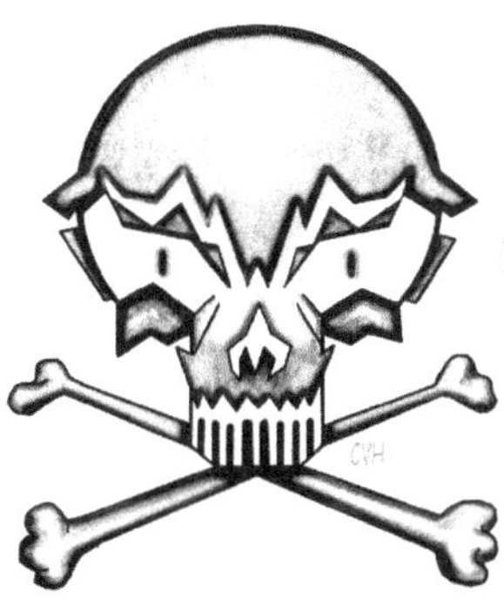

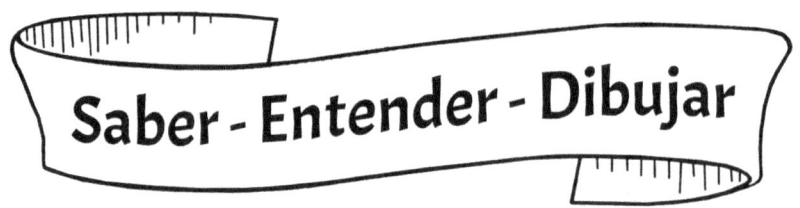

AL MICRÓFONO

SABER:
Esfera, cilindro, rectángulo, patrón

ENTENDER:
Conectar formas para crear figuras cotidianas reconocibles

DIBUJAR:
• Elige un estilo y crea tu versión de un micrófono utilizando el contorno proporcionado.
• "Envuelve" el micrófono moderno con líneas circulares para crear una esfera. "Envuelve" el micrófono de estilo más antiguo cono para denotar ángulos y bordes.
• Añade detalles de patrón y sombra.

VOCABULARIO:
Cilindro - Un tubo que parece tridimensional.
Patrón - La repetición de formas, líneas o colores en un diseño.
Esfera - Una figura tridimensional con forma de bola, circular desde todos los puntos de vista posibles.

Micrófono

inalámbrico

1. Comienza con un círculo.
2. Agrega la base.
3. Agrega líneas curvas para denotar la forma.
4. Sombrea.

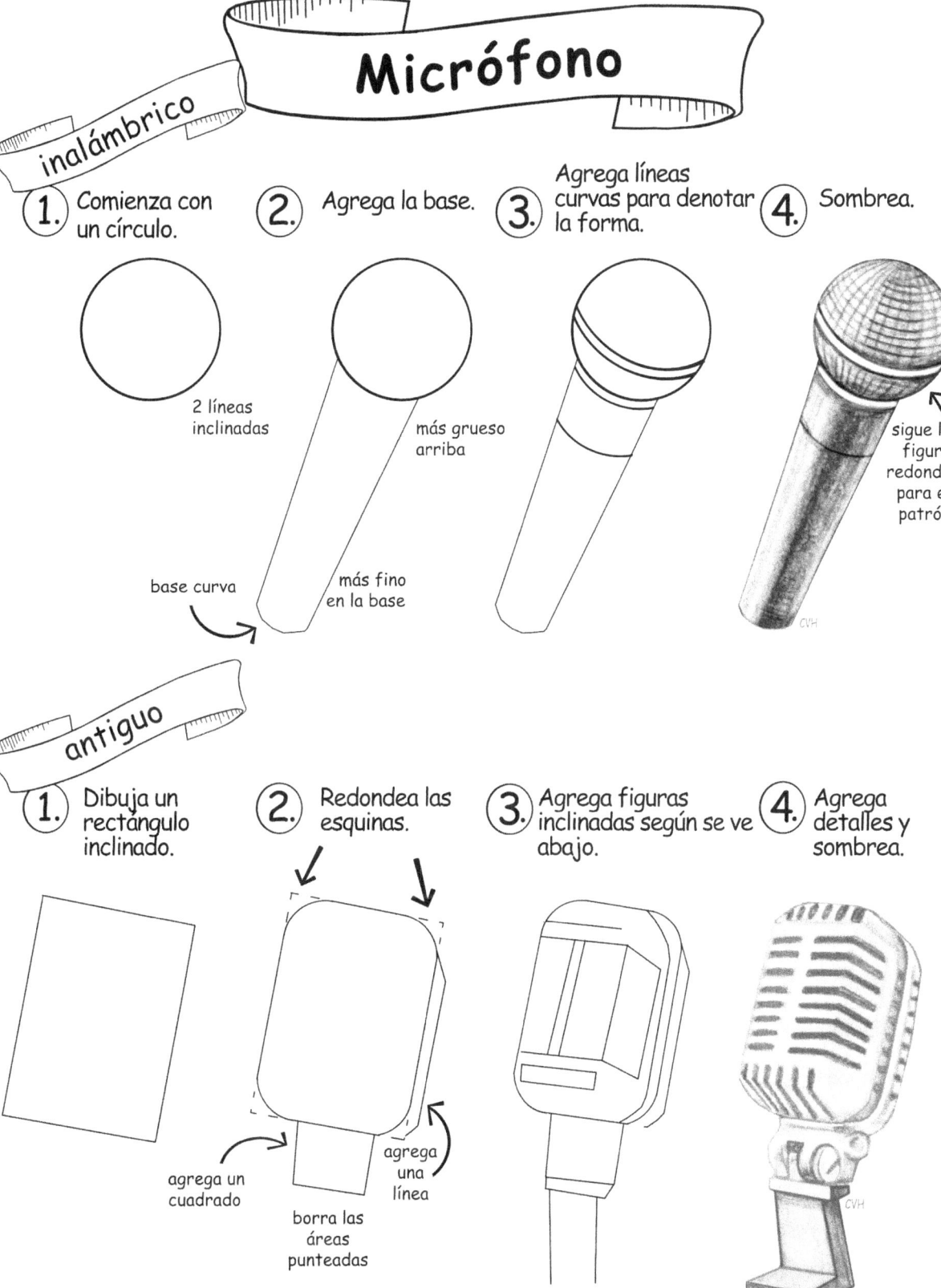

2 líneas inclinadas

base curva

más grueso arriba

más fino en la base

sigue la figura redonda para el patrón

antiguo

1. Dibuja un rectángulo inclinado.
2. Redondea las esquinas.
3. Agrega figuras inclinadas según se ve abajo.
4. Agrega detalles y sombrea.

agrega un cuadrado

borra las áreas punteadas

agrega una línea

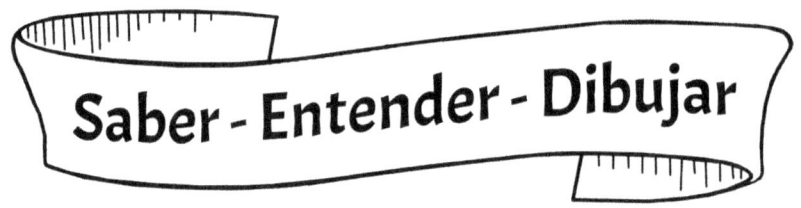

TUMBAS CON PAÑOS

SABER:
Paños, textura

ENTENDER:
• Creación de formas complejas a partir de formas simples.
• La textura es utilizada por los artistas para mostrar cómo podría sentirse o de qué está hecho algo.
• El estudio de formas de representar paños es esencial en el desarrollo de las habilidades de un artista. Los pliegues de paños se componen de superficies curvas que reflejan gradaciones de valor.

DIBUJAR:
Crea una escena de cementerio o una lápida que incluya al menos 2 tumbas que muestren bordes 3D, una textura de "aspecto de madera" y pliegues de tela.

VOCABULARIO:
Paño - Tela o una representación de tela dispuesta para colgar en pliegues.
Textura - La forma en que algo se ve en una obra de arte. Las texturas simuladas son sugeridas por un artista con diferentes pinceladas, líneas de lápiz, etc.
Valor - La claridad u oscuridad de un color.

Tumbas con telas

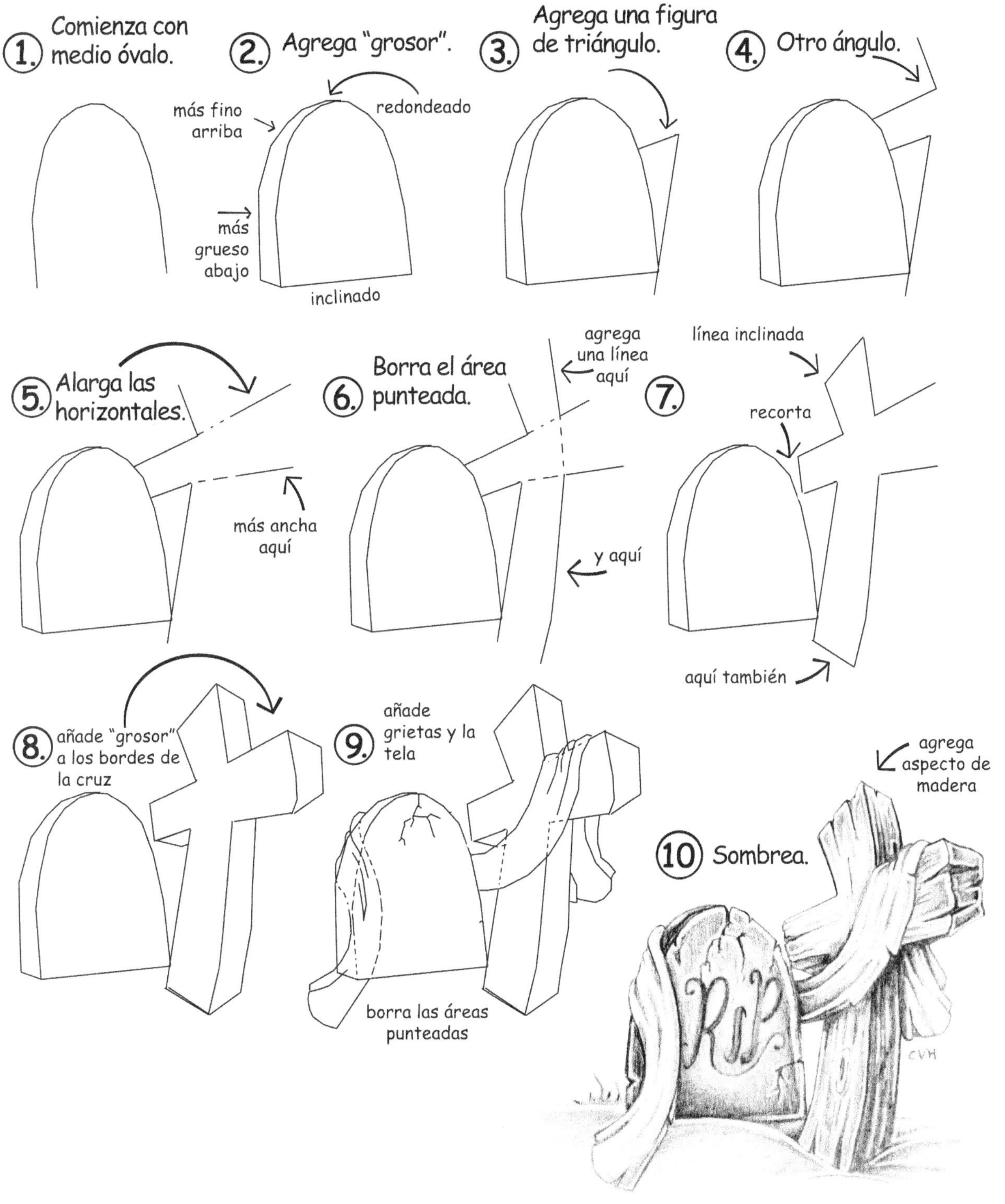

1. Comienza con medio óvalo.
2. Agrega "grosor". — más fino arriba, redondeado, más grueso abajo, inclinado
3. Agrega una figura de triángulo.
4. Otro ángulo.
5. Alarga las horizontales. — más ancha aquí
6. Borra el área punteada. — agrega una línea aquí, y aquí
7. línea inclinada, recorta, aquí también
8. añade "grosor" a los bordes de la cruz
9. añade grietas y la tela — borra las áreas punteadas
10. Sombrea. — agrega aspecto de madera

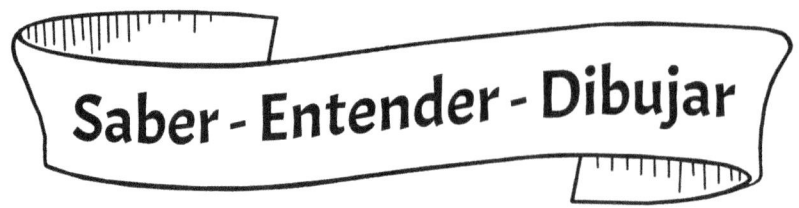

DIBUJA LA TIERRA

SABER:
Esfera, continentes, líneas curvas

ENTENDER:
Las líneas y formas dibujadas de forma curva sobre un círculo ayudan a crear la ilusión de una esfera.

DIBUJAR:
- Elige una vista de la Tierra para dibujar de la ficha o de un globo terráqueo.
- "Envuelve" los continentes alrededor del círculo.
- Añade detalles y sombrea.

VOCABULARIO:

Continentes - Las grandes masas terrestres en la Tierra con siete regiones: Asia, África, América del Norte, América del Sur, Antártida, Europa y Australia.

Esfera - Una figura tridimensional con forma de bola, circular desde todos los puntos de vista posibles.

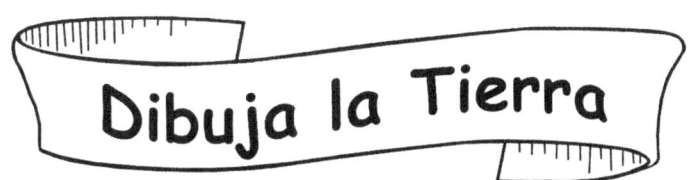
Dibuja la Tierra

Este tutorial solo muestra dos de las varias vistas de nuestro planeta.

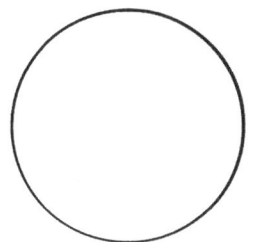 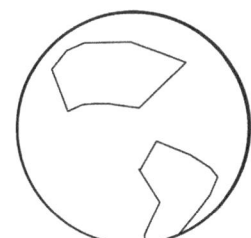 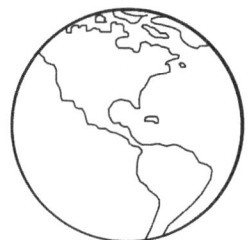 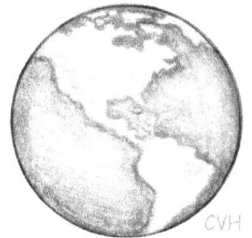

1. Comienza con un círculo.
2. Crea figuras simples para los continentes.
3. Agrega más detalle.
4. Sombrea.

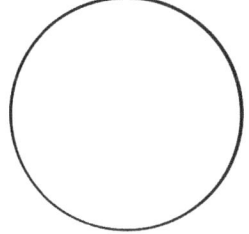 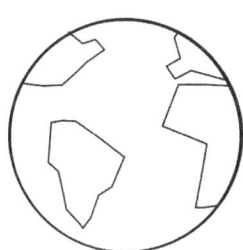 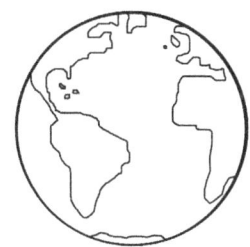 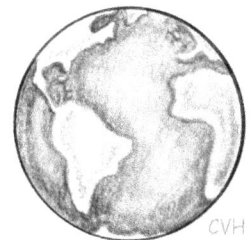

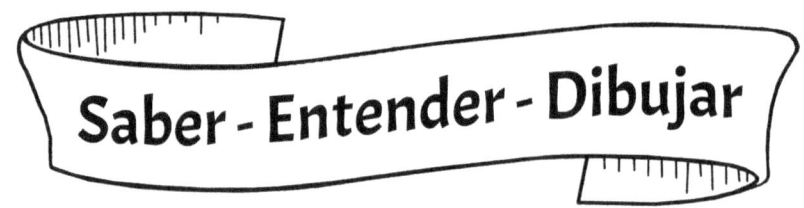

JAULA DE PÁJARO

SABER:
Los sencillos pasos para crear una jaula de aves 3D

ENTENDER:
• Un cilindro transparente nos permite ver a través de la figura en todos los ángulos.
• Las líneas que envuelven la parte superior de la forma ayudan a crear la ilusión de la figura.

DIBUJAR:
• Sigue los pasos indicados para crear una jaula de aves. Asegúrate de dibujar líneas en el "frente" y "atrás" para indicar la ilusión de 3D.
• Añade "extras" como un pájaro.

VOCABULARIO:
Cilindro - Un tubo que parece tridimensional.
Elipse - Un círculo visto en ángulo (dibujado como un óvalo).
Transparente – Que se puede ver a través.

Jaula de pájaro

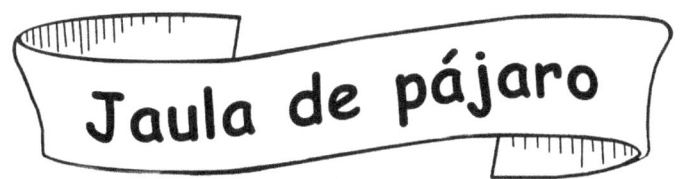
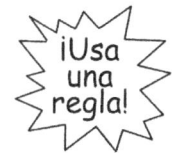

¡Usa una regla!

1. Comienza con un rectángulo curvo arriba.

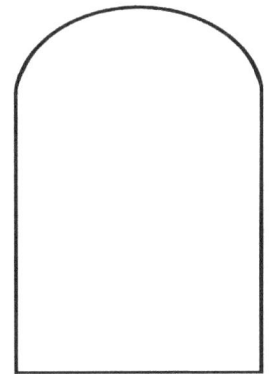

2. Agrega un óvalo dentro cerca de la base.

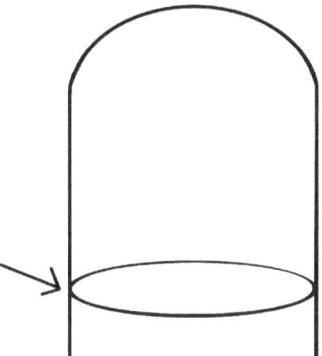

3. Agrega una línea curva para engrosar el óvalo.

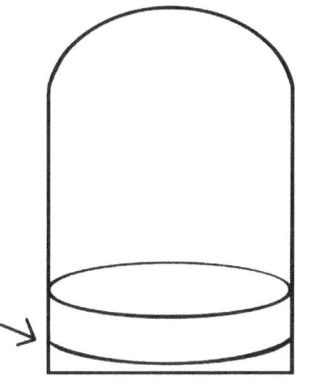

4. Borra el área debajo del óvalo (área punteada).

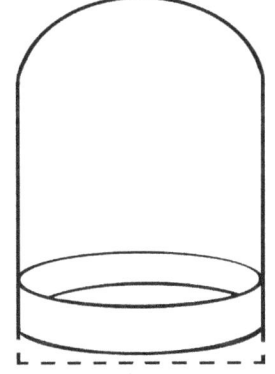

5. Agrega 2 óvalos más.

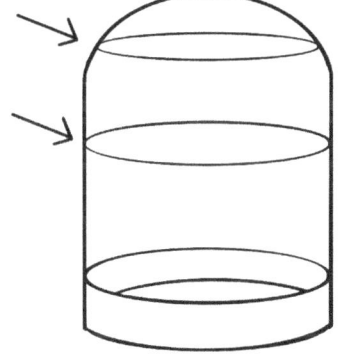

6. Agrega líneas paralelas curvas en la parte superior.

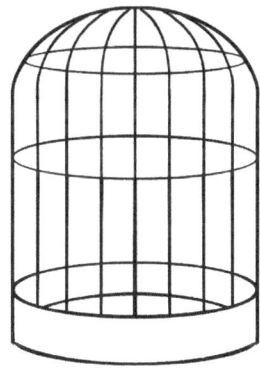

7. Agrega barrotes en la cara "alejada" de la jaula.

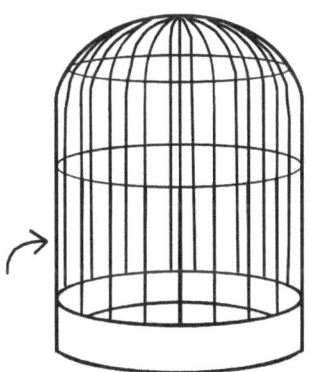

8. Agrega un ornamento arriba y una puerta.

9. Agrega detalles de sombras y "elementos adicionales".

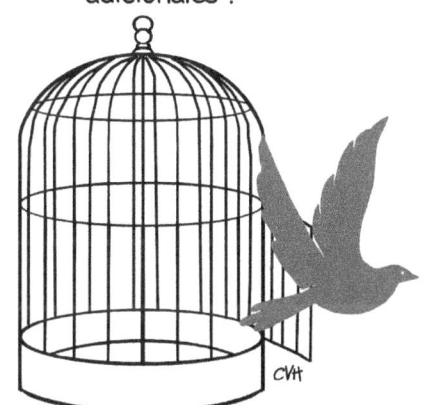

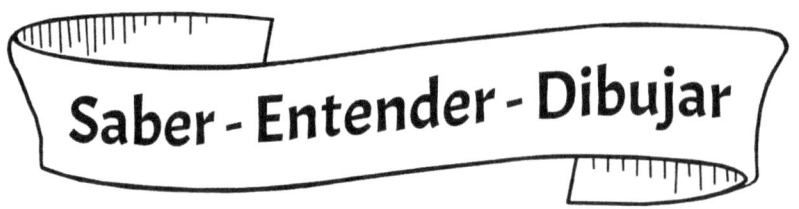

PATAS Y GARRAS

SABER:
Los sencillos pasos para crear impresiones de patas y garras desgarradoras

ENTENDER:
- Formas simples combinadas pueden crear figuras reconocibles.
- Los pequeños detalles pueden crear efectos potentes en el dibujo.

DIBUJAR:
Sigue los pasos indicados para crear una impresión de pata y un conjunto de garras desgarradoras.

VOCABULARIO:
Efecto - Un resultado o consecuencia de alguna acción o proceso.
Forma orgánica - Una forma irregular que podría encontrarse en la naturaleza, en lugar de una forma mecánica o angular.
Vertical - La dirección que va hacia arriba y hacia abajo.

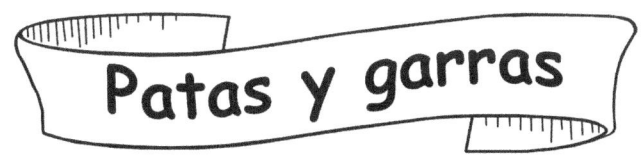
Patas y garras

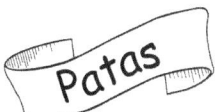
Patas

1. Comienza con una figura de huevo ancho.

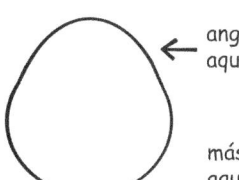
← angosto aquí

más ancho aquí

2. Agrega 2 líneas.

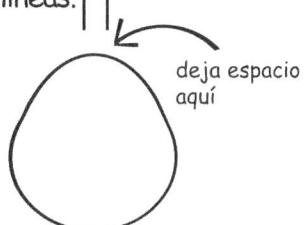
deja espacio aquí

3. Dibuja diagonales.

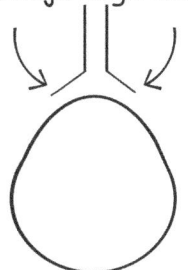

4. Redondea los bordes.

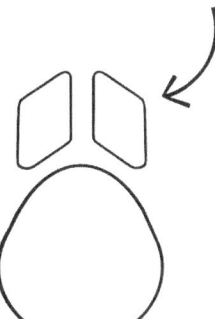

5. Agrega 2 dedos más.

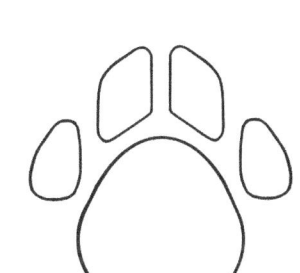

6. Agrega pequeños triángulos para las garras.

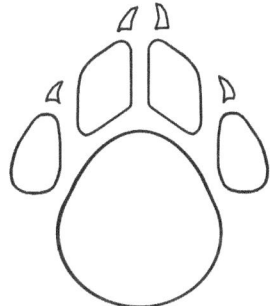

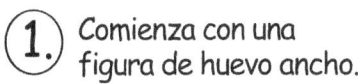
Garras

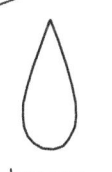 →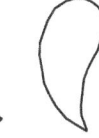

haz una forma de gota

voltéala y cúrvala

1. Comienza con 4 garras curvas.

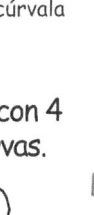

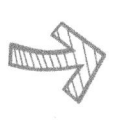

2. Dibuja un triángulo largo desde cada garra.

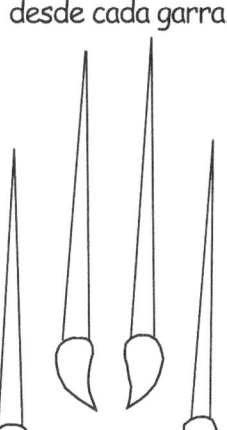

3. Sombrea.

agrega bordes irregulares para un efecto de desgarre

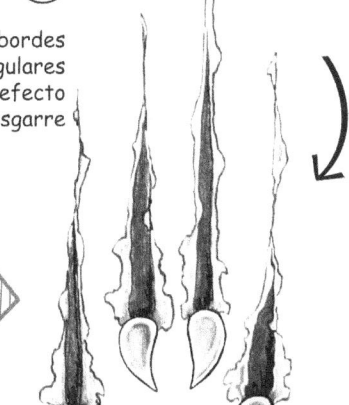

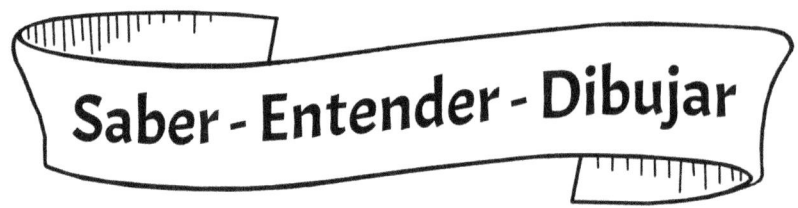

ANIME

SABER:
Anime, características exageradoras, caricatura

ENTENDER:
• Características del arte anime.
• Uso de la exageración y la distorsión en una obra de arte para crear un estilo particular.

DIBUJAR:
Sigue los pasos que se indican para crear un carácter de estilo original "Anime"

VOCABULARIO:

Anime - estilo japonés de animación, a menudo exagerando los rasgos faciales en un personaje. El término se toma prestado de la palabra francesa para la animación y combina impresiones tradicionales japonesas de estilo xilografía con diseño de caracteres de estilo americano.

Caricatura - Una representación en la que las características distintivas o peculiaridades del sujeto son deliberadamente exageradas para producir un efecto cómico o grotesco.

Distorsión - Cambiar el aspecto de algo, a veces deformando o estirando un objeto o figura normal para exagerar las características.

Exagerar – Sobrevalorar, embellecer, ampliar o reducir su tamaño.

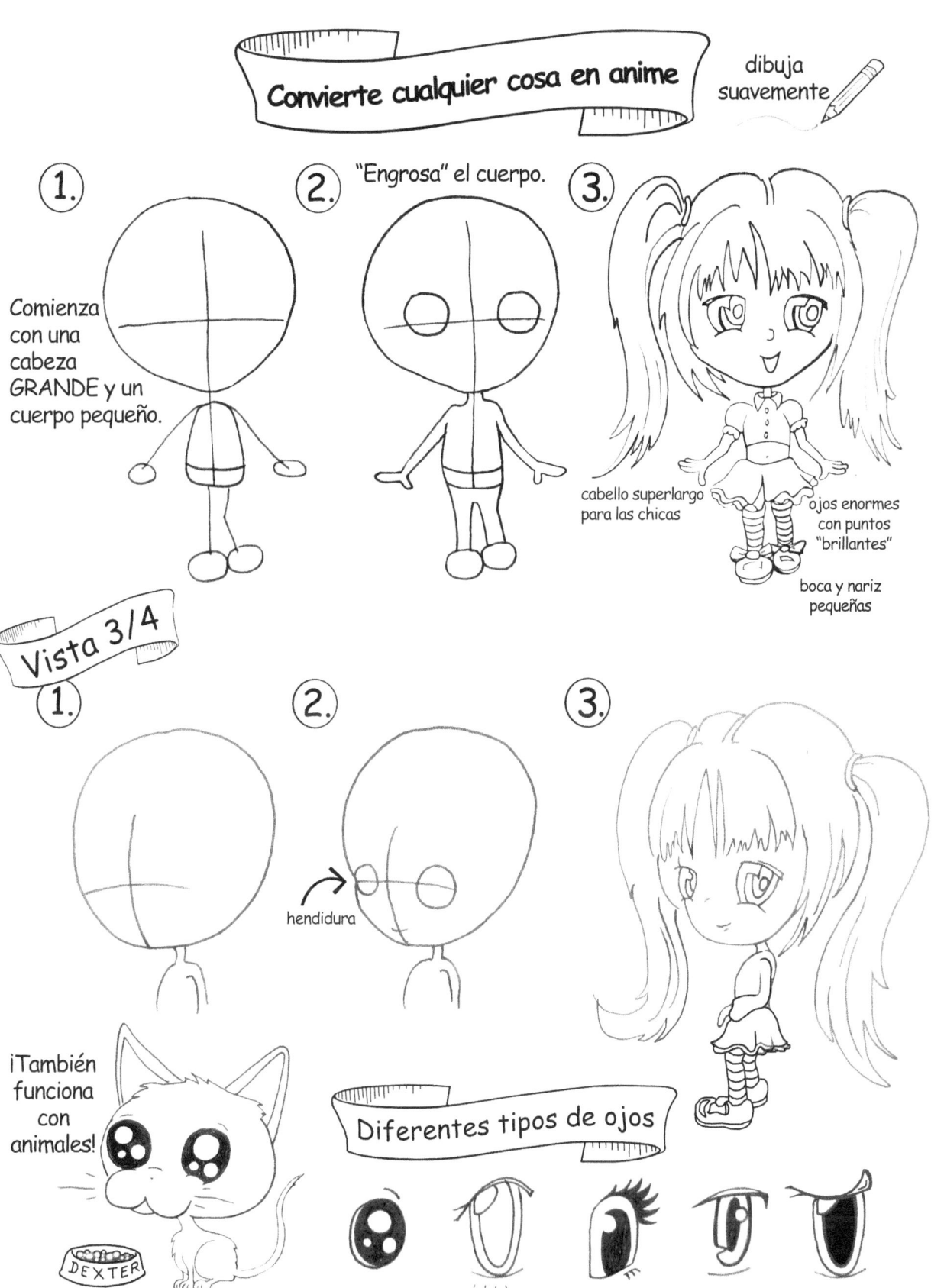

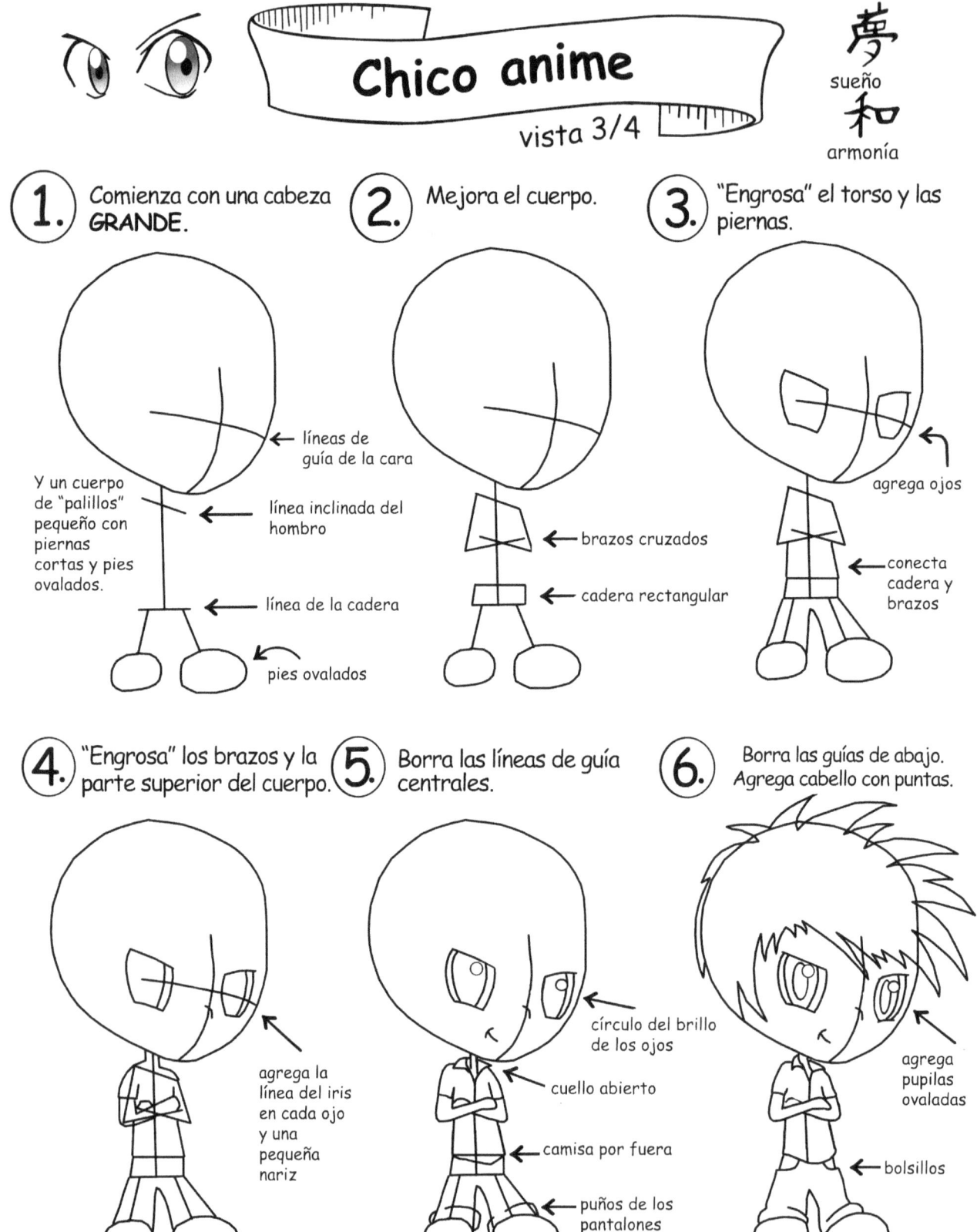

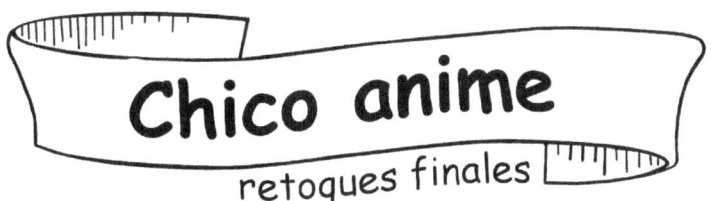
Chico anime
retoques finales

7. Borra las líneas de guía de la cabeza y la camisa.

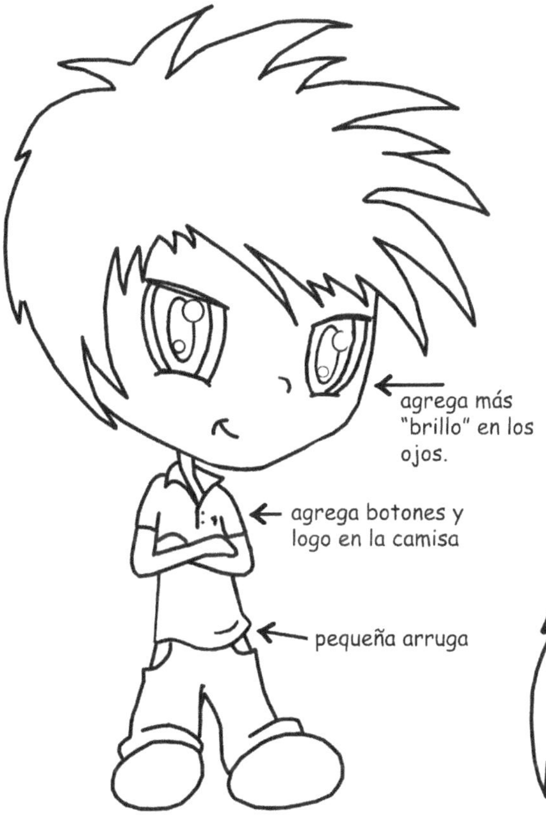

agrega más "brillo" en los ojos.

agrega botones y logo en la camisa

pequeña arruga

8. Agrega detalles.

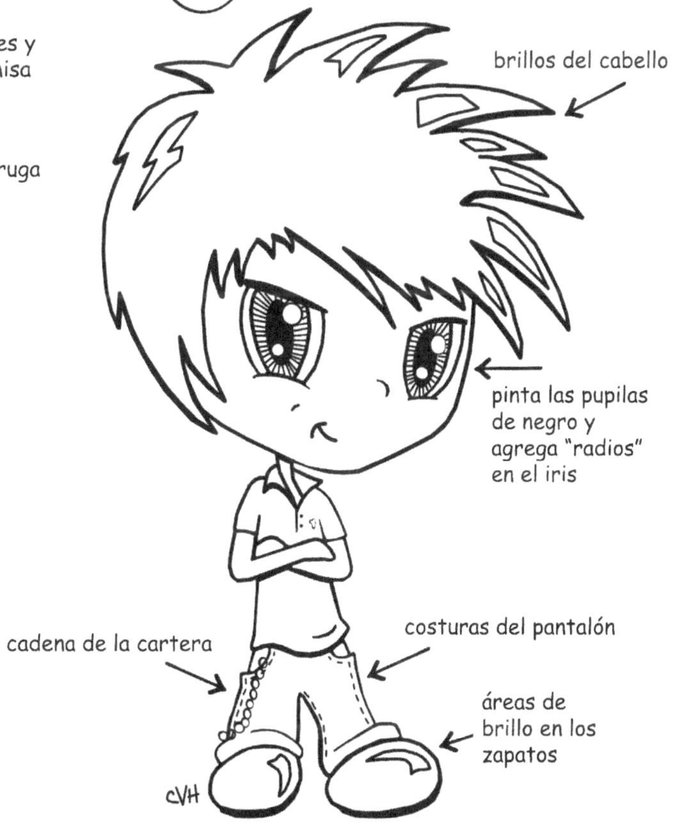

brillos del cabello

pinta las pupilas de negro y agrega "radios" en el iris

cadena de la cartera

costuras del pantalón

áreas de brillo en los zapatos

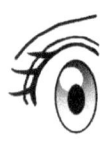 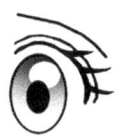

Chica anime
vista 3/4

思 delicadeza
楽 felicidad

① Comienza con una cabeza GRANDE.

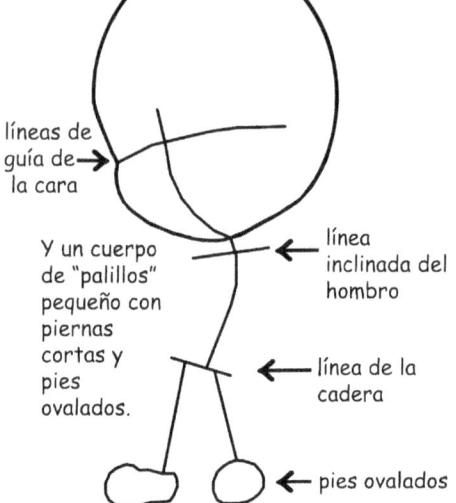

líneas de guía de la cara
Y un cuerpo de "palillos" pequeño con piernas cortas y pies ovalados.
línea inclinada del hombro
línea de la cadera
pies ovalados

② Mejora el cuerpo.

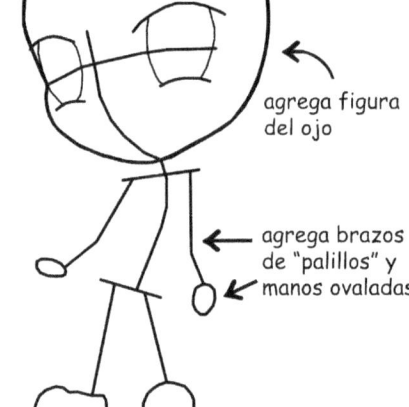

agrega figura del ojo
agrega brazos de "palillos" y manos ovaladas

③ "Engrosa" el torso y las piernas.

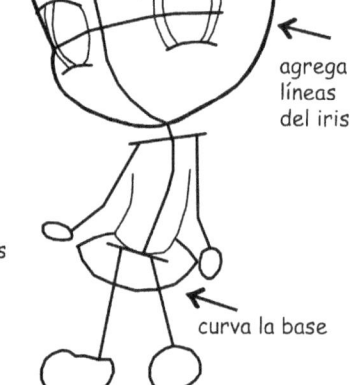

agrega líneas del iris
curva la base

④ "Engrosa" los brazos y agrega una camisa.

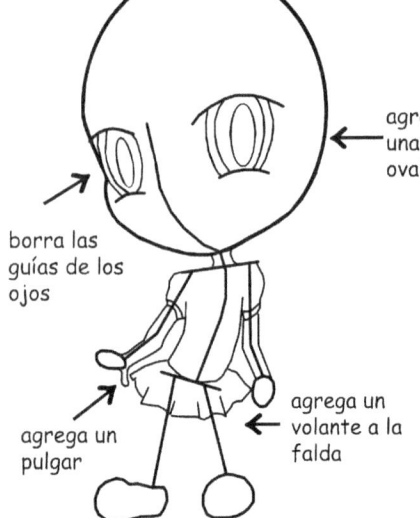

borra las guías de los ojos
agrega un pulgar
agrega un volante a la falda

⑤ Agrega nariz, boca y coletas.

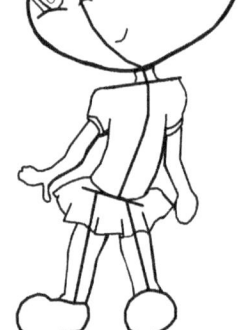

agrega una pupila ovalada

⑥ Borra las guías centrales y agrega cabello.

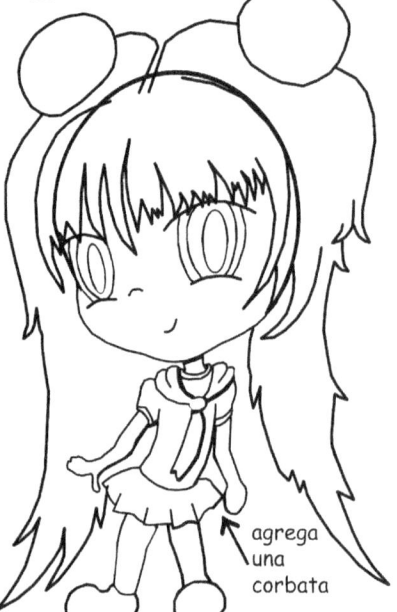

agrega una corbata

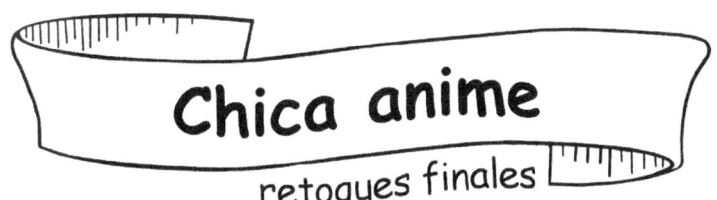
Chica anime
retoques finales

7. Borra las líneas de guía de la cabeza y la camisa.

agrega un círculo de "brillo" en el ojo

8. Agrega detalles

agrega broches del cabello

pecas en la nariz

rayas en las medias

Y otros "elementos adicionales"

brillos del cabello

agrega un oso de peluche si quieres

pinta de negro las pupilas y agrega "radios" en el iris

áreas brillantes en los zapatos

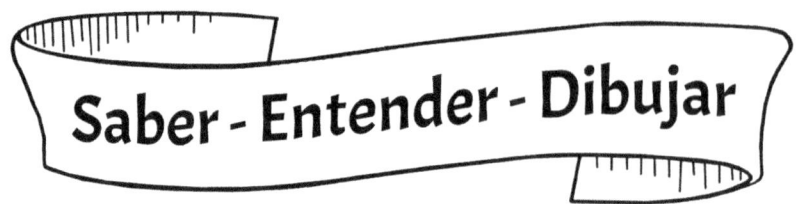

DIBUJA UN CORSÉ CON CORDONES

SABER:
Superposición

ENTENDER:
Cómo crear la ilusión de capas para que las partes de un dibujo parezcan estar delante o detrás de otras partes.

DIBUJAR:

• Discute ejemplos de imágenes bidimensionales que tengan elementos cercanos y lejanos, centrándote en cómo la superposición y las diferencias de tamaño ayudan a lograr una ilusión de profundidad.

• Sigue los pasos de la ficha para crear el aspecto de los cordones en capas/superpuestos. La superposición y las diferencias de tamaño denotarán perspectiva. Los estudiantes indicarán qué partes de su imagen parecen estar en la parte superior y qué partes parecen estar en la parte inferior.

VOCABULARIO:
Superposición - Cuando una cosa se encuentra cubriendo parcialmente a otra.
Perspectiva - El punto en el que se ve un objeto o escena.

Corsé con cordones

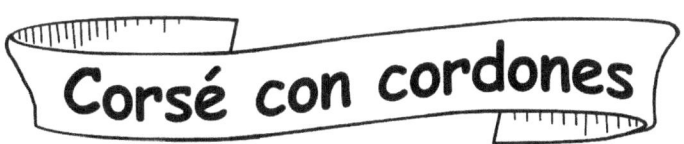

1. Comienza con una forma "V" abierta abajo.

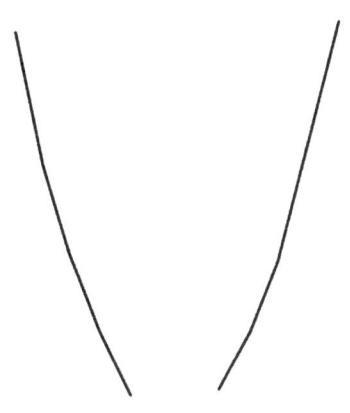

2. Agrega óvalos a la mitad a cada lado para los ojales.

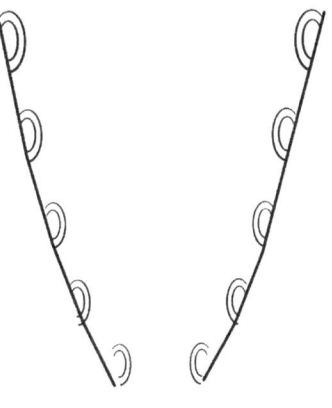

3. Borra las líneas de la "V" y agrega un zigzag.

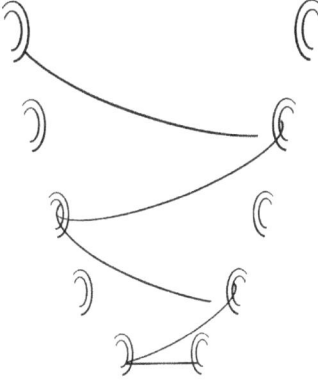

4. Agrega un zigzag al lado opuesto para crear "X".

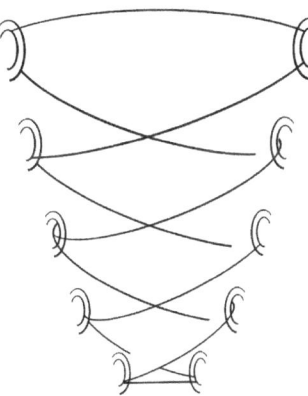

5. "Engrosa" el cordón añadiendo otra línea a cada "X".

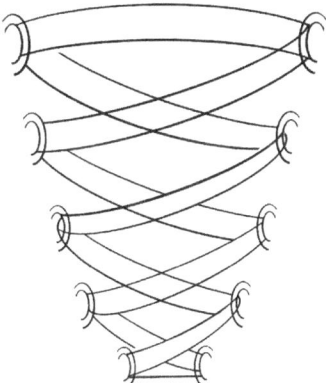

6. Borra ciertas líneas para que parezca que un cordón pasa sobre otro.

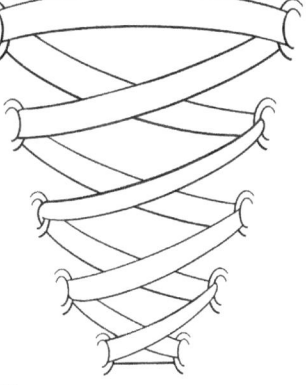

7. Agrega un moño.

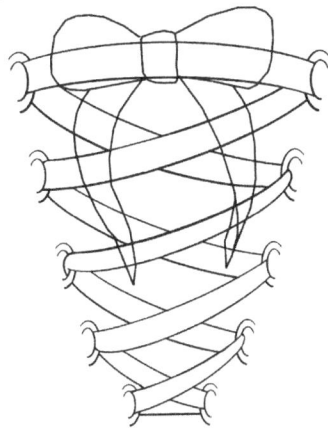

8. Borra el área detrás del moño.

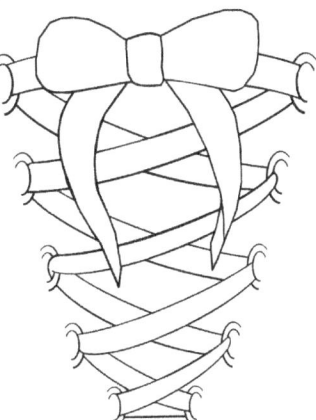

9. Sombrea.

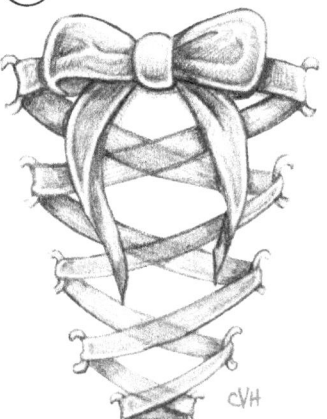

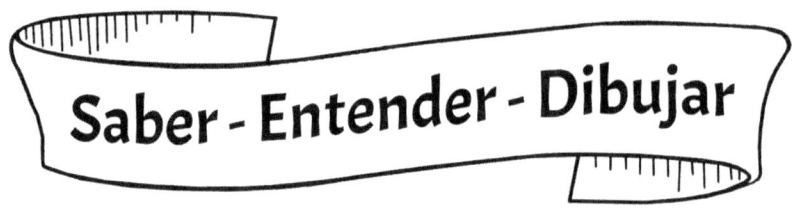

UNA ELEGANTE TAZA DE TÉ

SABER:
• Formas simples combinadas crean objetos complejos.
• La sección transversal en un cono puede crear la ilusión de un recipiente (taza de té).
• Agregar patrón y sombreado a un objeto le da forma y dimensión.

ENTENDER:
• Utilizar los principios de un cilindro (base redonda y una parte superior coo una elipse) para crear un objeto que parece contener el volumen.
• La técnica de "envolver" líneas y patrones alrededor de un objeto para que parezca tener figura.

DIBUJAR:
Crea una obra de arte original de una taza de té y un platillo que muestre superposición. Añade "extras" como una bolsita de té o cuchara y la sombra.

VOCABULARIO:
Cono - Dos líneas en el borde de una elipse que finalmente se encuentran.
Elipse - Un círculo visto en un ángulo (dibujado como un óvalo).
Superposición - Cuando una cosa se encuentra sobre otra, cubriéndola parcialmente.
Volumen - Se refiere al espacio dentro de un formulario.

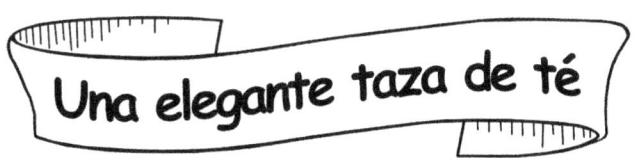
Una elegante taza de té

1. Comienza con un óvalo fino y largo. 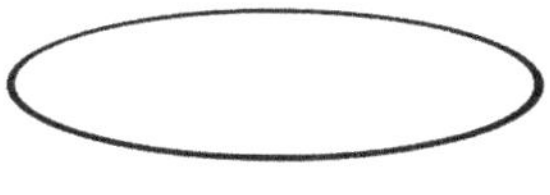
2. Agrega 2 líneas verticales inclinadas. 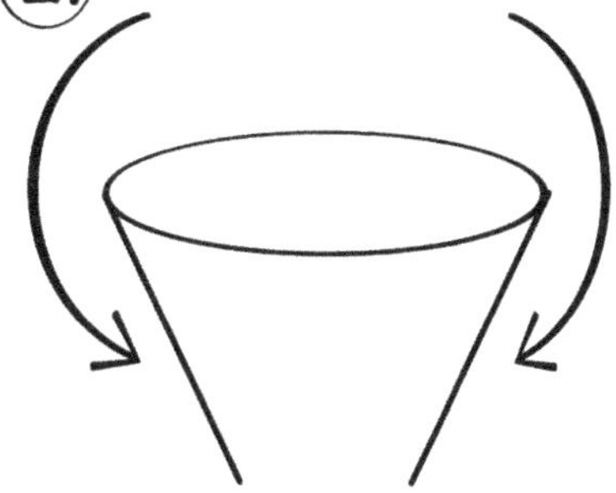
3. Redondea la base. 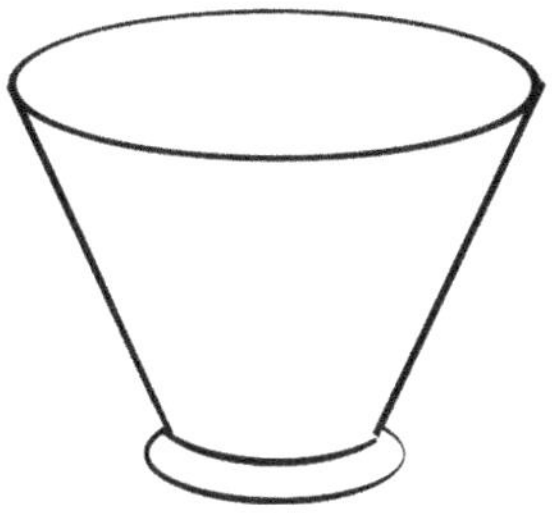
4. Agrega una curva a ambos lados.

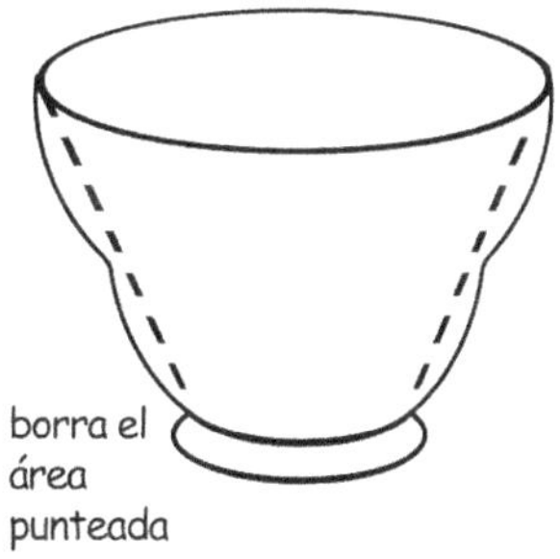

   borra el área punteada
5. Agrega 2 óvalos.

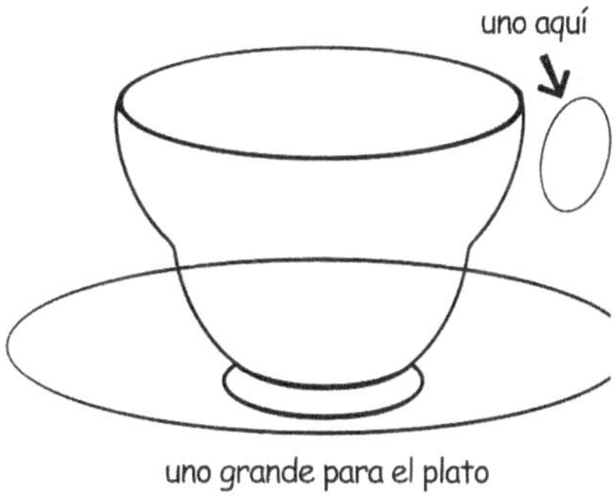

   uno aquí

   uno grande para el plato
6. borra el área punteada

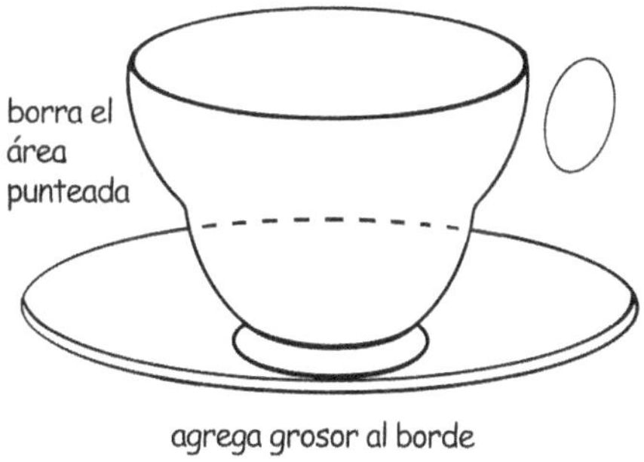

   agrega grosor al borde
7. agrega grosor al borde

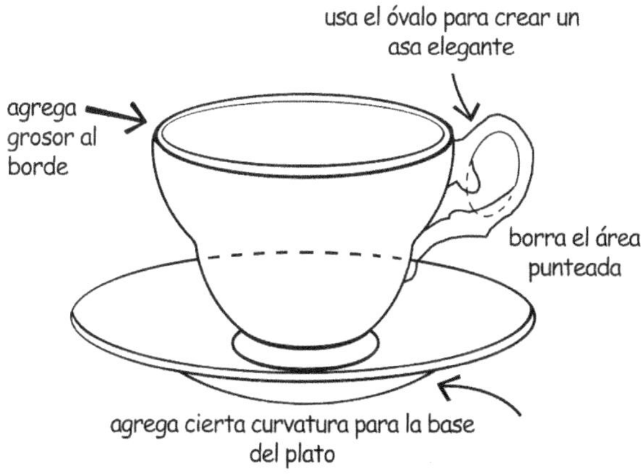

   usa el óvalo para crear un asa elegante

   borra el área punteada

   agrega cierta curvatura para la base del plato
8. Agrega un diseño vistoso como flores o remolinos.

   Sombrea.

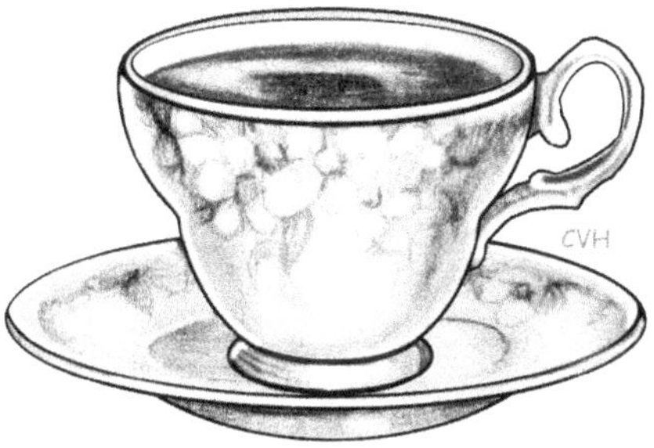

207

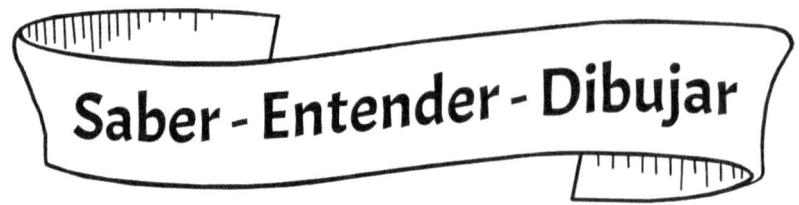

DISEÑO DE CALZADO TENIS

SABER:
Equilibrio, diseño, función, línea, repetición

ENTENDER:
- Cómo la moda puede crear y dividir las estructuras sociales.
- La moda puede reflejar la identidad y ser una extensión de la personalidad.
- Cómo crear un diseño original a partir de una estructura existente.

DIBUJAR:
Desde la conceptualización hasta el producto final, los estudiantes crearán un diseño de calzado. Considera las tendencias de la industria, conceptos de diseño, patrón, materiales, color, línea, simetría, la personalidad del usuario, género, edad, gustos /rechazo, etc. al diseñar el zapato.

No lo olvides: El propósito del zapato (deportes, uso casual, etc.), forma del zapato (superior alto, bajo, etc.), costuras, áreas reforzadas, logotipos, cordones / correas / cierre de velcro, ojales, textura de suela, etiquetas colgantes, etc.

PRESENTACIÓN Y REFLECCIÓN:
Tendrás que incluir una declaración de artista/reflexión acerca de tu pieza. En forma de párrafo, incluye la siguiente información, así como el vocabulario clave utilizado en la clase.

1. Describe tu diseño de zapatos y tus inspiraciones. ¿Qué identidad intentas transmitir? (¿A quién están destinados los zapatos?)
2. ¿Qué áreas han sido fáciles o desafiantes en el proceso de diseño?
3. Describe las fortalezas y debilidades en el diseño de tu zapato.
4. Si tuvieras que repetir este proyecto, ¿qué cambiarías y por qué?

Los zapatos son mucho más que ropa funcional.

Diseño de calzado tipo tenis

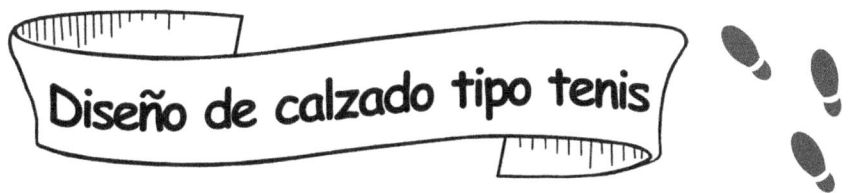

Tarea: Crea un diseño original de calzado tipo tenis. Considera las siguientes ideas para el concepto.

1.
2.
3.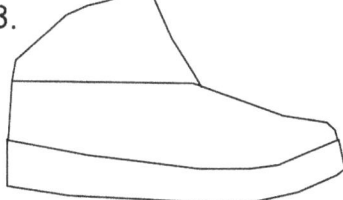
4.
5.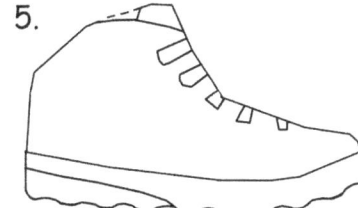
6.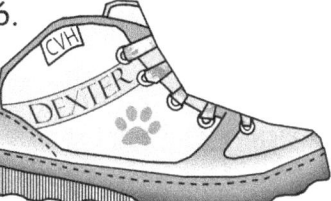

Algunas formas genéricas de calzado

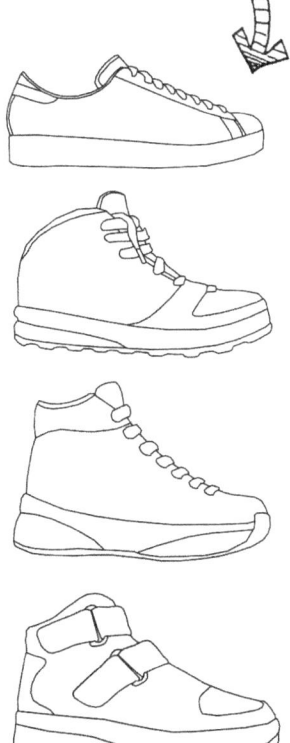

¿Qué dicen tus zapatos de ti?

1. Piensa en los elementos de diseño que te gustan y haz una lista. Puedes incluir palabras, fuentes, garabatos, patrones, etc.

2. Decide qué elementos quieres incluir en tu diseño, (línea, fuente, texto, grafiti, etc.))

3. Decide qué identidad estás tratando de transmitir. ¿Para quién están pensados los zapatos?

Consideraciones artísticas:

tendencias de la industria
patrones
materiales
color
equilibrio
línea
simetría

No olvides:

propósito de zapato
forma del zapato
costura
logotipo (¿respaldo?)
cordones/correas
ojales
textura de la suela

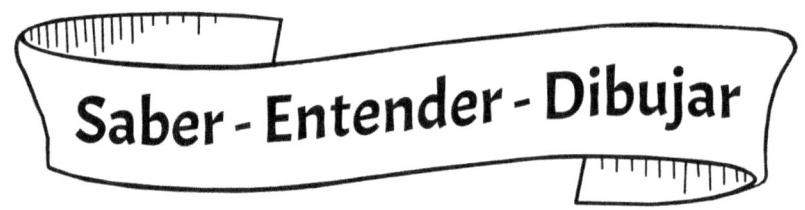

COFRE DEL TESORO

SABER:
- Las formas simples combinadas crean objetos complejos
- Agregar patrón y sombreado a un objeto le da forma y dimensión

ENTENDER:
- Usar los principios de un cubo para crear un objeto que parece contener volumen
- El uso de líneas de retroceso para mostrar perspectiva
- Un método para crear un cubo 3D simple

DIBUJAR:
Crea una obra de arte original de un cofre del tesoro que demuestre perspectiva. Añade un montón de "extras" dentro del cofre. Ponlo en una escena.

VOCABULARIO:
Cubo - Un poliedro con seis caras cuadradas; un cuadrado que aparece.
Perspectiva 3D - El punto desde el que se ve un objeto o escena.
Líneas de retroceso - Líneas que se mueven hacia atrás o lejos del primer plano.

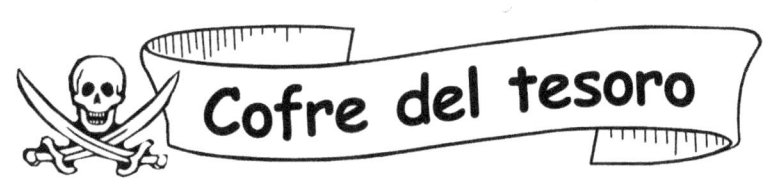# Cofre del tesoro

1. Comienza con un rectángulo inclinado.
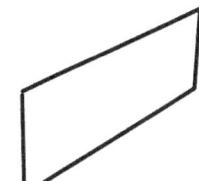

2. Agrega 3 líneas de retroceso.
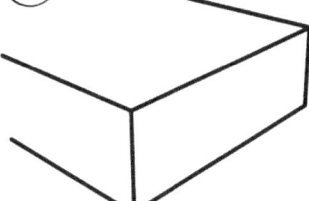

3. Conecta.
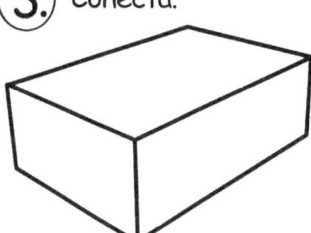

4. Dibuja una tapa abierta.
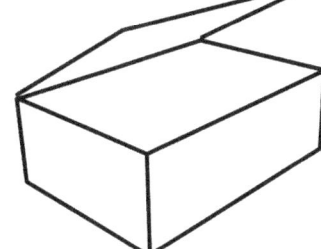

5. Agrega "grosor" a la tapa.
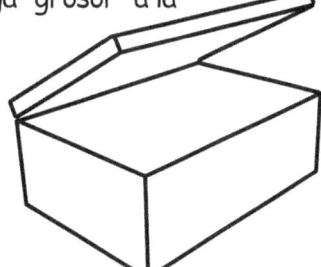

6. dibuja un arco
agrega un asa
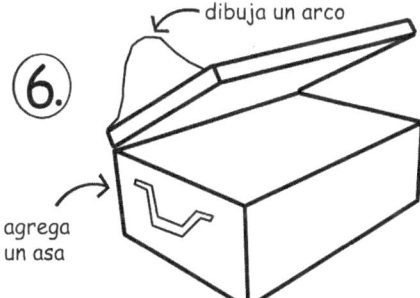

7. conecta la parte superior
agrega detalles
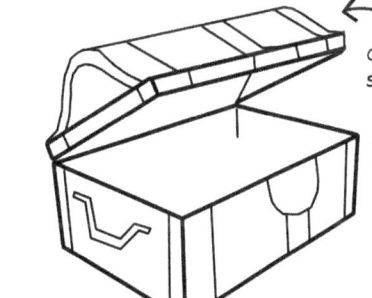

8.
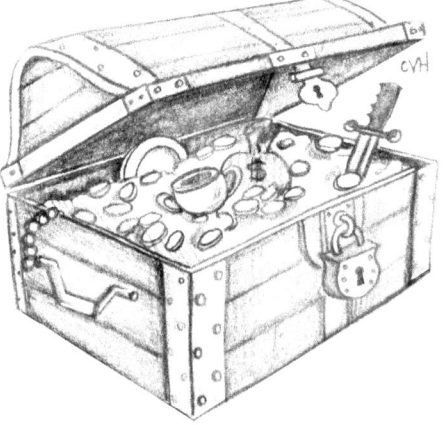

Detalles del candado...

1.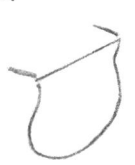
2.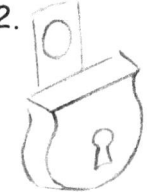
3.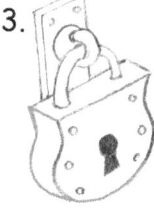

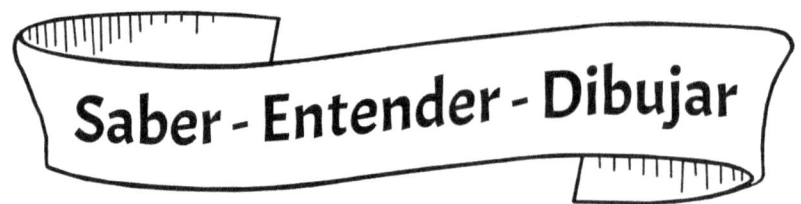

PIRATA DE ESQUELETO

SABER:
Formas geométricas, superposición y capas

ENTENDER:
• La superposición de formas simples puede ser el primer paso para crear formas complejas.
• El cuerpo humano promedio puede medirse como "7 cabezas de alto".

DIBUJAR:
• Sigue los pasos indicados para crear tu propia versión de un pirata "esqueleto" único.
• Añade un montón de "extras" como un cofre del tesoro, barco pirata, o un pergamino con un mapa del tesoro.
• Ponlo en una escena y sombrea.

VOCABULARIO:
Geométrico - Cualquier forma o figura que tenga diseño matemático. Los diseños geométricos se hacen típicamente con líneas rectas o formas geométricas (a diferencia de las líneas orgánicas de forma libre).
Ubicar en capas - Colocar algo sobre otra superficie u objeto.
Superposición - Cuando una cosa se encuentra sobre otra, cubriéndola parcialmente.

Dibuja un esqueleto pirata

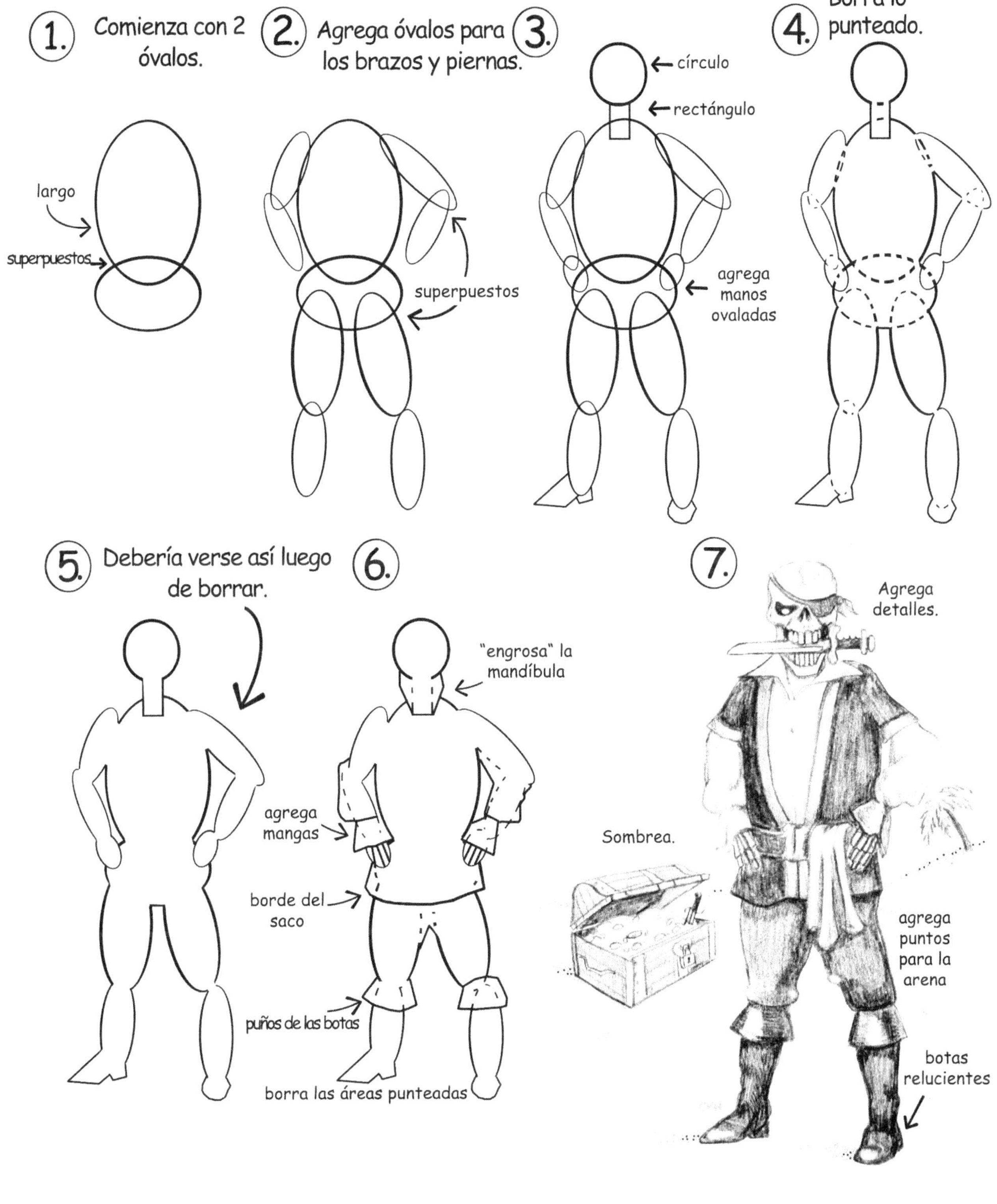

1. Comienza con 2 óvalos.
- largo
- superpuestos

2. Agrega óvalos para los brazos y piernas.
- superpuestos

3. ← círculo
← rectángulo
- agrega manos ovaladas

4. Borra lo punteado.

5. Debería verse así luego de borrar.

6. "engrosa" la mandíbula
- agrega mangas
- borde del saco
- puños de las botas
- borra las áreas punteadas

7. Agrega detalles.
- Sombrea.
- agrega puntos para la arena
- botas relucientes

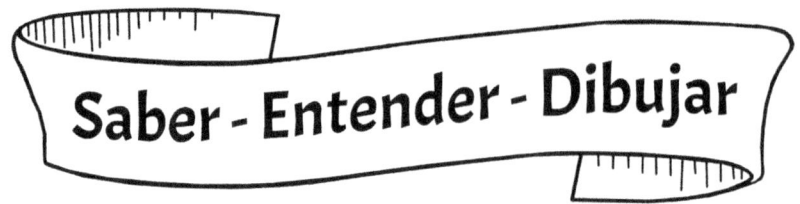

CRUZ DE MADERA

SABER:
Textura

ENTENDER:
• Creación de formas complejas a partir de formas simples.
• La textura es utilizada por los artistas para mostrar cómo podría sentirse o de lo que está hecho algo.

DIBUJAR:
Crea una cruz original que incluya una textura de "aspecto de madera" y muestre la perspectiva.

VOCABULARIO:
Perspectiva - El punto desde el que se ve un objeto o escena.
Textura - La forma en que algo se ve como si se sintiera en una obra de arte. Las texturas simuladas son sugeridas por un artista con diferentes pinceladas, líneas de lápiz, etc.
Valor - La claridad u oscuridad de un color.
Vertical - Líneas paralelas que se dibujan rectas hacia arriba y hacia abajo.

Una cruz de madera

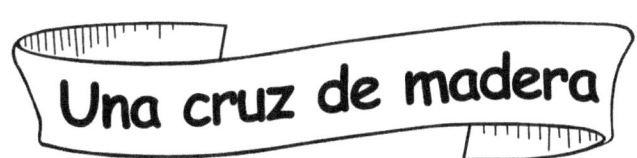

1. Comienza con 2 líneas verticales.

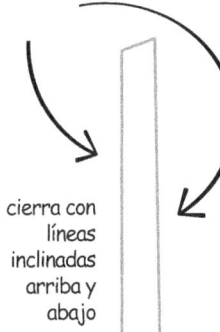

cierra con líneas inclinadas arriba y abajo

2. Agrega 2 líneas horizontales para lograr una "t".

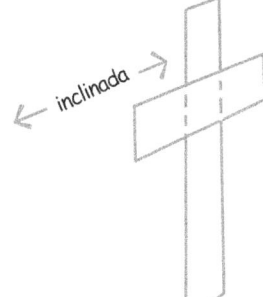

← inclinada →

3. Dibuja 7 líneas cortas inclinadas.

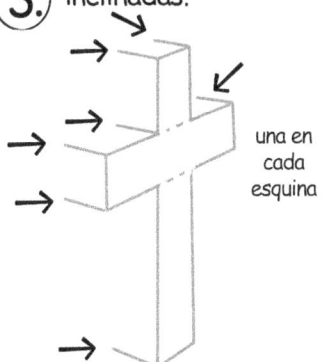

una en cada esquina

4. Conecta las líneas para lograr un efecto tridimensional.

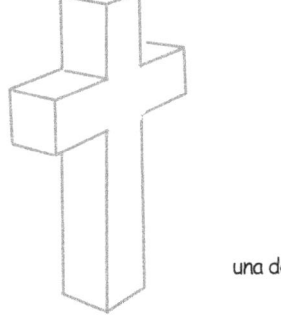

5. Agrega 2 líneas paralelas inclinadas.

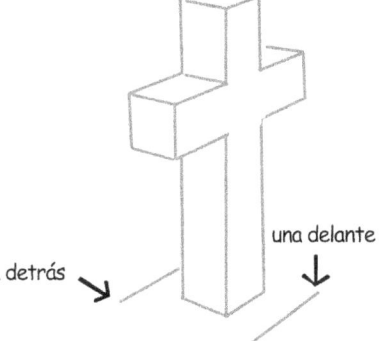

una detrás   una delante

6. Conecta estas líneas para crear la base.

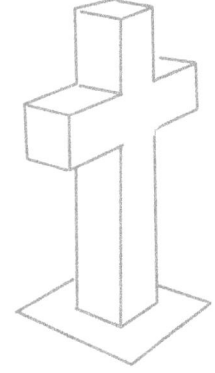

7. Agrega dos formas de "⌣" para la base.

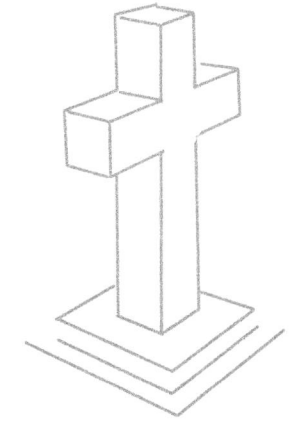

8. Cierra la base con líneas verticales.

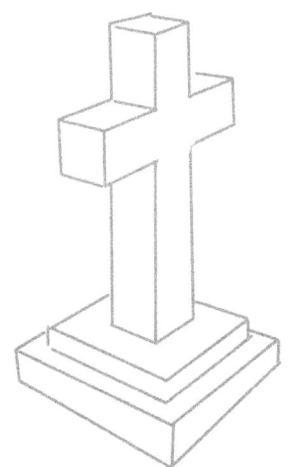

9. Sombrea para crear un "aspecto de madera".

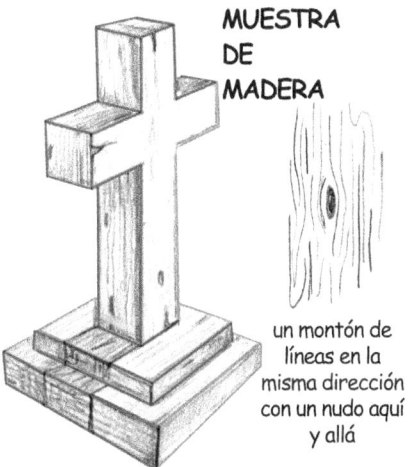

MUESTRA DE MADERA

un montón de líneas en la misma dirección con un nudo aquí y allá

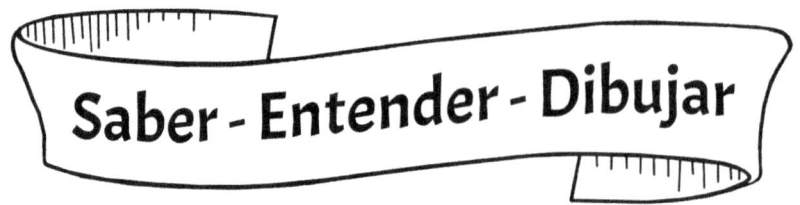

CHARCO DE AGUA

SABER:
Forma orgánica, reflexión, profundidad

ENTENDER:
Cómo crear la apariencia de profundidad al dibujar formas orgánicas

DIBUJAR:
Crea un charco de agua original que denote profundidad, grosor y las propiedades reflectantes utilizando los consejos proporcionados. Sombrea. ¡No olvides las gotas de agua!

VOCABULARIO:

Profundidad - La distancia aparente el frente y el fondo o de lo cercano a lo lejano en una obra de arte. Cuando la profundidad hace referencia a la dimensión más pequeña de un objeto, esta distancia también se puede llamar su grosor.

Orgánico - Una forma irregular que podría encontrarse en la naturaleza, en lugar de una forma regular, mecánica.

Reflexión - Una imagen dada por una superficie reflectante, como la de un espejo o aguas tranquilas.

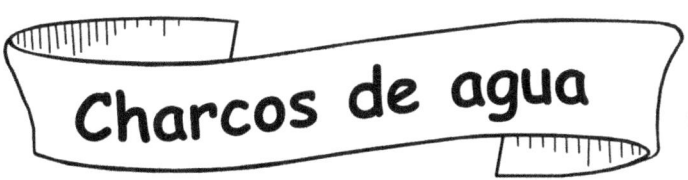

Charcos de agua

1. Comienza con una figura orgánica.

2. Agrega "grosor" que siga el contorno de la figura en un lado.

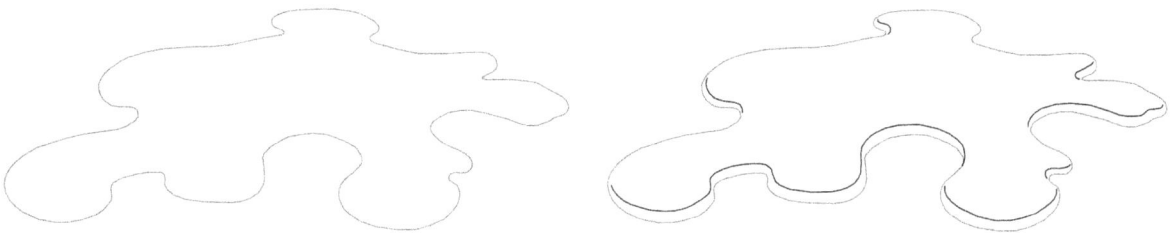

3. Sombrea el borde que creaste.

4. Agrega gotas al azar.

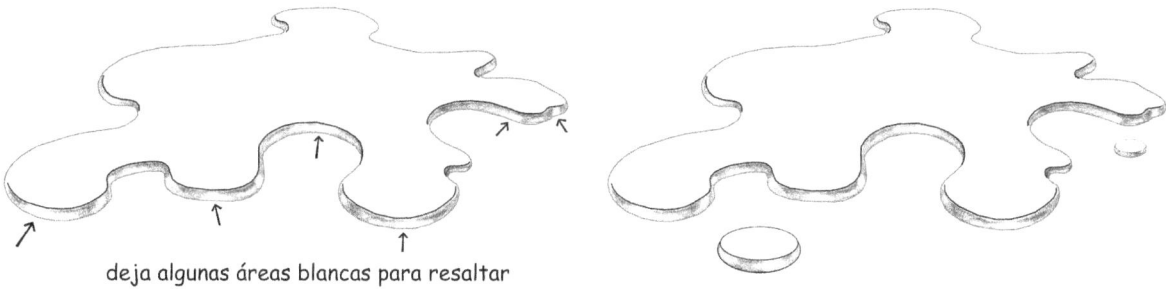

deja algunas áreas blancas para resaltar

5. Sombrea suavemente los bordes redondeados en la parte "superior".

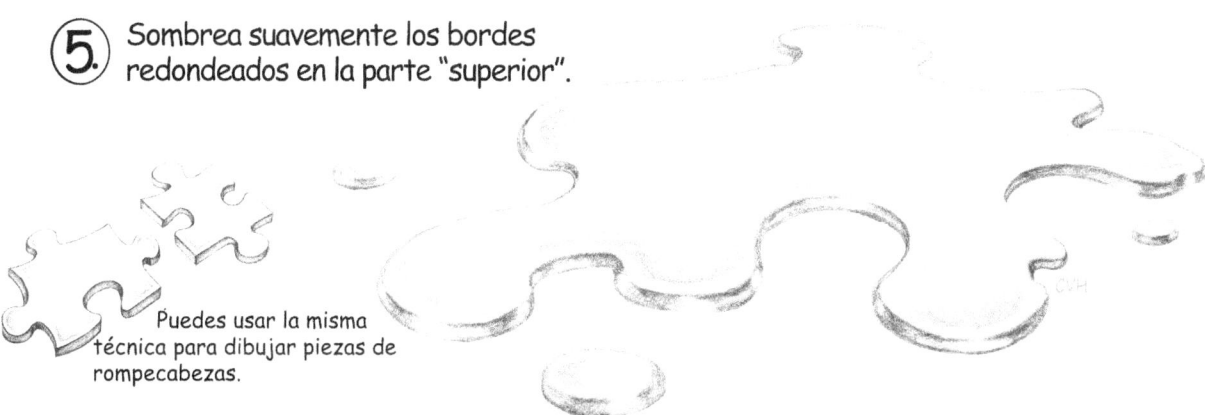

Puedes usar la misma técnica para dibujar piezas de rompecabezas.

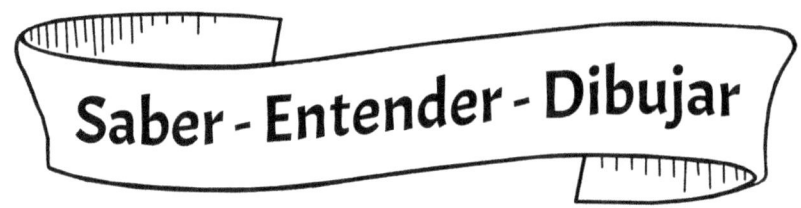

FLOTADORES EN CHARCO DE AGUA

SABER:
- Construcción de formas básicas en dibujo.
- La forma y la figura son dos de los siete elementos del arte.

ENTENDER:
- La diferencia entre forma y figura
- Volumen
- Sombreado
- Capas/Superposición

DIBUJAR:
Utiliza los conocimientos aprendidos en el proyecto de dibujo "Charco de agua" para crear un charco. Elige un elemento de la ficha "Flotadores en charco de agua" (o elige la tuya propia) la cual "flotará" en tu charco. ¡No te olvides de sombrear tu objeto, borrar porciones del charco para indicar cualidades reflectantes y añadir anillos de agua para denotar movimiento!

VOCABULARIO:
Forma - Una forma tridimensional (altura, anchura y profundidad) que encierra el volumen.
Reflexión - Una imagen dada por una superficie reflectante, como la de un espejo o aguas tranquilas.
Forma – Un área encerrada.
Volumen - El espacio dentro de una figura.

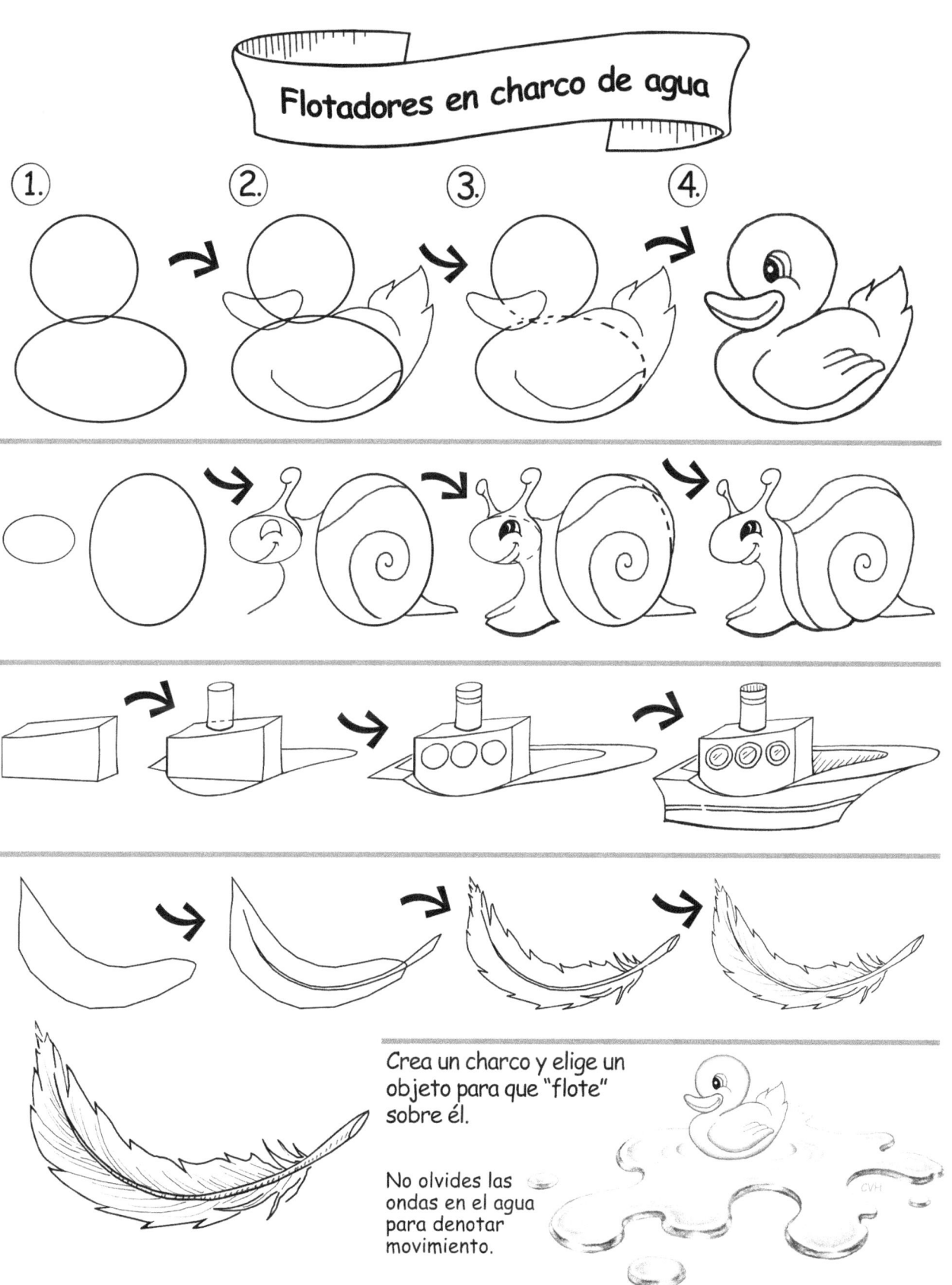

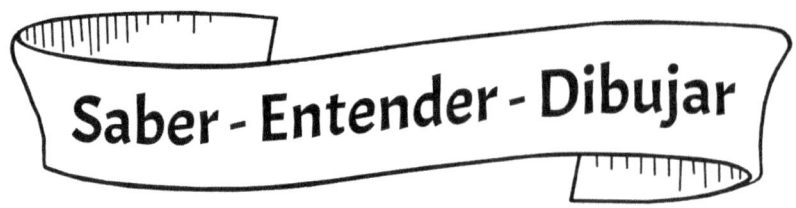

HUELLAS

SABER:
Consejos y trucos sencillos para hacer una "minihuella"

ENTENDER:
Puedes utilizar objetos cotidianos para hacer impresiones y para crear diseños y patrones.

DIBUJAR:
Sigue los pasos indicados para crear un diseño de "minihuella". Intenta crear el pie izquierdo y derecho y colócalos en un patrón alternado para que representen una huella realista.

VOCABULARIO:

Huella - Las impresiones o imágenes dejadas por una persona caminando o corriendo.

Patrón - La repetición de cualquier cosa incluyendo formas, líneas o colores.

Impresión - Una forma o marca hecha de un bloque, placa u otro objeto que está cubierto con color húmedo (generalmente tinta o pintura) y luego es presionado sobre una superficie plana.

Repetición - Una forma de combinar elementos de arte para que los mismos elementos se utilicen una y otra vez. Por lo tanto, un cierto color o forma podría ser utilizado varias veces en la misma imagen.

Alternar - Organizar de manera desigual o en una posición en zigzag o superpuesta.

Esto puede requerir un poco de práctica hasta que salga bien, pero es una manera divertida de crear una "huella".

Huellas

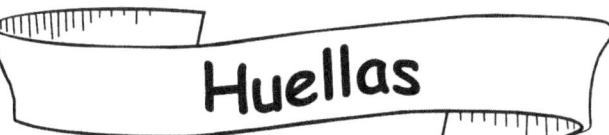
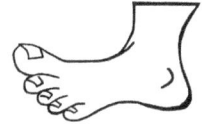

1. Comienza con pintura acrílica o témpera.

2. Haz un puño y pinta la parte exterior de tu mano.

3. En un pedazo de papel, estampa tu mano para quitar el exceso de pintura.

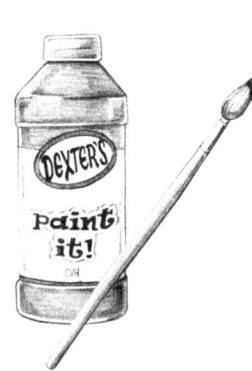

Pinta el lado de tu meñique

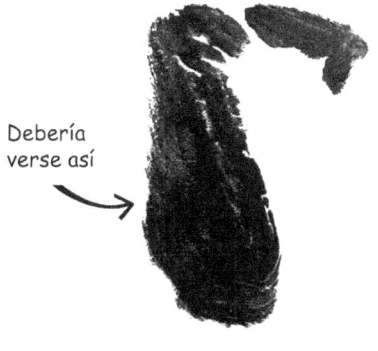

Debería verse así

4. En otro papel vuelve a estampar y agrega un dedo (usa tu pulgar).

5. Agrega un segundo dedo... (usa tu índice)

6. Un tercer dedo... (usa tu anular)

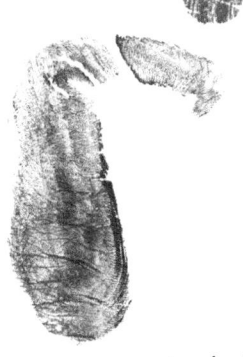
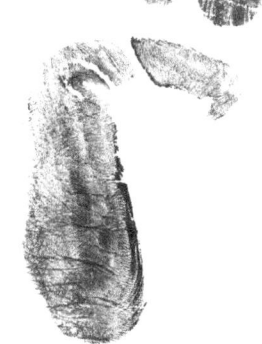
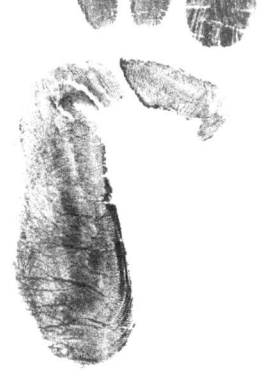

7. Agrega un cuarto dedo...

8. Agrega el último dedo...

9. Repite los pasos 2-8 usando tu otra mano, alternando las impresiones.

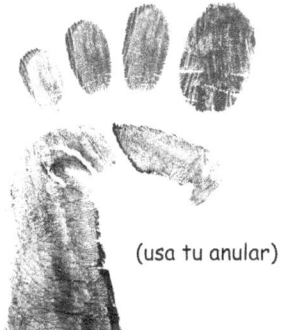

(usa tu anular)

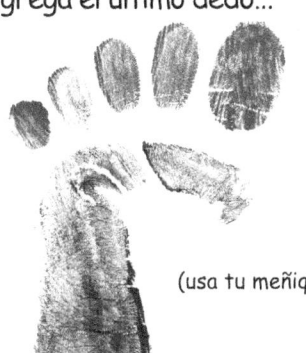

(usa tu meñique)

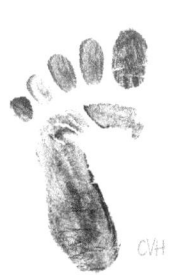

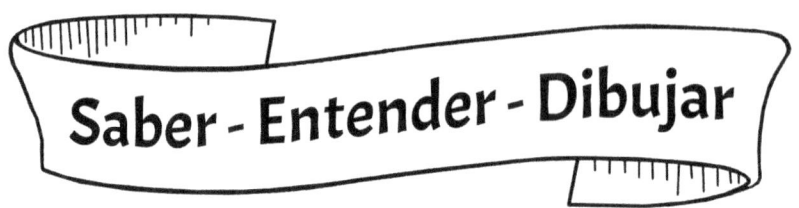

CÓMO DIBUJAR FUEGO

SABER:
Líneas aleatorias, superposición, resaltar, valor

ENTENDER:
- La superposición de formas simples ayuda a mostrar la profundidad y crear figura
- Variar el valor de los tonos al sombrear puede ayudar a crear interés y realismo

DIBUJAR:
- Sigue los pasos indicados para crear tu propia representación de un fuego
- Utiliza el valor para indicar áreas de oscuridad y claridad
- Borra algunas áreas para crear resaltados

VOCABULARIO:
Resaltar - El área en cualquier superficie que refleja la mayor cantidad de luz; dirigir la atención a o enfatizar un área de un dibujo a través del uso del valor.
Superposición - Cuando una cosa se encuentra sobre otra, cubriéndola en parte.
Líneas aleatorias - Irregular o al azar, que no sigue ningún patrón.
Valor - La claridad u oscuridad de un color o tono.

Cómo dibujar fuego

1. Comienza con una forma de lágrima.

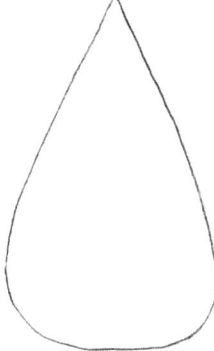

2. Dibuja líneas curvas al azar adentro.

borra las áreas punteadas

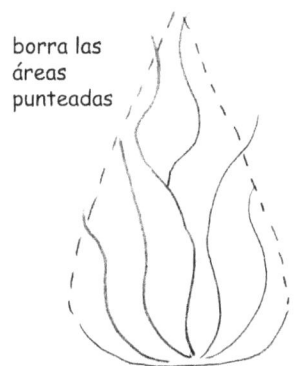

3. Agrega líneas en las áreas punteadas para "engrosar" las llamas.

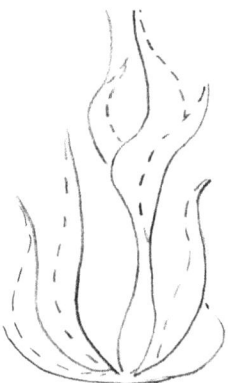

4. Agrega un par de llamas curvas al azar.

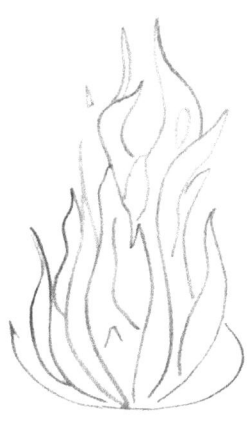

5. Sombrea suavemente la llama, borrando parcialmente las líneas centrales.

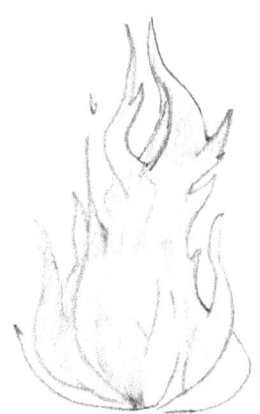

6. Sombrea.

agrega pequeñas llamas separadas

borra ciertas áreas para resaltarlas

oscurece las puntas

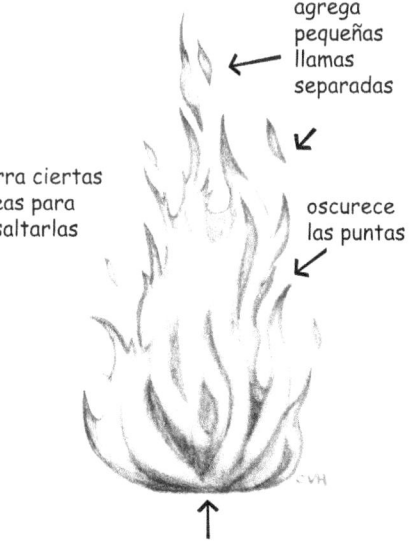

oscurece la base

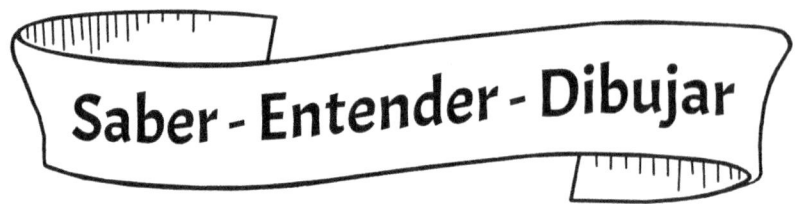

CÓMO DIBUJAR UNA VELA

SABER:
Cilindro, resaltado, valor

ENTENDER:
• Los cilindros en el arte dan la apariencia de un tubo circular 3D.
• Variar el valor de los tonos al sombrear puede ayudar a crear interés y realismo.

DIBUJAR:
• Sigue los pasos indicados para crear tu propia representación de una vela encendida.
• Utiliza el valor para indicar áreas de oscuridad y claridad.
• Borra algunas áreas para crear resaltados (más cerca de la llama).

VOCABULARIO:
Cilindro - Un tubo que parece tridimensional.
Resaltado - El área en cualquier superficie que refleja la mayor cantidad de luz; dirigir la atención o enfatizar un área de un dibujo a través del uso del valor.
Valor – La claridad u oscuridad de un color o tono.

Dibuja una vela

1. Comienza con un rectángulo delgado y alto.

2. Agrega un óvalo arriba y abajo para crear un cilindro.
   ← óvalo
   borra la línea punteada
   ← base curva

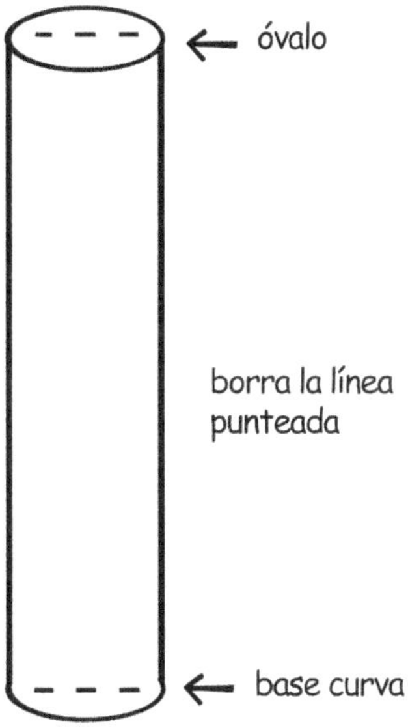

3. Agrega un óvalo.
   línea para el pabilo

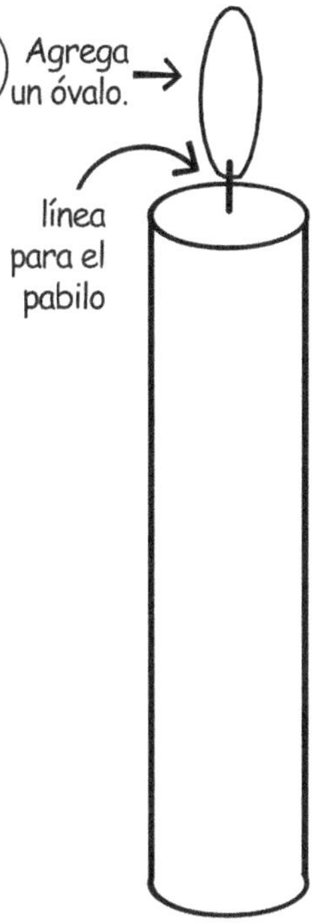

4. agrega una punta
   curva la base de la llama
   agrega goteo
   goteo
   borra las áreas punteadas

5.

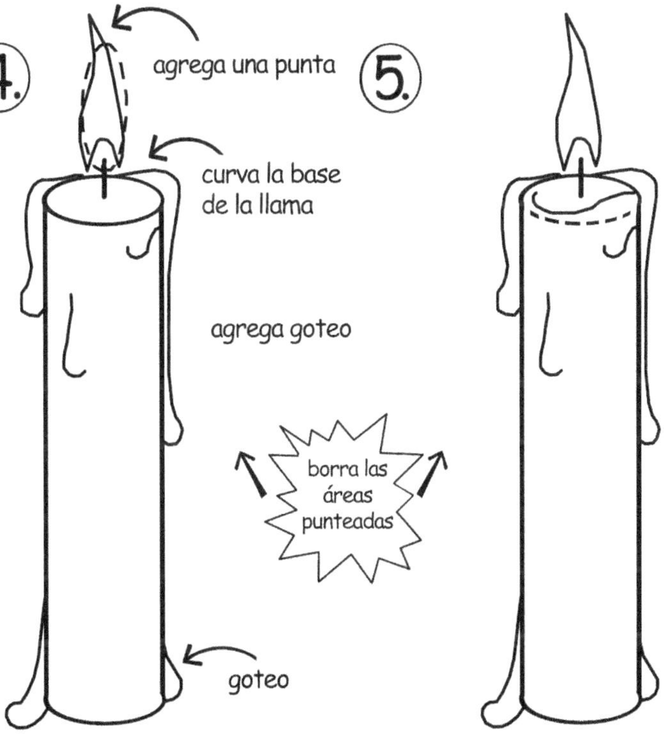

6. Sombrea
   borra ciertas áreas para crear claridad (cerca del centro de la llama)
   detalle de la mecha

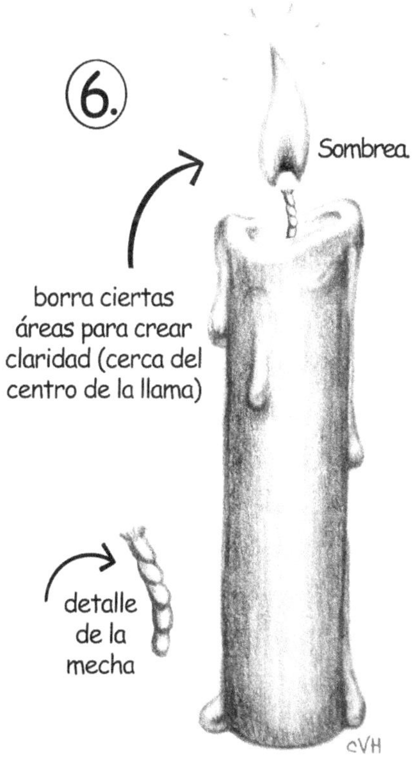

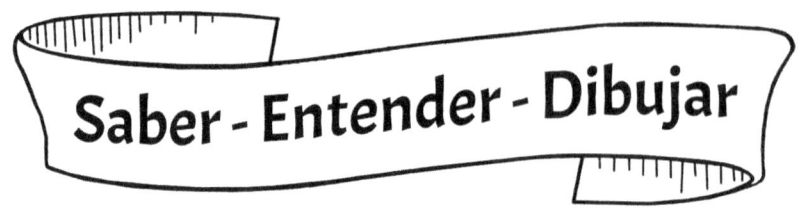

CRÁNEO CON LLAMAS

SABER:
Exageración de características, resaltado, valor

ENTENDER:
Uso de la exageración y la distorsión en una obra de arte para crear un estilo particular

DIBUJAR:
• Crea tu propia versión de un cráneo estilizado con llamas usando las pautas indicadas O practica dibujar un cráneo humano genérico y exagera los rasgos.
• Añade "extras" y sombrea.
• Borra algunas áreas para resaltar las llamas.

VOCABULARIO:
Distorsión - Cambiar el aspecto de algo, a veces deformando o estirando un objeto.
Exagerar – Sobrevalorar, embellecer; ampliar o reducir su tamaño.
Resaltado - El área en cualquier superficie que refleja la mayor cantidad de luz; dirigir la atención o enfatizar un área de un dibujo a través del uso del valor.

Cráneo con llamas

1. Apila estas 4 figuras.
- óvalo
- figura geométrica
- cuadrado
- otra figura geométrica

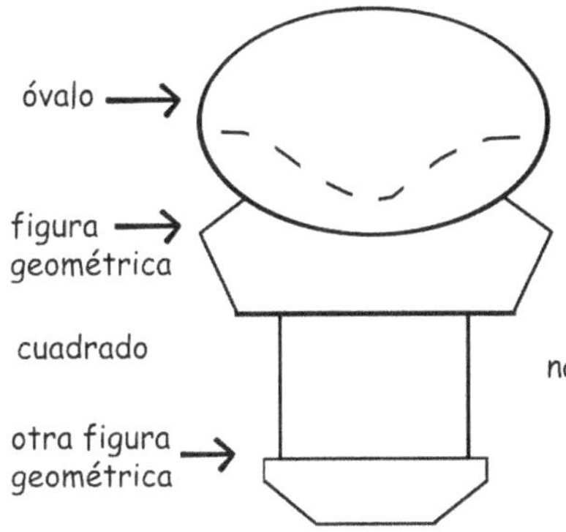

2. Agrega detalles.
- sien
- nariz trapezoidal

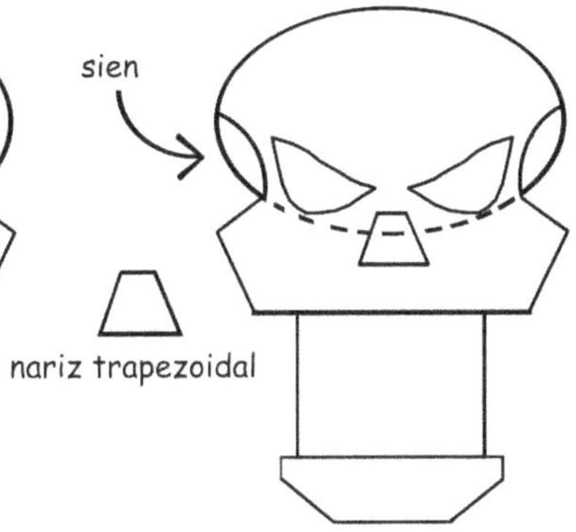

3. Agrega un rectángulo a cada lado.
- agrega ojos
- borra las áreas punteadas
- figura
- figura

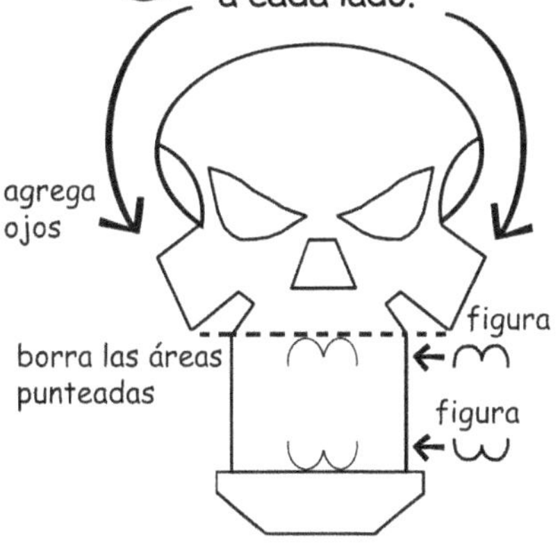

4. redondea los bordes
- haz que la nariz se vea así
- más "⌒" figuras
- más "⌣"
- curva

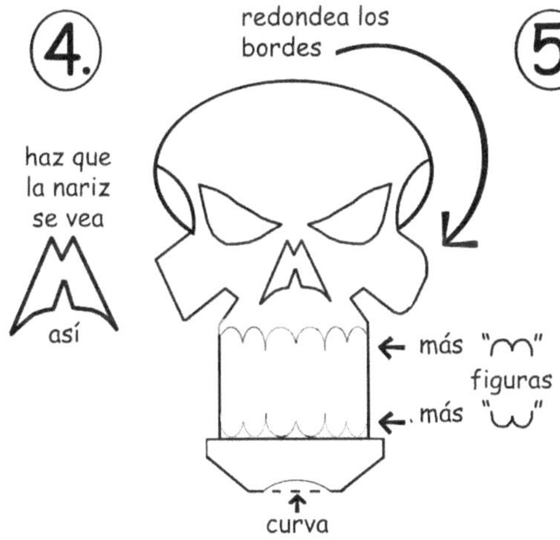

5. agrega 2 líneas curvas para los dientes

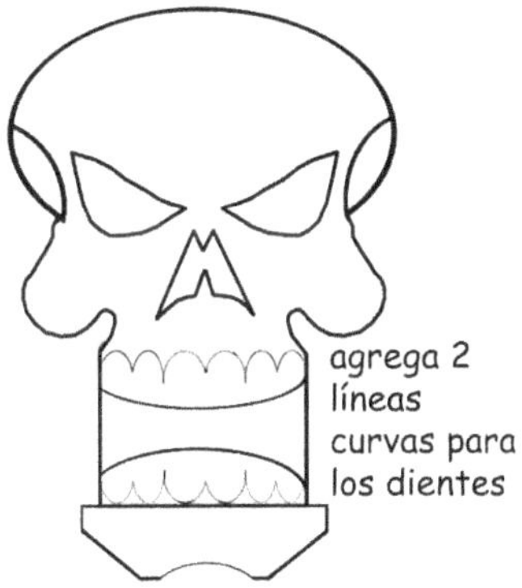

6. "Engrosa" el hueco del ojo.
- líneas
- borra las áreas punteadas
- redondea los bordes de abajo

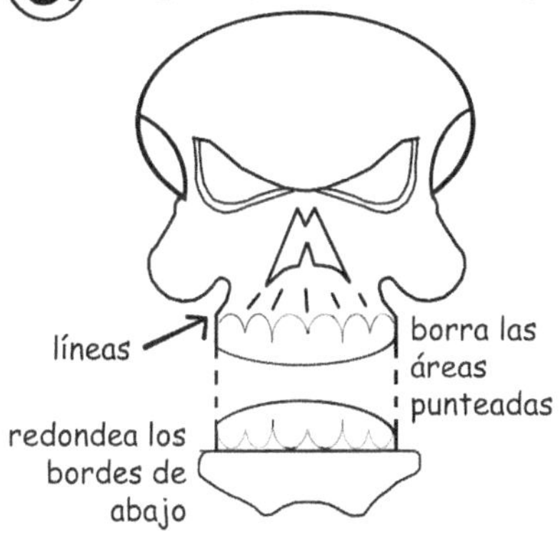

7. Agrega varias grietas.
- dientes individuales

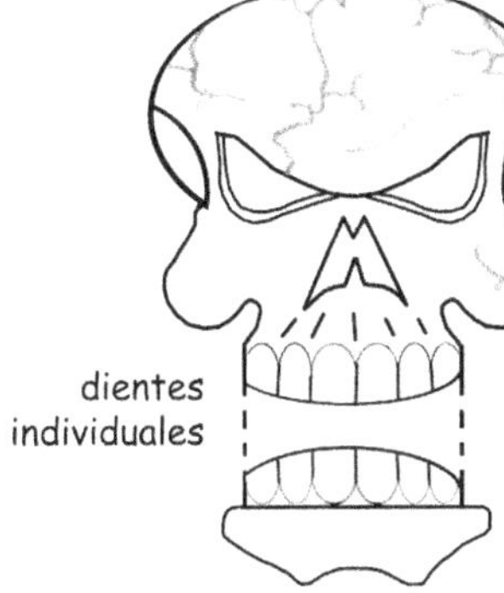

8. Sombrea.

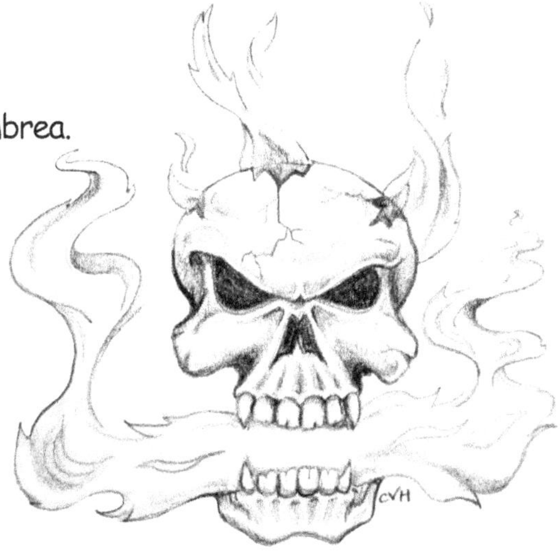

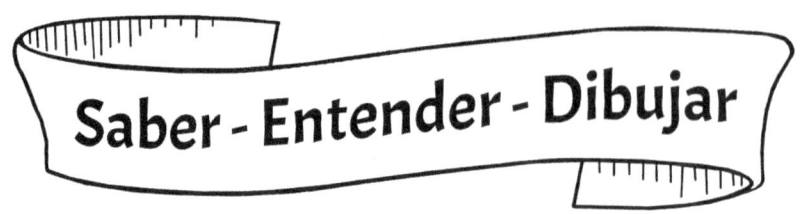

DIBUJA BALONES DEPORTIVOS

SABER:
Los sencillos pasos para crear una variedad de pelotas deportivas

ENTENDER:
• Pequeños cambios/adiciones a formas básicas pueden ayudar a crear imágenes reconocibles específicas
• La diferencia entre forma y figura
• El sombreado y los patrones pueden ayudar a convertir las formas en figuras

DIBUJAR:
Sigue los pasos indicados para crear al menos dos de las cuatro herramientas deportivas ilustradas. Sombrea.

VOCABULARIO:
Figura - Una forma tridimensional (alto, ancho y profundidad) que encierra un volumen.
Forma - Un área encerrada.
Volumen - Se refiere al espacio dentro de una figura.

Dibuja balones deportivos

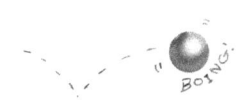

1. BALONCESTO. Dibuja un círculo.
2. Agrega una curva diagonal.
3. Agrega 3 curvas como abajo.
4. Sombrea.

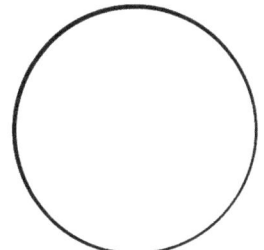 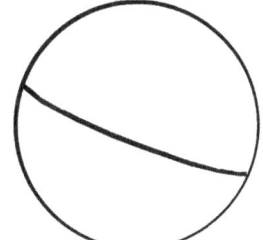 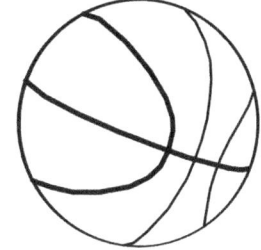 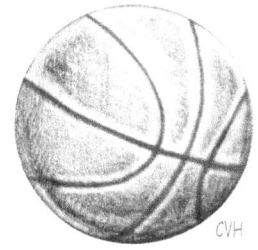

1. FÚTBOL AMERICANO. Dibuja un óvalo. agrega una curva en diagonal
2. Agrega bandas curvas en los extremos.
3. Agrega figuras en "H" para las costuras.
4. Sombrea.

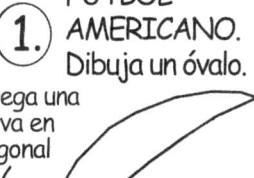 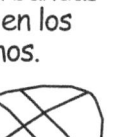 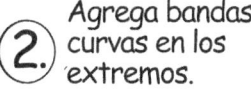 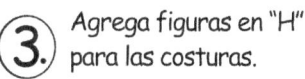 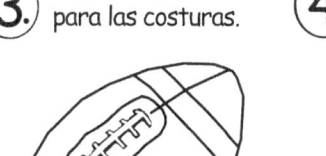 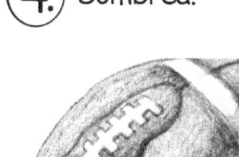

1. BÉISBOL. Dibuja un círculo.
2. Agrega 2 líneas curvadas al centro.
3. Haz "V" abiertas para las costuras.
4. Sombrea.

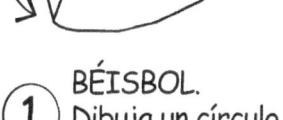 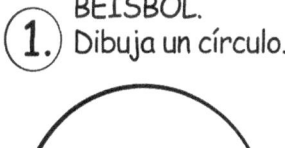 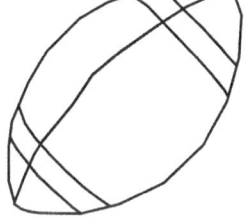 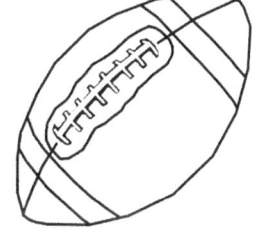 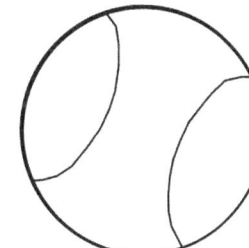

1. DISCO DE HOCKEY. Dibuja un óvalo.
2. Agrega 2 líneas paralelas a los lados.
3. Conecta con una base redondeada.
4. Sombrea.

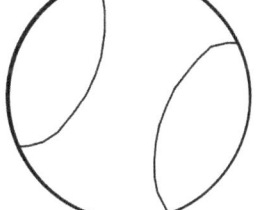 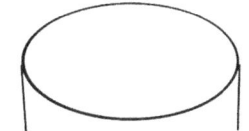 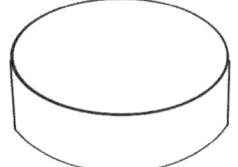 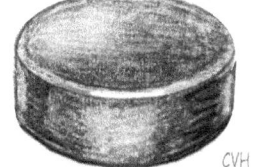

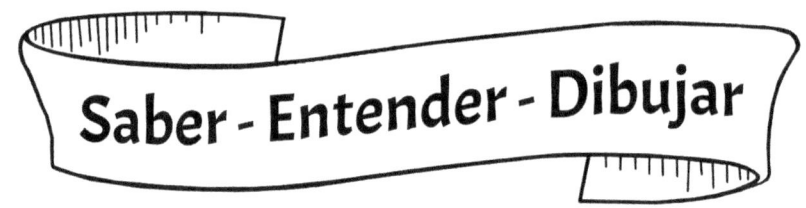

ARO DE BALONCESTO

SABER:
• Las formas simples combinadas pueden crear objetos más complejos.
• Superposición.

ENTENDER:
• Los elementos superpuestos y estratificados ayudan a crear una sensación de realismo.
• Las diferencias en el tamaño de las partes de los objetos pueden ayudar a lograr la ilusión de profundidad.

DIBUJAR:
Crea una ilustración original de tu versión de un aro de baloncesto siguiendo los pasos indicados. Prueba el fácil primero, luego la versión más difícil. No lo calques. Sombrea.

VOCABULARIO:
Superposición - Cuando una cosa se encuentra sobre otra, cubriéndola parcialmente.
Perspectiva - La técnica utilizada para crear la ilusión de 3D en una superficie 2D. La perspectiva ayuda a crear una sensación de profundidad o espacio de retroceso.

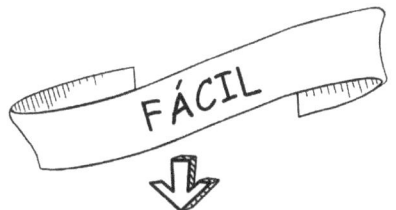

Aro de baloncesto

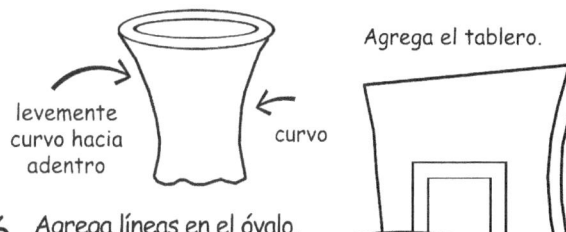

1. Comienza con un óvalo.
2. Haz otro óvalo más pequeño dentro.
3. Agrega la base.

   levemente curvo hacia adentro — curvo

   Agrega el tablero.

4. Agrega franjas (siguiendo el contorno de los lados).
5. Agrega líneas diagonales.
6. Agrega líneas en el óvalo.

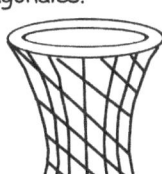
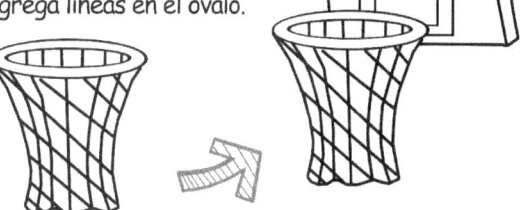

Más detalles

1.
2.
3.
4.
5.
6.
7.
8.

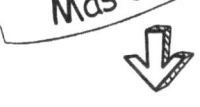
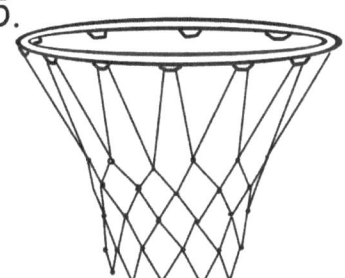
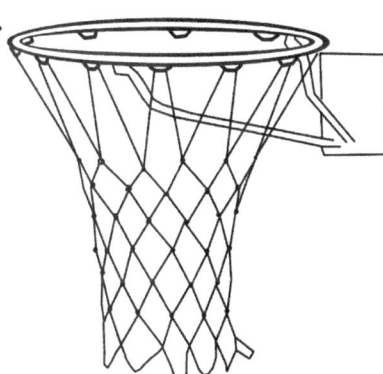
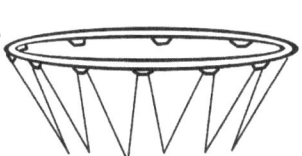
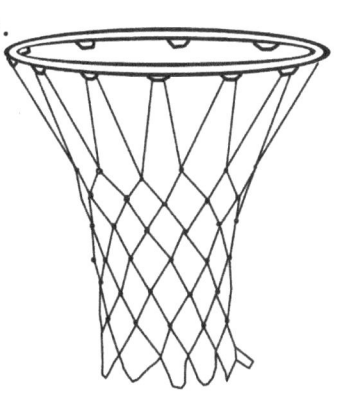
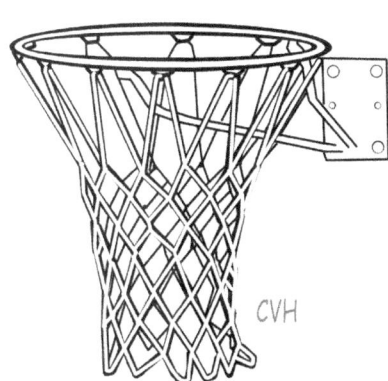
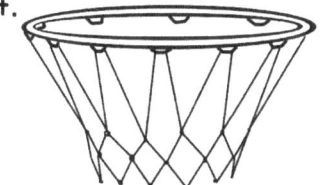

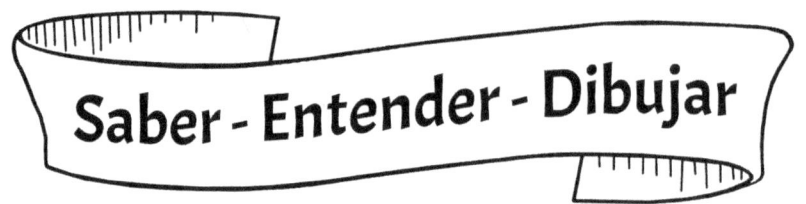

DIBUJA UN ÁRBOL SIN HOJAS

SABER:
- Una forma de árbol básica se puede simplificar como un cilindro
- Asimetría
- El truco 'Y' (las ramas se parecen a la letra Y)

ENTENDER:
- Los cilindros en el arte dan la apariencia de un tubo circular 3D.
- Las ramas crecen hacia arriba y hacia fuera en la mayoría de los árboles (no hacia abajo).
- Cada árbol es único, no hay dos exactamente iguales.
- Los árboles pueden ser similares en ambos lados, pero no simétricos.

DIBUJAR:
- Crea tu propio árbol usando la técnica del truco "Y".
- Sombrea.

VOCABULARIO:
Asimetría – Cuando las partes de un diseño están organizadas de modo que un lado difiere del otro.
Cilindro - Un tubo que parece tridimensional.

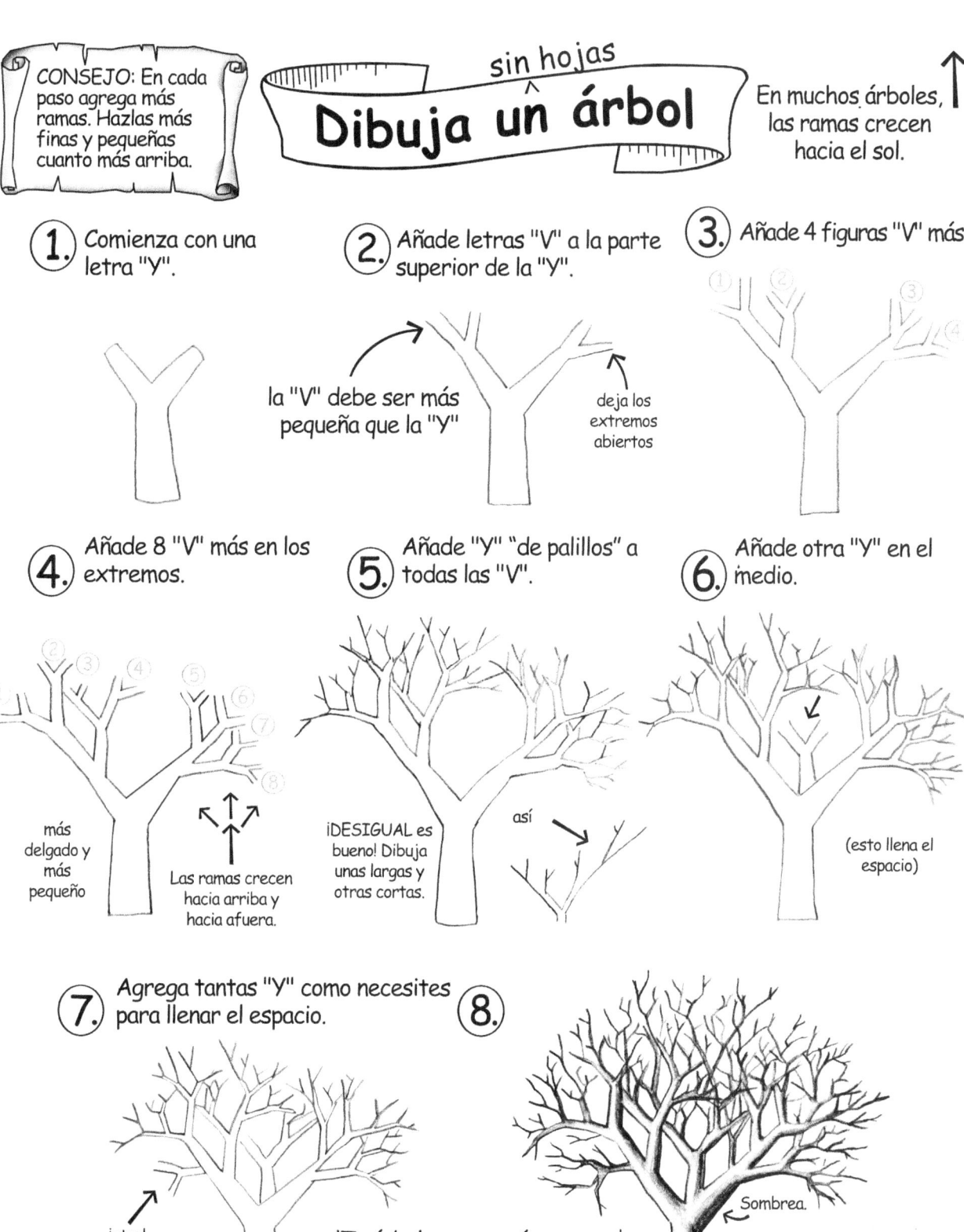

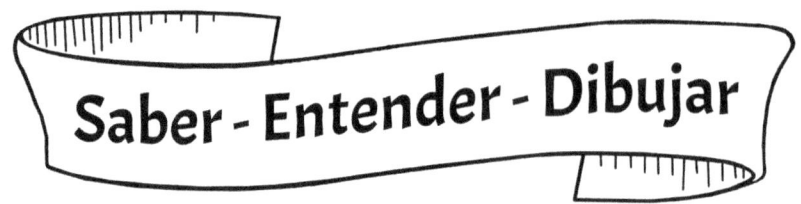

DIBUJA UNA PALMERA

SABER:
• Una forma de árbol básica se puede simplificar como un cilindro
• Asimetría

ENTENDER:
• Simplificar una ilustración consiste en dividir las partes principales de un objeto en formas simples.
• Cada árbol es único - no hay dos exactamente iguales.
• Los árboles son asimétricos.

DIBUJAR:
• Sigue los pasos indicados para crear una palmera detallada que comience a partir de líneas simples.
• Utiliza un tronco de cilindro para transmitir la ilusión de profundidad. Los estudiantes también tendrán en cuenta el tamaño, la posición, el detalle y el sombreado.

VOCABULARIO:
Asimetría - Las partes de un diseño están organizadas de modo que un lado difiere del otro.
Cilindro - Un tubo que parece tridimensional.

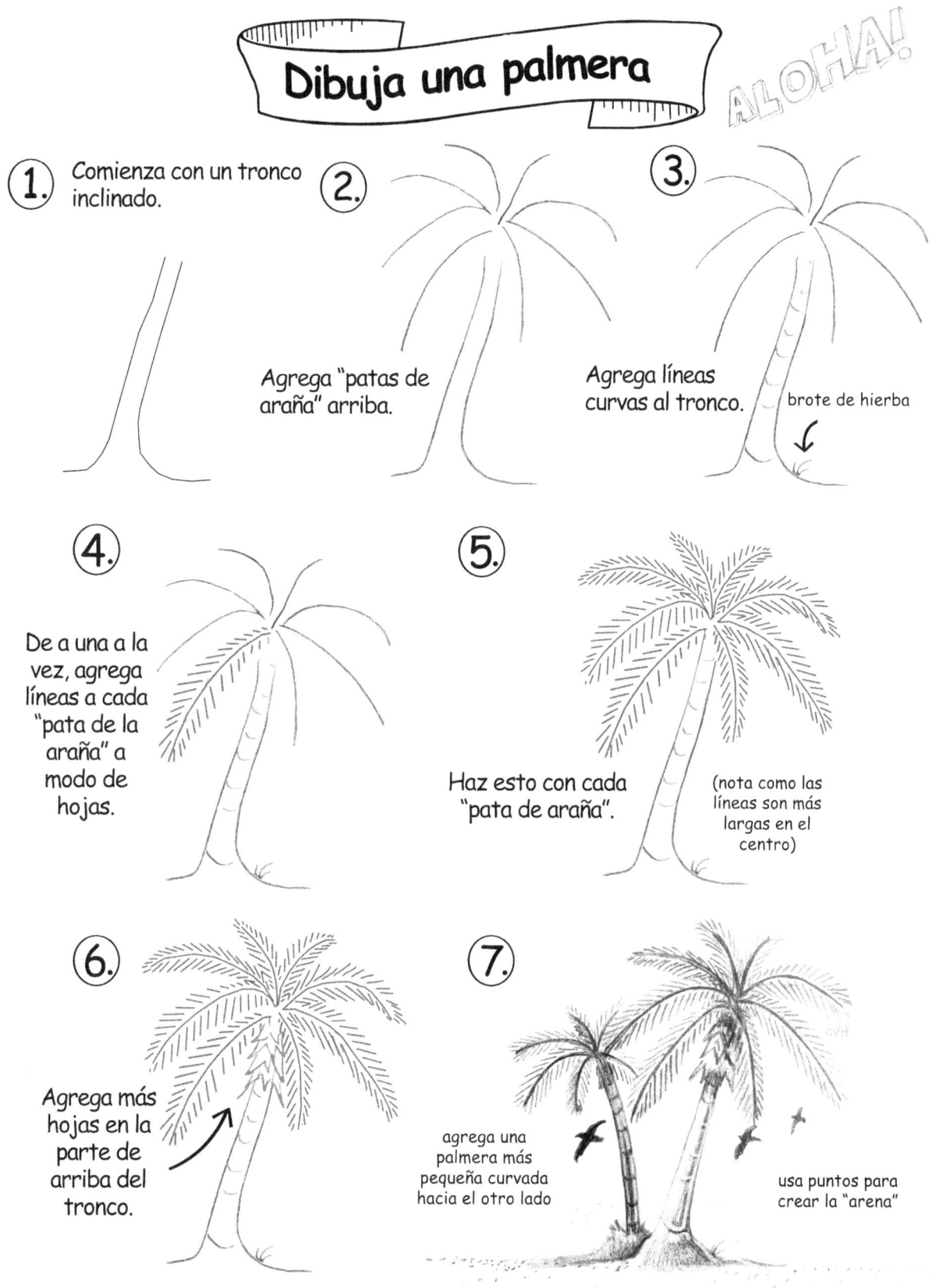

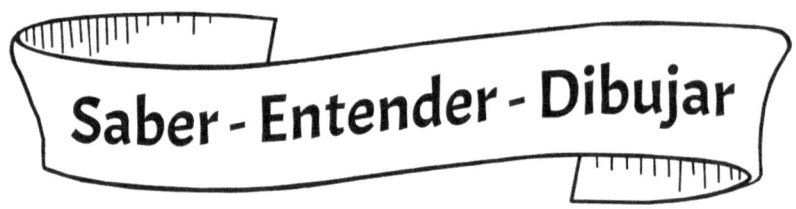

ARTE GRAFITI

SABER:
• El arte del grafiti y la música rap se hicieron populares a principios de la década de 1970, cuando las clases de arte y música fueron cortadas de las escuelas de Nueva York y los estudiantes necesitaban una salida para su creatividad.
• Textura.

ENTENDER:
• La necesidad de expresión artística.
• Las texturas se pueden crear visualmente con línea y sombra.

DIBUJAR:
• Crea una pared de ladrillo texturizada usando técnicas aprendidas.
• Elije o crea una fuente y/o un diseño para colocar en tu muro. Asegúrate de agregar sombras.

VOCABULARIO:

Expresión artística - Expresarse a través de creaciones de arte visual, canciones, poesía, etc. Las emociones de un artista comunicadas a través del color, la materia y el estilo

Fuente - Un conjunto completo de caracteres y espaciado con un tamaño y estilo.

Textura - La forma en que algo se ve como si se sintiera en una obra de arte.

Arte grafiti

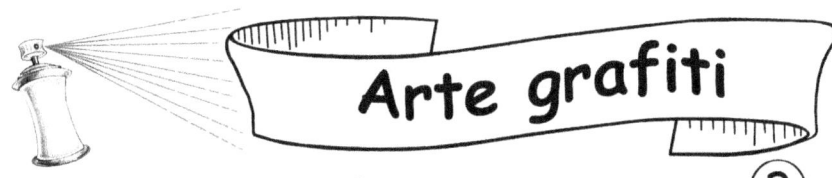

1. Comienza con 2 rectángulos largos.

2. Centra un tercer ladrillo debajo.

3. Agrega otro (intercálalos).

4. Sigue agregando ladrillos hasta completar la pared.

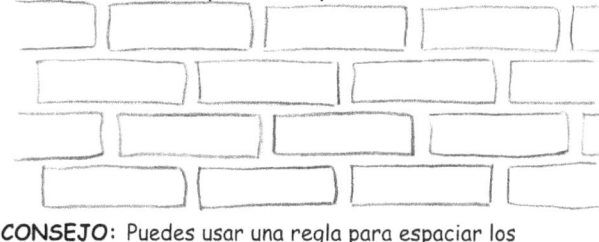

CONSEJO: Puedes usar una regla para espaciar los ladrillos uniformemente y luego borrar las líneas, pero se ve más auténtico si los ladrillos no son rectángulos perfectos.

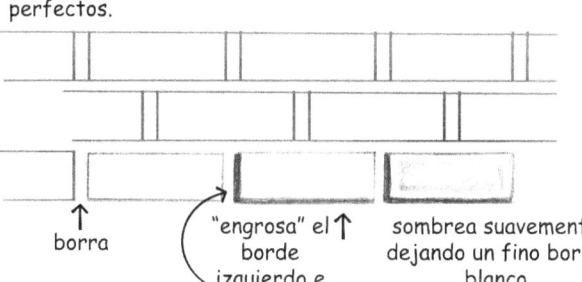

borra — "engrosa" el borde izquierdo e inferior — sombrea suavemente dejando un fino borde blanco

difumina con el dedo

5. Elige tu *lettering*

- Dibuja tu palabra en letras gruesas encima de los ladrillos.
- Borra dentro de las letras un poco (que se vea un poco de ladrillo).
- Añade algunos "goteos" en la base de cada letra.

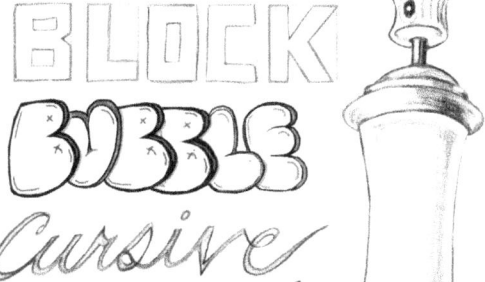

Elige una de estas o crea tu propio estilo de letra.

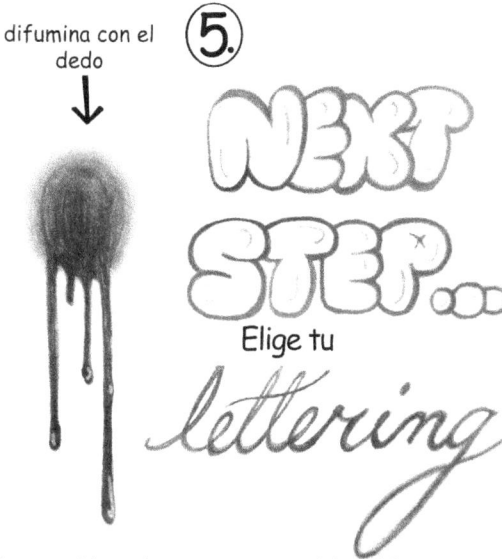

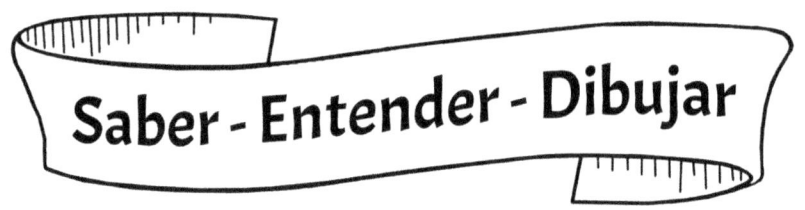

ESTILOS DE LETRAS GENIALES

SABER:
Fuente, tipo de letra, letras

ENTENDER:
"Fuente" es una forma de letra producida electrónica o fotográficamente, más a menudo con una computadora. Antes de que las computadoras asumieran esta función a finales del siglo XX, la fuente era un pequeño bloque de metal o madera que llevaba una letra o carácter elevado en la cara superior que dejaba una impresión cuando se entinta y se presiona en papel.

DIBUJAR:
• Crea tu propio tipo de letra o elige un estilo que se vea en la ficha.
• Escribe tu nombre o completa el alfabeto con tu fuente. Asegúrate de añadir detalles, grosor o sombreado.

VOCABULARIO:
Fuente - Un conjunto completo de caracteres y espaciado de un tamaño y estilo.
Tipo de letra - Un conjunto completo de formas de letras, números, signos de puntuación y otros caracteres unificados por cualidades visuales consistentes (también conocido como fuente).

Letras geniales

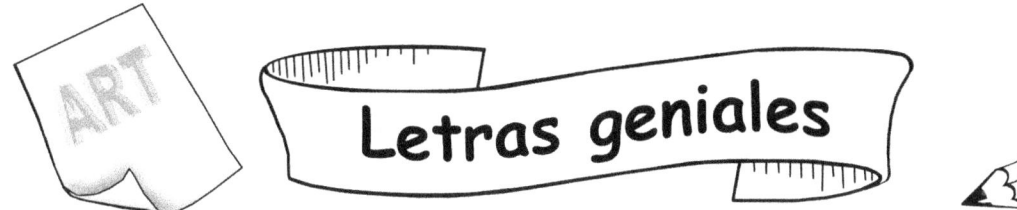

Letras de molde: Haz una caja, esculpe la sletra adentro con líneas rectas (sin curvas), luego borra las partes del cuadro no utilizadas.

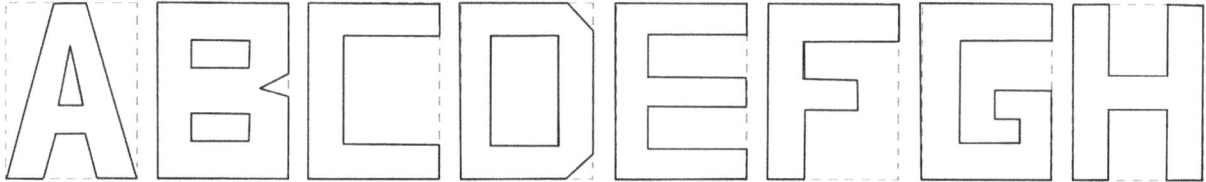

Letras de burbujas: Toma la letra de molde y "explótala" para que no haya líneas rectas. ¡Se convierte en un globo!

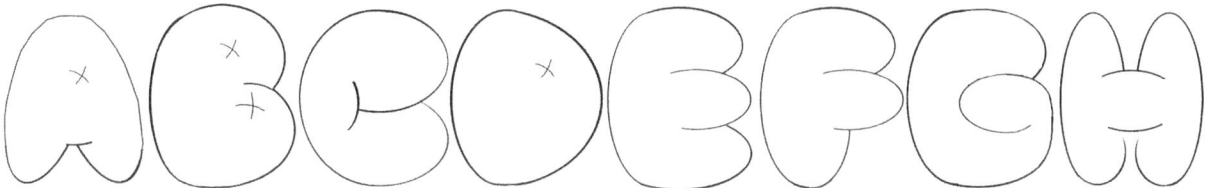

Letras con sombra: La letra aparece a través del borde tridimensional sombreado.

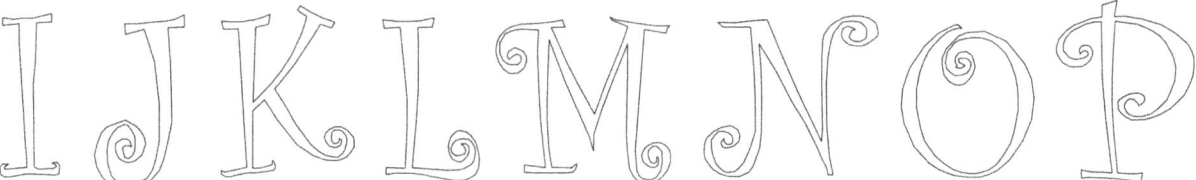

Elegantes: Haz un lado de la letra más delgado que el otro. Haz una curva al final.

Consejos para crear un grafiti: Superpón tus letras, crea un patrón interesante dentro de ellas, escalónalas (pone algunas letras ligeramente más abajo en la página) y haz una sombra.

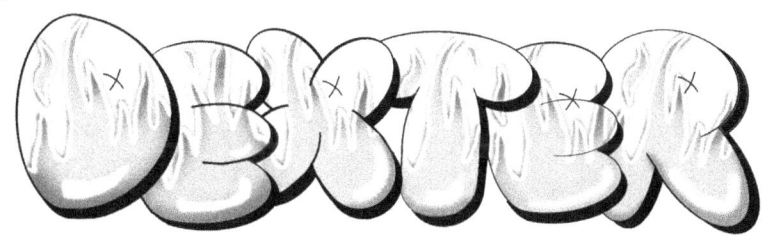

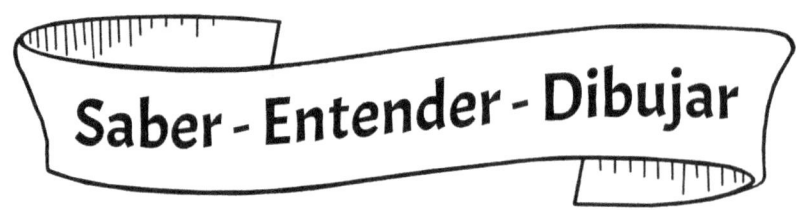

CRÁNEO DE "HOMEBOY"

SABER:
Exageración de características de, distorsión, valor

ENTENDER:
Uso de la exageración y la distorsión en una obra de arte para crear un estilo particular

DIBUJAR:
• Crea tu propia versión de un cráneo estilizado con un sombrero usando las pautas proporcionadas O practica dibujar un cráneo humano genérico y exagerar las características
• Añade "extras" y sombrea
• Borra algunas áreas para indicar los resaltados

VOCABULARIO:
Distorsión - Cambiar el aspecto de algo, a veces deformando o estirando un objeto.
Exagerar - Sobrevalorar, embellecer; ampliar o reducir su tamaño.
Resaltado - El área en cualquier superficie que refleja la mayor cantidad de luz; dirigir la atención o enfatizar un área de un dibujo a través del uso del valor.

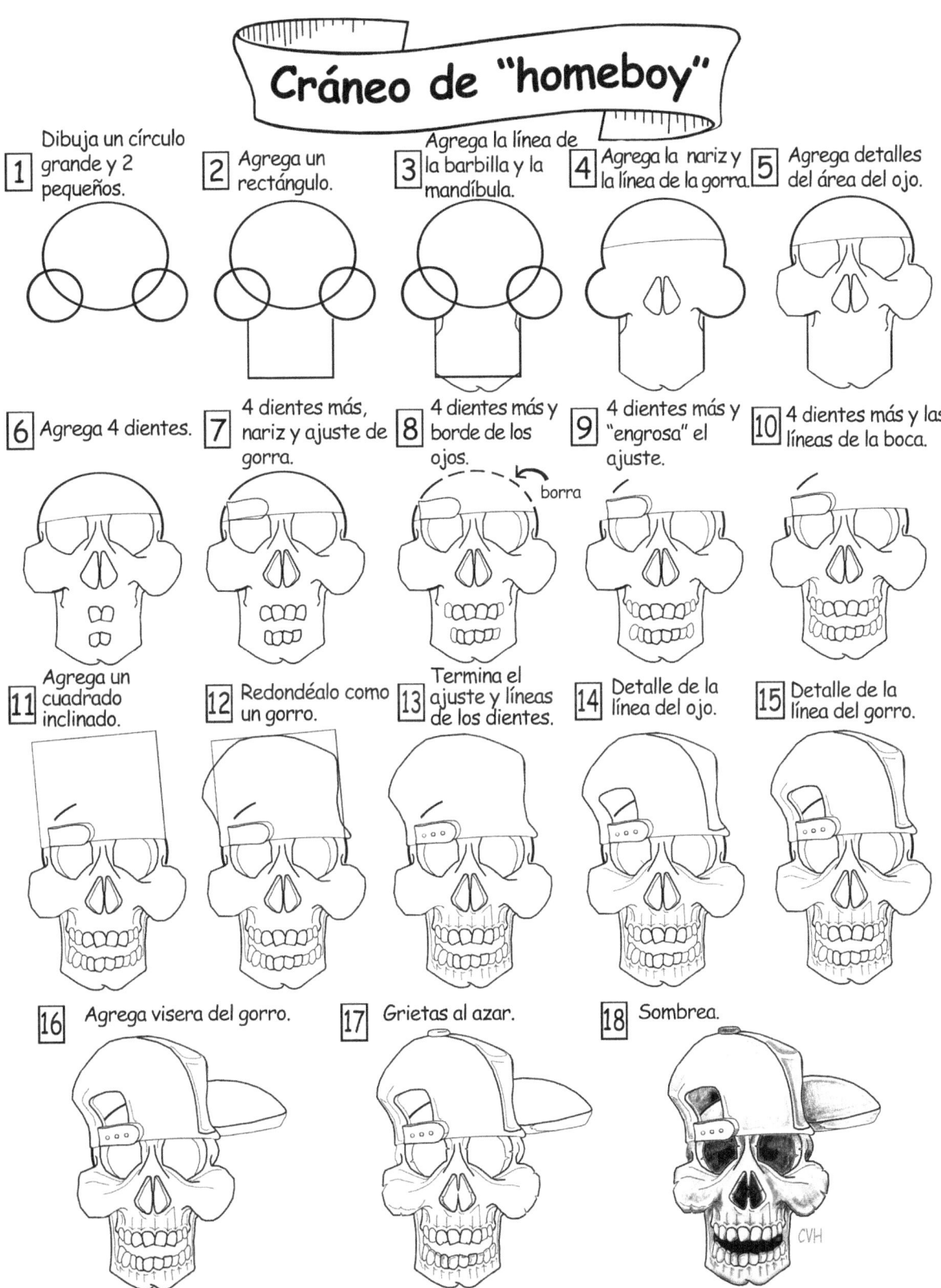

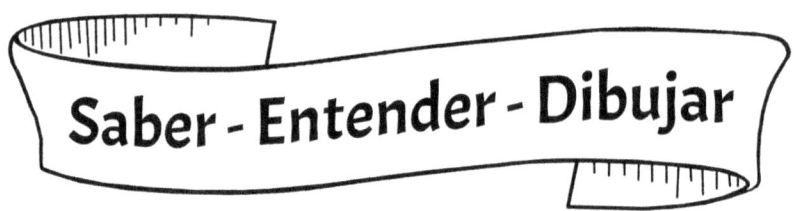

REVÉS DE LA MANO

SABER:
- Crear una semejanza a partir de la observación.
- Muchos objetos (hechos por el ser humano y naturales) se basan en el cilindro.

ENTENDER:
El sombreado con tonos de escala de valor logrará un renderizado más realista.

DIBUJAR:
- Practica dibujar tu mano usando las técnicas propuestas.
- Crea los valores más oscuros entre los dedos y los pliegues de los nudillos. Borra algunos puntos en el nudillo, el dedo central y el centro de la mano para crear un efecto de resaltado natural.

VOCABULARIO:
Cilindro - Un tubo que parece tridimensional.
Resaltado - El área en cualquier superficie que refleja la mayor cantidad de luz; dirigir la atención o enfatizar un área de un dibujo a través del uso del valor.

El revés de la mano

1.
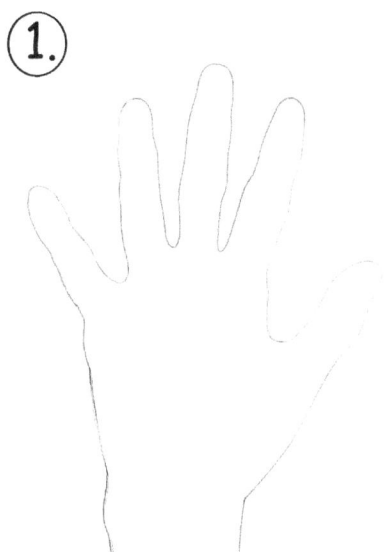

Comienza calcando tu mano. Si eres derecho calca la izquierda y viceversa (para un mejor resultado, mantén el lápiz en 90°).

2.
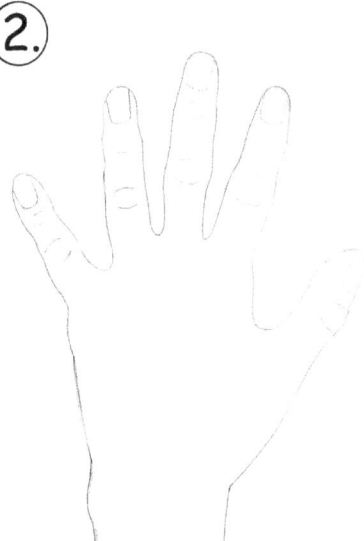

Luego, agrega las uñas y una forma de ( ) en cada nudillo.
NOTA: hay 2 articulaciones de nudillos en el dedo real.

3.
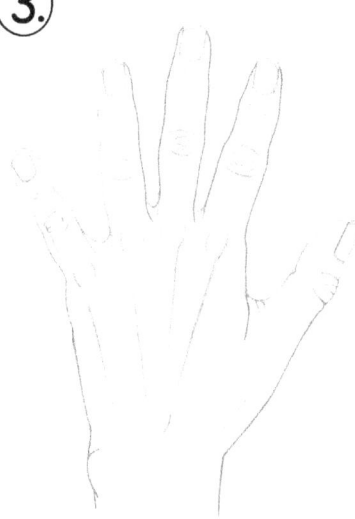

Mira tu mano.
¿Ves piel sobre las uñas?
¿Tienes manchas blancas en tus uñas?
¿Ves los finos huesos de la mano?
¿Tienes muchas líneas de nudillos?
Si es así, dibújalos.

4.
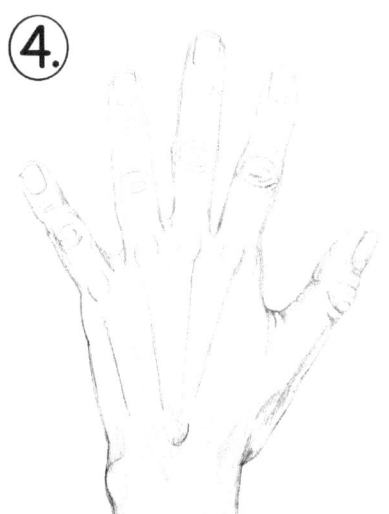

Sombrea suavemente toda la mano de gris. Oscurece el contorno y los nudillos.

5.
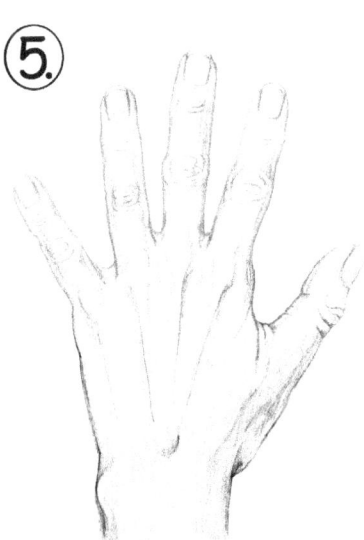

Sombrea el contorno de la mano y cada dedo. Mira tu mano y observa las áreas claras y oscuras. Remarca las áreas oscuras.

6.
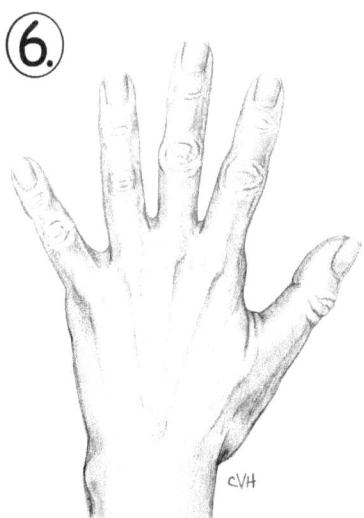

Agrega los toques finales. Usa el borrador para aclarar los nudillos y el centro de los dedos.

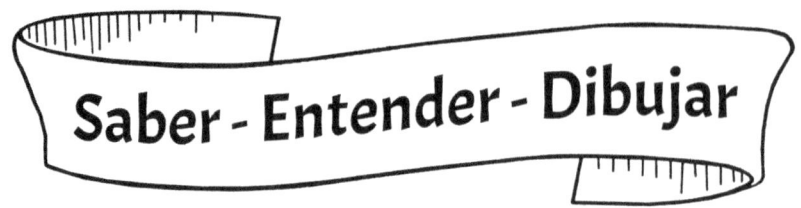

LA PALMA DE LA MANO

SABER:
• Crear una semejanza a partir de la observación.
• Muchos objetos (hechos por el ser humano y naturales) se basan en el cilindro.

ENTENDER:
El sombreado con tonos de escala de valor logrará un renderizado más realista

DIBUJAR:
• Practica dibujar tu mano usando las técnicas propuestas.
• Crea los valores más oscuros entre los dedos y los pliegues de los nudillos. Borra algunos puntos en el nudillo, el dedo central y el centro de la mano para crear un efecto de resaltado natural.

VOCABULARIO:
Cilindro - Un tubo que parece tridimensional.
Resaltado - El área en cualquier superficie que refleja la mayor cantidad de luz; dirigir la atención o enfatizar un área de un dibujo a través del uso del valor.

La palma de la mano

1.
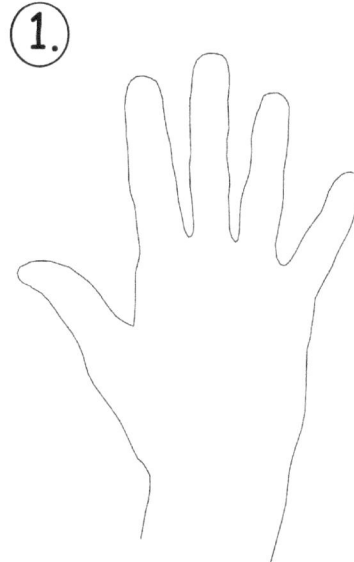

Comienza calcando tu mano.
(para un mejor resultado, mantén el lápiz en 90°).

2.
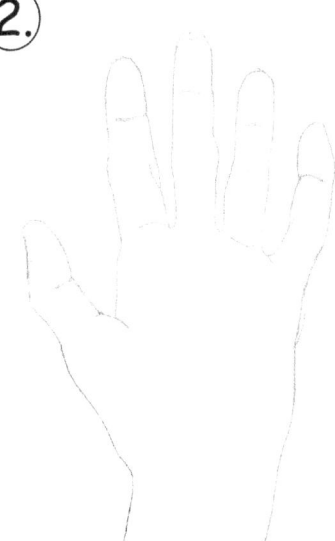

Relaja tu mano. Los dedos se doblarán un poco. Esboza suavemente los cambios en los ángulos de los dedos.

3.

Mira tu mano.
¿Ves algo de las uñas?
¿Tienes manchas blancas en tus uñas?
Todos tenemos diferentes patrones de líneas en la palma. Dibuja las tuyas.

4.
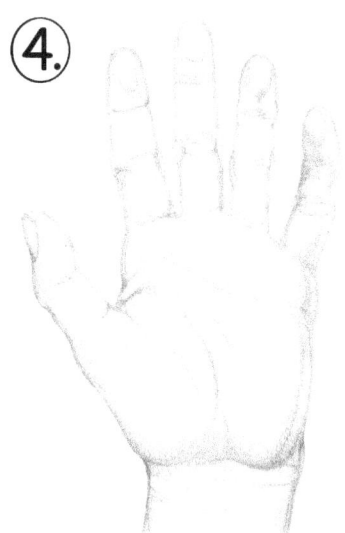

Sombrea suavemente toda la mano de gris. Oscurece el contorno y los pliegues de los nudillos.

5.
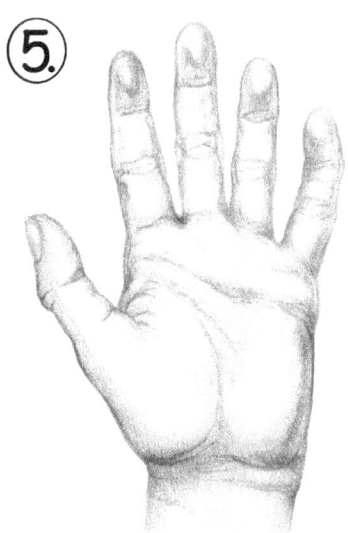

Sombrea el contorno de la mano y cada dedo. Mira tu mano y observa las áreas claras y oscuras. Remarca las áreas oscuras.

6.
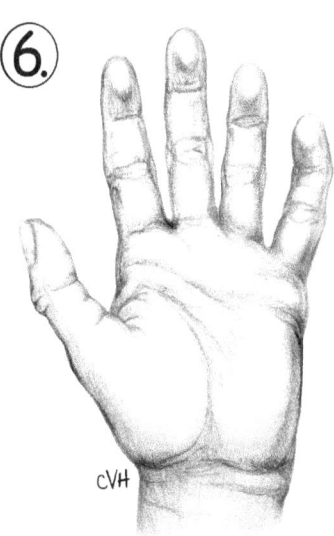

Agrega los toques finales. Usa el borrador para aclarar la palma, entre los pliegues y la yema de los dedos.

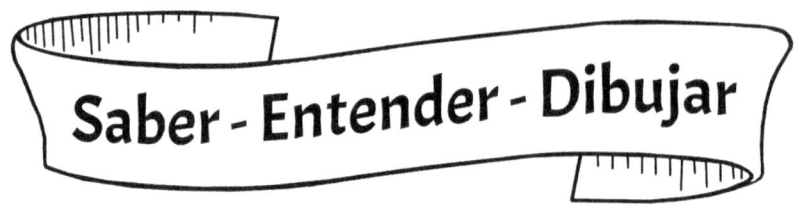

MÁSCARAS DE COMEDIA Y TRAGEDIA

SABER:
- Expresión
- Orígenes de las máscaras de comedia/tragedia

ENTENDER:
- Estas máscaras se originaron en la Antigua Grecia.
- Las máscaras han jugado un papel importante en la historia del drama.
- El símbolo actual del teatro.
- La expresión es un comportamiento no verbal que comunica la emoción o un movimiento de la cara que transmite un estado emocional.

DIBUJAR:
Crea un dibujo original de la máscara de comedia/tragedia que muestre la expresión siguiendo los pasos indicados.

VOCABULARIO:
Comedia - Entretenimiento divertido.
Máscara - Una cubierta de la cara. Por lo general es algo usado en la cara, con aberturas para los ojos, para ocultar la propia identidad, ya sea para la fiesta (como en un baile de máscaras), para asustar o divertir (como en Halloween), para el ritual, o para la actuación como por los actores en el teatro griego, romano y japonés.
Tragedia – Drama.

Máscaras de comedia y tragedia

① Comienza esbozando la forma básica de máscara. Dibuja suavemente ya que tendrás que borrar las guías en el paso 3.

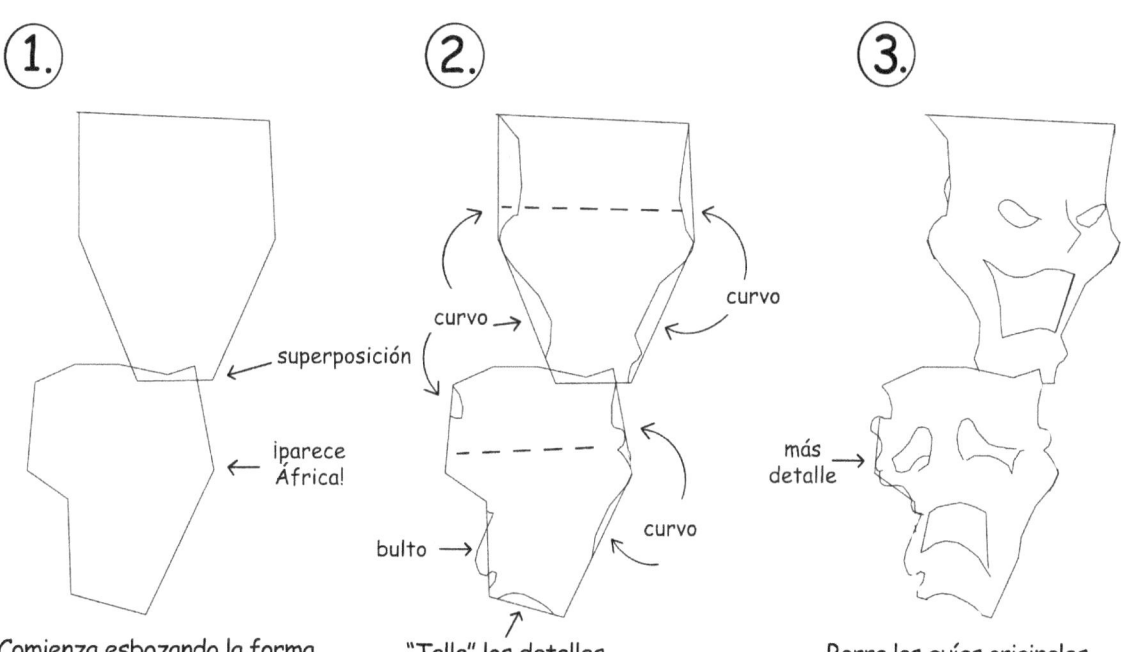

② "Talla" los detalles. Agrega guías para los ojos.

③ Borra las guías originales. Agrega ojos, nariz y boca.

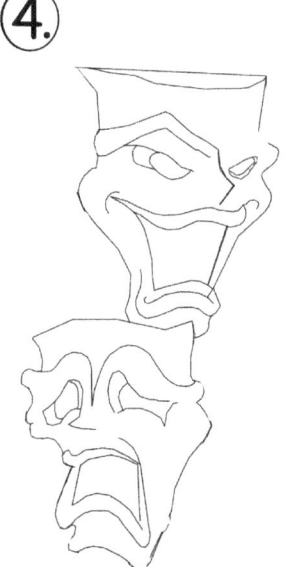

④ Agrega cejas, labios y "grosor" a los ojos.

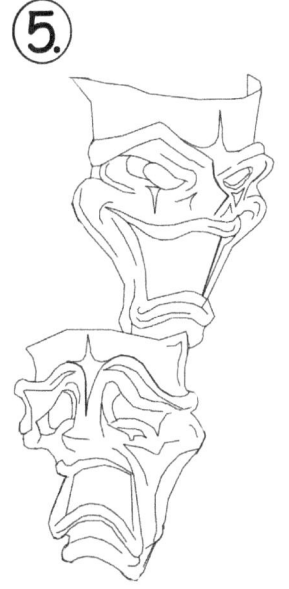

⑤ Agrega líneas de diseño.

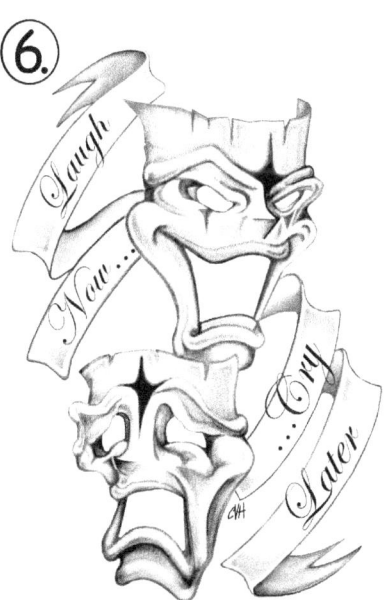

⑥ Sombrea. Agrega un estandarte con texto si lo deseas.

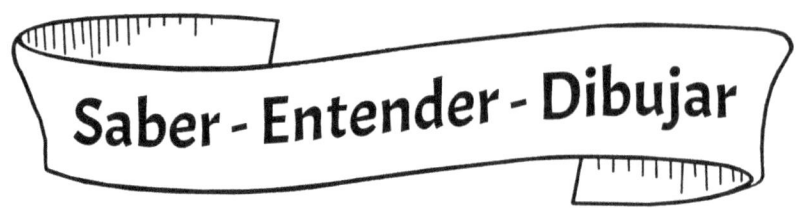

PILAS DE DINERO

SABER:
Agregar patrón y sombreado a un objeto le da forma y dimensión

ENTENDER:
• Usar los principios de un cubo para crear un rectángulo 3D.
• El uso de líneas de retroceso para mostrar perspectiva.

DIBUJAR:
Crea una ilustración original de un "Pilas de dinero" que demuestre la perspectiva. Agrega al menos 3 pilas y un montón de "extras". ¡No olvides las sombras!

VOCABULARIO:
Cubo - Un poliedro con seis caras cuadradas; un cuadrado que aparece 3D.
Perspectiva - El punto desde el que se ve un objeto o escena.
Líneas de retroceso - Líneas que se acercan o alejan del primer plano

Pilas de dinero

1.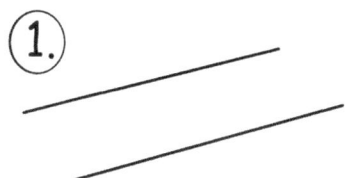
Comienza con 2 líneas paralelas inclinadas hacia abajo.

2.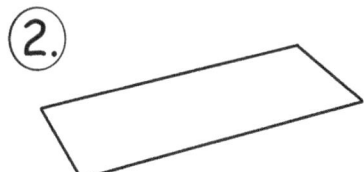
Conecta los lados para crear un rectángulo sesgado.

3.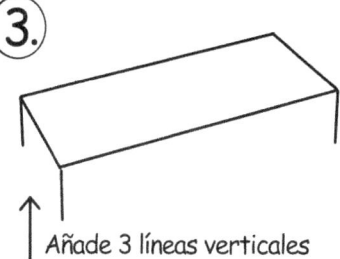
Añade 3 líneas verticales paralelas.

4.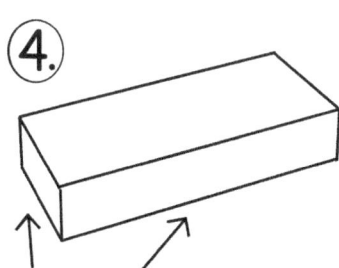
Conecta con 2 líneas inclinadas.

5.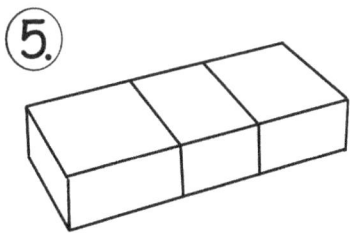
"Envuelve" el rectángulo tridimensional en el centro.

6.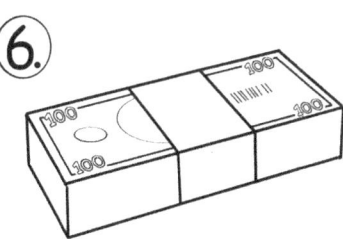
Agrega los detalles del diseño.

7.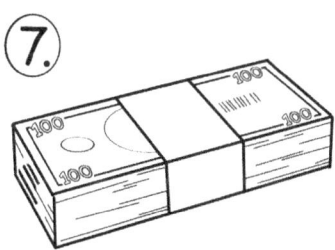
Agrega líneas punteadas cortas al azar para denotar muchos billetes apilados.

8.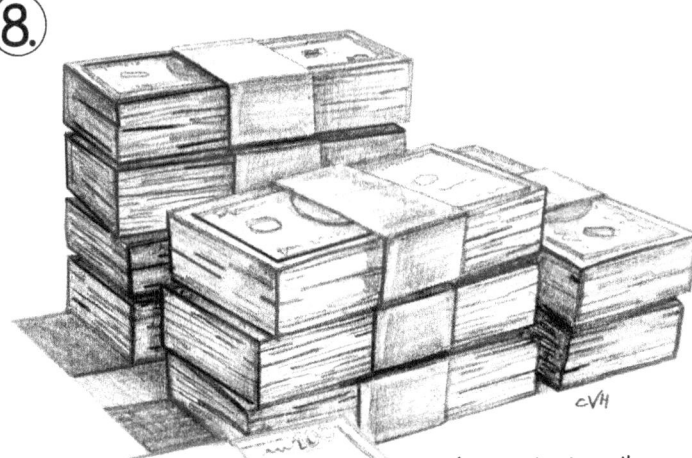
Agrega tantas pilas como quieras. Sombrea.

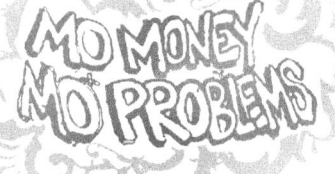

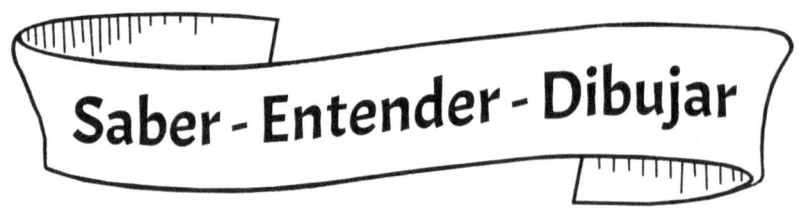

TELA DE ARAÑA FÁCIL

SABER:
Simetría, asimetría, equilibrio radial

ENTENDER:
Una tela de araña se basa en un círculo con su diseño que se extiende desde o enfocado en su centro.

DIBUJAR:
• Crea un diseño original de tela de araña basado en el equilibrio radial
• Añade una araña y otros "extras"

VOCABULARIO:

Simetría (o equilibrio simétrico) - Las partes de una imagen u objeto organizados para que un lado duplique, o sea la imagen especular de la otra.

Simetría - se encuentra entre las diez clases de patrones.

El equilibrio radial o rotacional es cualquier tipo de equilibrio basado en un círculo con un diseño que se extiende desde o está basado en su centro

Telaraña fácil

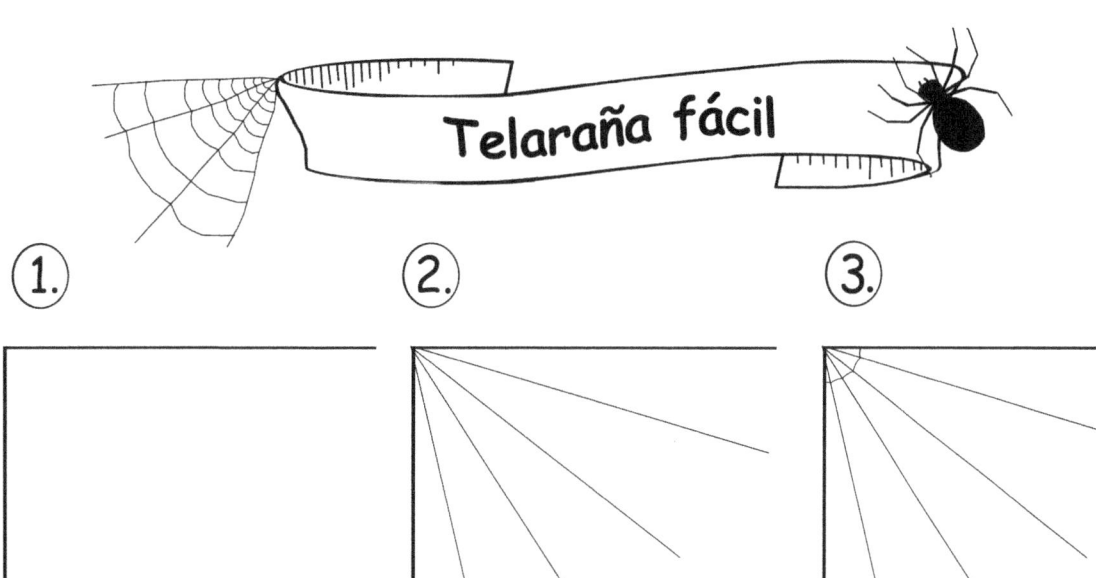

1. Comienza con un ángulo de 90°. Este será el rincón en donde se tejerá la telaraña.

2. Dibuja 4 o 5 líneas igualmente espaciadas irradiando desde la esquina (como los rayos de una bicicleta).

3. Crea capas de líneas curvadas hacia arriba. Deberían verse como ondas al revés.

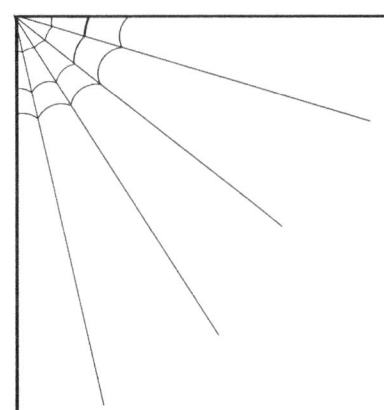
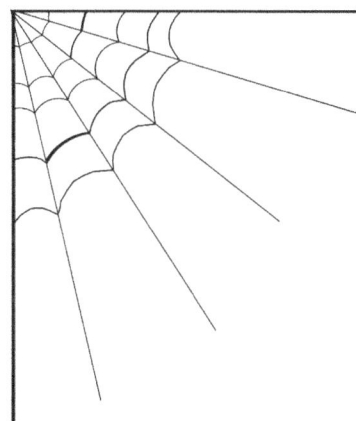
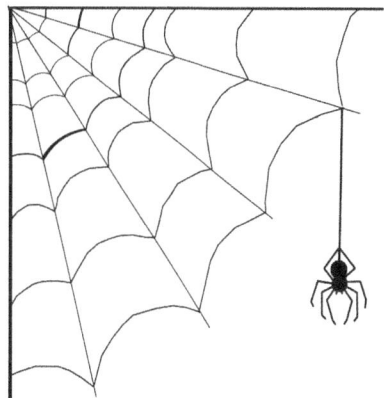

4. Agrega unas capas más de la telaraña.

5. Continúa agregando líneas cada vez más espaciadas.

6. Termina la telaraña. Agrega una araña colgando. Recuerda: ¡las arañas tienen 8 patas!